筑摩選書

小倉紀蔵 編著
Ogura Kizo

比較文明学の50人

比較文明学の50人　目次

Ⅱ

比較文明学の50人

はじめに——比較文明学はなにをするのか

小倉紀蔵

文明を批判するという役割

比較文明学という学問がある。もしかすると、あまり知られていない学問なのかもしれない。日本全国の大学に比較文明の看板を掲げた学部や学科は、さして多くないだろう。

比較文明学が担っている実践的かつ重要な役割はたくさんあるが、そのひとつとして、「文明批判」というものがある。大昔のように、たとえば「中国文明」と「エジプト文明」を所与のものとしてそれらを単純に「比較する」というような無邪気なことをしているわけではない。そういう時代は、すでに完全に終わっている。

「文明」という、ある意味で「呪われた」ことばをめぐって、さまざまな角度から批判的に考察しながら、それでもこの「文明」という語彙がこの世に存在する以上、この概念によって一体なにを語ることができ、なにを語るべきではないのか、に関して多角的に比較・思索している。これが比較文明学の今日の姿である。

だがこのことは、「文化派」からはなかなか理解されないことのひとつである。ここで「文化派」とわたしが名づけたのは、文化人類学とかカルチュラル・スタディーズやポストコロニアリズムなどといった、「文明より文化が重要である」と考えるひとたちのことを指している。「文化派」にいわせれば、文明とは悪そのものであり、そもそも人類の歴史的行為を文明という大きな単位で考えること自体、人間という存在の尊厳を毀損する営みである。なぜなら文明は自己以外を非文明と規定して、それを未開といったり野蛮といったりして破壊したり抑圧してきたが、その「非文明」には文化があるので、文化こそが守られるべき重要な単位なのである。したがって、文明は批判され打倒されるべきものなのであって、その悪しき文明を実体的・本質主義的にとらえて無批判的に「比較」などしている輩《やから》は保守反動以外の何者でもないのである。

このような「文化派」からしてみれば、「比較文明学の大きな役割のひとつとして文明批判がある」というのは到底肯《がえん》じえない認識であるにちがいない。文明批判は当然、非文明の側か文化の側からなされるべきなのであって、文明を肯定する勢力には文明批判はできないし、たといできたとしてもそれは批判の皮をかぶった自己弁護にすぎないであろう。

文明批判の作法

だが、文明を文明として認識しないかぎりは、文明批判をすることができないということも事実であろう。文明が文明の名を使ったり使わなかったりしながら、これまでの歴史においてなにをしてきたのかを、比較という観点を導入しつつ分析し考察することは、意味のないことではない。文化のなかだけに閉じこもってしまっては見えないことが、文明というパースペクティブを解体しつつ持つことによって、見えることがある。そしてこの「解体しつつ持つ」ということが自己矛盾的で困難であるがゆえに、今日の比較文明学は存在論的・認識論的にいって高度に哲学的であらざるをえないのだ。

「文明を文明として認識する」といっても、それは「文明と文化の二分法」をとることが正しい、という意味ではない。

「文化を善とし、文明を悪とする」という二分法は、第一に文化を文明から完全に切り離すことによって、文化というものに浸透した文明性を見えなくしてしまう。このことは文明の「悪」や「こわさ」を客体化・外部化することによって稀釈してしまうという意味できわめて危険な行為である。ここで文化を自然という語に変換してもよい。文明は、どんな密林や氷河の塊にも付着しているのである、それが密林や氷河と認識された瞬間に。

また第二に、文化を文明から切り離すことは、「自己を道徳的と規定する文化派の自己に内在する文明性」を不可視にするか、見えにくくする。これは自己を悪から分離しようとする欺瞞的な態度である。文明を外在化してそれから逃げるのではなく、文明を実体化・本質化するのでもなく、自己に内在する文明性と格闘しなくてはならない。

比較文明学という学問が文明擁護の立場をとっていると考えるのは、誤解にすぎない。「文明大好き人間」が比較文明学をやっていたのは、五十年前までの話だ。牧歌的な破壊の時代の話である。ただ、文明を単に悪として外在的に批判するだけでは、逆に世界の歴史を悪の内在性の側からとらえるパースペクティブを放棄してしまうことになるのだ。

反文明の陣営からすれば、そんなことは百も承知だというであろう。しかし比較文明学の立場から見れば、単純な反文明の陣営は、文明を記号化してしまっている。端的にいうなら、反文明の立場はハンチントンの立場とさして変わらず（というより完全に同じく）、「文明＝実体＝本質」と考えているのである。現在、比較文明学をやっている人間のなかで、文明を実体だとか本質だとか考えている牧歌的な時代の者はいないだろう。

さらに問題なのは、反文明の陣営のなかには、文明を西洋中心主義的にとらえすぎているひとたちが多いということである。「文明＝啓蒙理性＝白人男性＝暴力＝西洋」という図式を堅持しすぎている。この図式を堅持してしまうと、たとえば「文明＝反啓蒙理性＝反白人男性＝反暴力＝反西洋」という回路を遮断してしまう。もちろん文明が文明であるかぎり、反暴力と等号で結ぶことはできない。しかし「文明＝反啓蒙理性＝反白人男性＝反西洋」という図式は成り立ちうるだろう。この回路を遮断してしまうことこそ、究極の暴力なのである。

日本は、前近代の時期に、中華文明を内在化した中国および朝鮮から蔑視された。日本群島に住むホモ・サピエンスは人間と禽獣《きんじゅう》の中間ていどの存在者だとされた。その文明的なまなざしに対して、自己を中華文明に同一化する者もいれば、それから離脱しようとする者もいた。そして近代期には、日本は自己を文明側に属する正義の帝国として規定し、それまで長いあいだ自己を蔑視しつづけた中国や朝鮮を逆に侵略した。このような日本の究極的な文明論的経験を、比較文明学的に解明しないわけにはいかないのである。

本書について

本書は、日本の比較文明学会に所属する一七人の会員が、この学問を一般のひとにも知っていただくために書いた。取り上げるのは「日本の比較文明学」である。本居宣長《もとおりのりなが》や岡倉天心《おかくらてんしん》や賀川《かがわ》豊彦《とよひこ》や緒方《おがた》貞子《さだこ》などといった五〇人の日本人を取り上げ、それらのひとびとを比較文明学という観点から見ると、どのように見えるのか、ということを論じている。

比較文明学というとトインビーなど西洋の学者を思い浮かべるかもしれないが、実は日本の思想や宗教は前近代の時代から、比較文明学的な性格を非常に強く持っているのである。そのことをまず知っていただきたい。日本は、きわめて独創的な比較文明論を数多く産み出した国なのである。トインビーのように地球全体を俯瞰的に見たような全体的な比較文明学ではなかったかもしれないが、日本の思想や宗教はつねに自己を他者と熱心に比較してきた。中国、インド、朝鮮という文明との距離感や差異の意識が、非常に強かったのである。

このように鋭敏な比較文明的感覚を持っていた日本の重要人物五〇人を選んで論じた。もちろん、この五〇人だけでなく、日本にはもっとたくさんのすぐれた比較文明論者がいた。紙面の制約があって五〇人しか論じることができなかったことが残念であるが、このような本はわが国で初めての企画かもしれず、意味はあるだろう。

凡例

・日本の思想家や宗教家などのなかから、「比較文明学」を独自に構築したと認められる人物を五〇人、選んだ。

・もちろん、その人物自身が「比較文明学」ということばや概念を直接に使用したかどうか、ということとは関係ない。たとえば伊東俊太郎は自分が積極的に「比較文明学」を推進した人物だが、本居宣長がそのようなことばや概念を使用していないのは言を俟たない。だが本書で取り上げている人物であるかぎり、その思想や実践を後年のわたしたちが「比較文明学」という概念によって理解し再解釈できるということなのである。

・全体をⅠとⅡに分けてある。Ⅰは、比較文明学の視点から見てきわめて重要な人物二〇人である。Ⅱもまた非常に重要ではあるが、Ⅰの人物よりは簡潔な説明を加えた人物三〇人である。

・Ⅰで取り上げた人物に関しては、「さらに詳しく知るための参考文献」数点とその簡単な内容紹介を各人物項目の末尾に載せた。

・人物の配列順は原則として、Ⅰ、Ⅱそれぞれのなかでの生年順とした。ただし「田中正造・南方熊楠・石牟礼道子」はこの項目のなかで叙述される順番に合わせて、石牟礼の生年を採った。また、伊東俊太郎は本書における最重要人物なので、Ⅰの最後に置いた。

・用語・用字に関しては各執筆者の方針に任せた。本書全体の統一的な基準は設けていない。用語・用字はものを書く人間にとって冒されざるべき問題だというのが編者の考えだからである。

I

本居宣長——新たな「いのちの思想」の構築者

岩澤知子

1　はじめに

本居宣長《もとおりのりなが》（一七三〇〜一八〇一）は、戦後の日本思想史の議論において激しい批判の対象となってきた。その原因は、彼の思想が徹頭徹尾「漢意《からごころ》の否定」によって貫かれていたことによる。宣長が生きた一八世紀のころ、日本を取り巻く東アジア世界の中心は「中国」であった。「漢意」とは、その中国文明の思想の型をなすものとして、宣長が名づけたものである。その「漢意」を宣長は徹底的に批判して相対化し、それとの対比の中で、日本独自の文明論的立場を構築しようとした。しかし、この宣長の姿勢は、「中国文明の排除」という排外主義に基づく偏狭なナショナリズムを日本社会にもたらすものとして、戦後特に激しい批判に晒《さら》されてきたのである。だが、ここで改めてわれわれは問うてみたい。宣長が否定し続けた「漢意」とは真に何を意味したのか。そして、その否定の先に彼が見出したのは、どのような〈こころ〉のあり方だったのか。

本章では、宣長が自らの後半生をかけて取り組んだ大著『古事記伝』に結実する彼の日本神話解釈の意義を、西欧の解釈学の歴史をも含めたより普遍的なコンテクストの中で捉えなおしていく。『古事記』との濃密な対話を通して、宣長は自らの学問全体を貫く思想の中核――〈動くこころ〉の思想――を確立するに至るのだが、実はこの論点は、『古事記』に先立って彼が研究対象とした『源氏物語』の解釈の中で、すでに探りあてていた境地でもあった。本章では、宣長の学問における日本神話解釈の意義をまず明らかにしたうえで、その思想の中心をなす「もののはれをしるこころ」や、後年の神道論で展開された「真心」に焦点をあて、宣長学が現代思想にまで与える影響を、比較文明学の観点から考察していく。

2　宣長学をめぐる二つの先行研究

江戸中期の国学者として知られる本居宣長は、伊勢松坂《まつさか》に生まれ、京都で医学を修めたのち、「古道学」の提唱者であった賀茂真淵《かものまぶち》と運命的な出会いを果たす。以来、生まれ故郷の松坂で医者を生業としながら、その一方で学問研究に身を捧げ、日本の古代文学の研究をもとに、言語論、文学論、古道論と幅広い分野で思想を展開していった。中でも、後半生の三十有余年を費やした『古事記』の研究は、日本初の詳細な古事記の注釈書となった『古事記伝』（全四四巻）に結実し、後世の日本思想の研究に大きな影響を与えることとなった。

村岡典嗣による宣長論

近代における日本思想史研究の基礎を築いた村岡典嗣《むらおかつねつぐ》は、その著書『本居宣長』（一九一一）の中で、宣長の多方面にわたる研究業績を、語学説、文学説、古道説の三つに分類した上で、これらの広範な学問を支えていた宣長学の本質を、「近代的精神」のなかに見出す。ここで村岡がいう近代的精神とは、一八世紀末から一九世紀のドイツにおいて発展した「文献学」の精神を指す。この文献学で強調されるのは、古代のテキストを主な題材としながら、そのテキスト分析に際してあくまでも言語研究に基づいた帰納主義的な態度を保持し、主観的な言述に陥ることなく、歴史として存在する古代生活の意義を客観的に叙述するという、実証主義的・科学的態度である。

しかし、宣長学を文献学として定義づけるという試みは、ほどなく、それを提起した村岡自身の議論の内部に矛盾を惹き起こす。というのも、宣長学は最終的に、この客観的文献学の思想からはみ出していくからである。宣長学が示すこの離反を、村岡は「文献学からの変態」という否定的な言葉で表現する。現代の宣長批判論者たちが攻撃の対象とする論点も、実はこの宣長学の「変態性」に向けられている。彼らはこう批判する――宣長学は、近代的学問が本来維持すべき客観性に踏みとどまることができなかった。それは、古代歴史の客観的叙述を超えて、歴史を素材にした倫理的価値の創出へと至り、さらにその価値の唱道へと堕した。宣長学は結局、単なるイデオロギーと化したのであり、学問の名には値しない、と。

しかしながらこの批判は、宣長の学問への無理解から生じている

本居宣長（自画像）

といわざるをえない。というのも、宣長にとってテキストを解釈する行為とは、文献学（さらにはその思想的基盤をなす近代啓蒙思想）が旨とする「実証主義・客観主義・価値中立主義」にとどまることなく、解釈者が生きることの意味を常に問いながら、テキストと向かい合い対話する実存的営みと考えられていたからである。この学問的態度を、宣長は「道の学び」と呼んだ。『宇《う》比山踏《ひやまぶみ》』の中で、宣長は学問の意義について次のように明確に語っている。

主としてよるべきすぢは、道を学ぶを主とすべき子細は、今さらいふにも及ばぬことなれども、いささかいはば、まづ人として、人の道はいかなるものぞといふことを、しらで有べきにあらず、学問の志《こころざし》なきものは、論のかぎりにあらず、かりそめにもその心ざしあらむ者は、同じくは道のために、力を用ふべきこと也、然るに道の事をば、なほざりにさしおきて、ただ末の事にのみ、かかづらひをらむは、学問の本意にあらず。（『宇比山踏』）

宣長にとって、学問の究極目標は「人の道の探究」、言い換えれば、「人間が生きることの意味の探究」にあった。膨大な彼の研究は、この「人の道」の探究のための道程であり、その道程の最終地点として彼が位置づけたのが、他ならぬ『古事記』のテキスト解釈であった。

丸山眞男による宣長論

宣長がいう「人の道」が何を意味するのかをさらに明らかにするために、我々は彼が置かれた歴史的思想状況にも目を向ける必要があろう。というのも、宣長が学問論を語る時、彼の念頭には常に、当時の社会思想の基盤をなしていた儒教思想のことがあったのであり、宣長の「道」の概念は、儒教が説く〈道〉に対する強いアンチテーゼとして提起されたからである。この儒教思想との関連を通して宣長学の意義を分析したのが、丸山眞男《まるやままさお》の本居宣長論である。丸山は、『日本政治思想史研究』（一九五二）において、近世日本政治思想における近代性の萌芽とその発展を、近世儒教の歴史、中でも、荻生徂徠《おぎゅうそらい》の儒教思想に焦点をあてて論じていく。丸山の宣長論は、その徂徠学との関連において語られる。ここで丸山の議論がユニークなのは、従来の学説が徂徠学と宣長学との対立点を強調してきたのに対し、この二者に存する思惟方法の共通性を明らかにしようとした点である。その共通性を彼は「近代的思惟」と呼んだ。

一七世紀、徳川封建体制の社会思想の基盤として重視された朱子学は、時代の進展とともに、朱子の本来の教えを離れ、日本固有の儒学の流れを生み出すべく変容させられていく。徳川幕府の安定期を過ぎた十七世紀後半は、日本社会が、急速な経済の拡大とそれに伴う近代的貨幣経済の進展のもと、新たな有力社会階層である商人の台頭と、その陰で進行する武士階級の困窮とを経験した時代であった。こうした社会秩序の混乱期にあって、日本の儒学者たちは、朱子学が従来説いてきた静態的世界観に代わる新たな社会道徳思想を打ち立てる必要に迫られていたといえる。山鹿素行《やまがそこう》、伊藤仁斎《いとうじんさい》、荻生徂徠と連なる江戸の儒学者たちによるこの新たな社会道徳の模索は、形而下の存在である自然や人間の歴史を、〈理〉によって覆いつくされた形而上的道徳世界の絶対支配から解き放ち、より自由な動態的自然観のもとにこれを語りなおそうとする試みとして現れた。

徂徠は言う——儒教における〈理〉の概念は、そもそも朱子学が説くような形而上的・抽象的観念を意味していたのではない。六経《りくけい》を忠実にたどれば、〈理〉が本来は古代の先王たちによって創られた具体的な法や慣習を意味していたということが理解される、と。彼はこの先王たちの教えを、〈理〉に代わる新たな概念——〈道〉という言葉で表現する。

徂徠が辿った、この〈道〉の探究のうちに我々が見出すのは、近代的知性がもたらす「世俗化」の進行である。徂徠は、道の一切の価値を先王という歴史的人格の作為に帰属させることによって、それまで何の疑いもなく所与とみなされていた宇宙の法＝〈理〉が、実は人間が主体的意識をもって作為的に形成、変更しうるものだということを示そうとした。人間の理性に全幅の信頼をおく近代啓蒙思想は、こうして〈理〉の絶対的支配から解放され、新たな秩序観を人間の理性によって創造する自由を手に入れる。丸山は、徂徠学によって示されたこの新たな学問的態度がのちの国学にも大きな影響をもたらし、その方法論の中にはっきりと引き継がれていったことを指摘する。そして宣長学は、この方法論を忠実に体現するものとして、丸山によって近代的思惟の発展の延長上に位置づけられるのである。

宣長にとっての「道」

確かに帰納的・実証的な文献学としての宣長学は、近代的思惟に基づく科学的態度を前提としている。しかしながら、宣長学の本質は、丸山がここで指摘するような近代啓蒙思想の範疇《はんちゅう》におさまるものではない。宣長が探究しようとした「人の道」は、徂徠学が提唱した世俗的な〈道〉の概念に対する強い異議申し立てに他ならない。この異議申し立ては、近代啓蒙思想が唱える「実証主義・経験主義」の範疇のみに人間の知の営みを還元してしまう思想の単純化を否定すると同時に、朱子学が従来説いてきた形而上的・超越的絶対者の傘下に、ふたたび存在の根拠を組み入れるようなナイーヴな復古主義をも否定する。宣長学は、単純な還元主義にとらわれた近代的思惟への批判であると同時に、この近代批判からしばしば生じる、前近代的思惟へのロマン主義的回帰をも、厳しく批判するのである。こうして宣長の「道」の思想は、「近代的思惟」と「前近代的思惟」のどちらにも与することなく、人間の意識のなかで不断に生み出される「生きることの意味」を全的に問う実存的探究として捉えられていく。

その宣長が、この「道」の探究の最終地点に選んだのは、他ならぬ『古事記』の解釈であった。このことはいったい何を意味しているのだろうか。

3　現象学的解釈学からみた宣長学

我々はここで視点を変え、一九〜二〇世紀西欧において、フッサール、ハイデガー、ガダマー、リクールといった哲学者たちのもとに発展してきた現象学的解釈学の思想を概観する。というのも、興味深いことに、この現象学的解釈学の思想に通じる要素を、我々は一八世紀の日本に生きた本居宣長の中に見出すことができるからである。

そもそも現象学は、我々の意識を近代科学の枠組みから解放し、科学的な認識以前の「生きられる世界」へと立ち帰ること、すなわち「世界を見ることを学びなおすこと」を主眼とする。近代科学が、いっさいの事象を主体と客体との関係において捉えようとする客体化をわれわれの世界認識の前提とするのに対し、現象学は、そうした客体化に先立つ自然な世界経験を回復しようと試みる。この「自然的態度」においては、主体と客体との分離は未だ意識されず、両者が相互に絡み合い関係し合うことによってそのあいだに不断に立ち現れる「意味」に焦点が置かれるのであって、この関係の両項をなす主体と客体は、むしろ二義的なものとみなされる。

二〇世紀西欧の解釈学は、この現象学の知見を取り入れた「現象学的解釈学」として新たな可能性を広げていく。現象学的解釈学が目指すのは、解釈の主体・客体のいったいどちらに客観性の根拠が存在するのかを問うことではなく、解釈という行為そのもののうちにはたらく人間の「理解」の構造を明らかにすることであった。それは、未だ主体と客体の区別もつかない原初的な意識の次元にまで降りたって、不断に「意味」が生成されていくそのダイナミックな意味発生の瞬間に立ち会う行為といえる。ここでは、「理解」という現象は、この世界に投げ出された解釈者としての私が、世界との不断の触れ合いと対話のうちに意味づけられつつ意味づけていく、「世界」と「私」とのダイナミックな「地平融合」（ガダマー）の営みとみなされる。ここには、主体と客体の二項対立はない。あるのは、世界と私とが互いに交わりあう対話的相互運動の中から不断に生み出されてくる「意味」である。

人間の意識の形成過程を、その原初的次元にまで遡って解明しようとする現象学的解釈学は、ポール・リクールにおいて、「神話的言語」をその解釈の対象とするに至る。リクールが注目したのは、神話的言語に含まれる豊かな「象徴機能」であった。テキスト解釈とは、我々人間が、あくまでも言語を通して世界と触れ合う行為である。では、この言語活動における原初的次元とはいったい何か。この問題を追究していったとき、リクールは象徴的言語としての神話に出会った。

近代の科学的言語が、言葉とその言葉が指し示す対象との一対一対応に基づく「一義性」によって特長づけられるのに対し、神話的言語は、ひとつの表現が同時に様々な意味を喚起するという「多義性」を特長とする。この神話的言語がもつ多義性を、「象徴機能」と言い換えてみることもできる。この象徴機能は、科学的論理に照らしてみれば全く無関係と思われる様々な概念をいとも簡単につなぎあわせてしまう。通常我々が「比喩」と呼ぶ言語活動は、この象徴機能によって可能となるのである。こうした象徴機能を通して異質な意味領域が横断的に結び合わされることにより、そこに新たな意味が作り出されていく。かつて非論理的で幼稚な思考段階と否定的に評価されていた神話的・象徴的言語は、こうして現代の現象学的解釈学に至り、我々の原初的意識のありようをあらわにし、豊かな「意味生成の瞬間」を示してくれる可能性に満ちた解釈の対象として、重要な意義をもつようになる。

意と事と言とは、みな相稱へる物にして

宣長が『古事記』に見出したのは、まさにこの「生成の瞬間」であったと言えよう。というのも、同時代に著された『日本書紀』が漢文の形式に則って書かれたのとは対照的に、そもそも『古事記』とは、上古《じょうこ》の人々の間に生きて働いていた「音声言語」としての日本語――それはまだ「文字言語」によって我々の意識が概念的に固定される前の、動きやすく移ろいやすいこころのありようを、そのままに伝えてくれる――を、そのあるがままのかたちで記録することを目指した書物だったのだから。宣長は、この『古事記』の存在意義を自らの哲学のありようと重ね合わせる。

抑《そもそも》意《こころ》と事《こと》と言《ことば》とは、みな相稱《あひかな》へる物にして、……此記は、いさゝかもさかしらを加へずて、古へより云ヒ傳《つた》へたるまゝに記されたれば、その意も事も言も相稱ひて皆上ツ代《かみつよ》の實《まこと》なり。……すべて意も事も、言を以て傳フるものなれば、書《ふみ》はその記せる言辞《ことば》ぞ主《むね》には有ける。（『古事記伝』一之巻）

宣長の研究対象は、あくまでも〈ことば〉であった。この〈ことば〉の探究を支えた彼の哲学とは、「意《こころ》と事《こと》と言《ことば》とは、みな相稱へる物」という強い信念である。現代の現象学的解釈学の表現を借りるならば、宣長の主張は次のようにも言い換えることができよう。――我々は上古にお

けることばの生成のさまを辿ることによって、我々の原初的な意識が発生する場、すなわち、我々の意識（意）が、次々に現れてくる現象（事）をことば（言）によって捉えていく瞬間に立ち会うことができるのだ、と。宣長のこのことばの発生（＝思考の発生）をめぐる哲学は、現象学的解釈学の主唱者のひとりであるハイデガーのことば――「言語は存在の住家《すみか》である（**Language is the house of Being**）」――を我々に想起させる。ハイデガーは、西欧の意識の古層を探るべく、ソクラテス以前のギリシア思想に遡り、西欧哲学を特徴づけてきた様々な概念がどのようにして発生してきたのか、そのダイナミックな生成の瞬間を、古代ギリシア語の分析を通して明らかにしようとした。我々はこの試みを、〈ことば〉というひとつの文化伝統の根源に迫ることによって、その伝統に属する人々の意識の古層を明るみに出そうとする「意識の考古学」と呼ぶことができよう。興味深いことに、このハイデガーの思想に通じる要素を、我々は一八世紀の日本に生きた本居宣長の中に見出すことができるのである。

4　宣長による現象世界へのまなざし――ものに「動く」こころ

宣長が『古事記』のことばに見出した上古の人々のこころとは、いったいどのようなものであったか。これを知るには、宣長の思想の根幹をなしていた「漢意の否定」の真の意味を探る必要がある。

宣長によれば、「漢意」が旨とするのは、〈理〉による世界の解釈である。〈理〉とは、形而上の普遍的原理を意味する。たとえば「天地の初め」を語るのに、中国思想は伝統的に「乾坤《けんこん》」という概念を用いてきた。すなわち「乾―天―陽」と「坤―地―陰」の「陰陽《いんよう》の理」を使って、天地開闢《てんちかいびやく》のプロセスを理念的に説明してきたのである。だがこれは真実なのか、この国に生きた上古の人々のこころは、この〈理〉を違和感なく受け入れることができたのか。『古事記』と同時代に著された『日本書紀』は、この「漢意」に沿ったものであったと、宣長は分析する。漢文の形式に則って書かれた『日本書紀』は、漢語という〈言〉がもつ〈意〉を体現するべく、「天地の初め」という〈事〉を、漢語特有の〈陰陽の理〉による世界解釈をもとに語っていく。そもそも『書紀』が編まれた目的は、日本の正史を対外的に発信することであり、その使用言語は、当時の東アジア世界の標準であった「漢語」以外にはありえなかったのだから、『書紀』の〈言〉が〈漢意〉を生み出したことに何の不思議もない。宣長が問おうとしたのは、はたしてこの〈漢意〉が、日本列島に生きた上古の人々のこころのありようをそのままに伝えるものだったのか、ということである。

こうした背景をもつ『書紀』とは異なり、『古事記』が編まれた目的は、上古の人々の話しことばを、その生きて語られるままに書き残すことにあった。したがって『古事記』においては、漢字という文字を使いながらも、その漢字本来の「音」をまったく無視し、「意味」だけをやまとことばに対応させせながら表記するという、まことにアクロバティックな方法がとられることになる。こうしてできあがった『古事記』は、『書紀』とはまったく異なる趣《おもむき》で「天地の初め」を語ることになる。それは次のように始まる。

天地《あめつち》初めて發《ひら》けし時、高天《たかま》の原に成れる神の名は、天之御中主神《あめのみなかぬしのかみ》。次に高御産巣日神《たかみむすひのかみ》。次に神《かみ》産巣日神《むすひのかみ》。この三柱《みはしら》の神は、みな獨神《ひとりがみ》と成りまして、身を隠したまひき。次に國稚《くにわか》く浮きし脂《あぶら》の如くして、海月《くらげ》なす漂へる時、葦牙《あしかび》の如く萌え騰《あが》る物によりて成れる神の名は、宇摩志阿斯《うましあし》訶備比古遅神《かびひこぢのかみ》。次に天之常立神《あめのとこたちのかみ》。この二柱《ふたはしら》の神もまた獨神と成りまして、身を隠したまひき。上の件の五柱《いつはしら》の神は、別天《ことあま》つ神《かみ》。（『古事記』別天つ神五柱）

『古事記』のことばは、「たゞに其ノ物其ノ事のあるかたちのまゝに、やすく云初《いひそめ》名づけ初めたることにして、さらに深き理《ことわり》などを思ひて言《いへ》る物には非れば」（『古事記伝』三之巻）、万物の説明原理だとか、この世を超えた超越的存在だとかいう形而上の理念的構築物には何の関心も示さずに、ただただ神の名を連ねていく。最初に現れるのは、「天之御中主神」、すなわち、この世界の真ん中に位置する神。次に、「むすひ」という名を与えられた男女一対の神々。次に、この「むすひ」の力を体現するかのように、春先の水辺でどんどん成長していく生命力溢れる葦の新芽を象徴するカミ（うましあしかびひこぢのかみ）。そして最後に、この「むすひ」の登場によって世界がしっかりと立ち上がっていくさま（あめのとこたちのかみ）が語られる。『古事記』はこのあとも延々と、われわれを取り巻く様々な世界の現象を、神の名によって表現しながら進んでいく。

日本人にとっての「カミ」

宣長が注目したのは、この「神を名づける」という行為であった。彼がそこに見出したのは、上古の人々が自らの理解を超えた霊妙なる〈物・事〉に触れ、驚き、畏《おそ》れ、喜び、嘆き、絶え間なく〈こころ〉を動かしているさまである。その〈動くこころ〉によって神が語られ、次々とことばになって名づけられていく。それが『古事記』の世界である。〈こころ〉が〈こと〉に動かされて〈ことば〉を生み出す――〈こころ〉と〈こと〉と〈ことば〉のあいだに立ち現れるダイナミックな意識の生成の瞬間――その現場を追うことに、宣長は意味を見出すのである。

こうして語り出された日本の神々は、人々のこころの動きをそのまま映し出すかのように、さまざまな形をとって、ひとつにまとまることがない。宣長の有名な「カミの定義」は、したがって次のように日本の「カミ」を語る。

迦微《カミ》と申す名義《なのこころ》は未だ思ひ得ず。さて凡て迦微とは、古《いにしへの》御典《みふみ》等《ども》に見えたる天地の諸の神たちを始めて、其を祀れる社に坐す御靈をも申し、又人はさらにも云ず、鳥獣《とりけもの》木草のたぐひ海山など、其餘《そのほか》何にまれ、尋常ならずすぐれたる徳《こと》のありて、可畏《かしこ》き物を迦微とは云なり。抑迦微は如此《かくのごと》く種々《くさぐさ》にて、貴きもあり賤《いやし》きもあり、強きもあり弱きもあり、善きもあり悪きもありて、心も行《しわざ》もそのさまざまに随ひて、とりどりにしあれば、大かた一むきに定めては論《い》ひがたき物になむありける。まして善きも悪きも、いと尊くすぐれたる神たちの御《み》うへに至りては、いと

> もいとも妙《たえ》に靈《あやし》く奇《くす》しくなむ坐しませば、さらに人の小き智《さとり》以て、其の理などちへのひとへも、測り知らるべきわざに非ず。ただ其の尊きをたふとみ、可畏きを畏みてぞあるべき。（『古事記伝』三之巻）

宣長は、「カミ」というものを一つの概念にまとめてしまうことはできないと言う。それは人間の限られた知を超える存在もしくは現象であるがゆえに、人間がこれをいくら概念化しようとしても、その本質を語りつくすことはできない。上古の人々が考えたカミとは、人間の小賢しい倫理的判断を超えた大いなる力、善悪の彼岸に横たわる存在なのである。したがって彼らが語るカミを、〈理〉だとか、〈超越神〉だとか、そういう次元でとらえてはいけない。そうではなくて、彼らが「カミ」ということばによって表そうとしたのは、ただひたすらに、可畏き物にふれた時の彼らの「経験」そのもの、言い換えれば、可畏き物にふれて動いた彼らの〈こころ〉の表出なのである。

もののあはれをしるこころ

この〈動くこころ〉こそ、宣長の学問全体を貫く思想の中核に他ならない。というのも、この論点は、『古事記』に先立って彼が研究対象とした『源氏物語』の解釈の中で、宣長がすでに探りあてていた境地なのだから。それは有名な「もののあはれ」の議論に通ずる。『石上私淑《いそのかみのささめ》言《ごと》』の中で、「もののあはれをしるとはいかなる事ぞ」という門人の問いかけに、宣長は次のように答えている。

すべて世中にいきとしいける物はみな情《こころ》あり。情あれば。物にふれて必おもふ事あり。……その思ふ事のしげく深きはなにゆへぞといへば。物のあはれをしる故也。事わざしげき物なれば。其事にふるゝごとに。情はうごきてしづかならず。うごくとは。あるときは喜《うれ》しくあるときは悲しく。又はらだゝしく。又はよろこばしく。或は楽しくおもしろく。或はおそろしくうれはしく。或はうつくしく或はにくましく或はこひしく或はいとはしく。さまぐ\におもふ事のある是即もののあはれをしる故に動く也。(『石上私淑言』巻一)

この世に生きとし生けるものは、すべて〈こころ〉をもっている。その〈こころ〉と現象世界がふれあったとき、そのあいだに立ち現れる「何か」を感じて、われわれの〈こころ〉は「動く」。この「感ずるこころ」、「事にふれて動くこころ」を、宣長は「もののあはれをしるこころ」と表現した。この「あはれ」には、悲しい気持ちだけでなく、怒りや喜び、楽しみや憎しみなど、ありとあらゆる感情が含まれる。こうしたさまざまな感情によって「おのずから動く」「生まれつるままのこころ」こそ、「もののあはれをしるこころ」であり、その動きに正直に生きるのが「人の道」だと、宣長は考えるのである。

まことの道は、天地の間《あひだ》にわたりて、何れの國までも、同じくたゞ一すぢなり、……其の道理とは、此天地も諸神《もろかみ》も萬物も、皆ことぐ〱く其本《そのもと》は、高皇産靈神《たかみむすびのかみ》、神産靈神《かみむすびのかみ》と申す二神の、産靈《むすび》のみたまと申す物によりて、成出来《なりいでき》たる物にして、世々に人類の生れ出、萬物萬事の成出るも、みな此御靈《みたま》にあらずといふことなし、……抑此産靈の神靈《みたま》と申すは、奇々妙々なる神の御しわざなれば、いかなる道理によりて然るぞなどいふことは、さらに人の智慧を以て、測識《はかりしる》べきところにあらず。(『玉くしげ』)

ここで宣長が「道」と言うとき、それは中国思想が説く老子《ろうし》の〈道〉とは意味が異なることに注意しなければならない。宣長の「道」は、老子の〈道〉のように普遍的原理や真理に貫かれた道ではなく、「たゞ物にゆく道」、言い換えれば、「よろづの事にふれてうごく」己れの〈こころ〉を感じ、その動きに導かれて生きる、そんな「道」なのである。が、そう言うと、ここで批判が生じるかもしれない。そのような「こころのままに生きる道」など、何の方向性も定まらない無秩序な道に堕するのではないか、と。しかし宣長は、そうは考えない。彼は、この道にはたった一つだけ「道理」が存在すると言う。それは、『古事記』の冒頭に現れた高皇産靈神と神産靈神の二神によって象徴される「産靈のみたま」だ、と。しかも、その「産靈のみたま」は、日本人にのみ与えられたものではない。「世々に人類の生れ出、萬物萬事の成出るも」、すべてこの「むすひ」の道理によって成り立っていると主張するのである。『古事記』において、あらゆる存在に先立って最初に名づけられた「むすひの神」、その最初の名づけの行為の中に、この国の人々が「カミ」と呼んだものの本質が顕れているのではないか。では、その「むすひ」とは、いったい何なのか。

5 「むすひ」――新たな「いのちの思想」へ

産巣日《むすび》は、字は借字《かりもじ》にて、産巣は生《むす》なり。其は男子女子《むすこむすめ》、又苔の牟須《むす》など云フ牟須にて、物の成出《なりいづ》るを云ふ。……日は、書紀に産靈と書れたる、靈ノ字よく當れり。凡て物の靈異《くしび》なるを比と云。……されば産靈とは、凡て物を生成《な》すことの靈異なる神靈《みたま》を申すなり。(『古事記伝』三之巻)

「むすひ」とは、「凡て物を生成すことの靈異なる神靈」、この世に生きとし生けるものすべてを存在ならしめる霊妙なる力、すなわち、われわれ生きものすべてを根底から突き動かす「いのち(生成)」の力と言えよう。この「むすひ=いのち」に導かれて生きるこころのありようを、宣長は「真心」と呼び、さらにその「真心」によって動いていく人間社会を、次のように表現する。

真心とは、産巣日の神の御霊によりて、備へ持て生まれつるままの心をいふ、さてこの真心には、智なるもあり、愚なるもあり、巧《たくみ》なるもあり、拙きもあり、善《よき》もあり、悪きもあり、さまざまにて、天下の人ことごとく同じき物にあらざれば、神代の神たちも、善事にまれ悪事にまれ、おのおのその真心によりて行ひ給へる也。(『くず花』)

この世の道理としての「むすひ」を論じるとき、宣長は「むすひ」がもつ「生成の力」や「動き＝ダイナミズム」そのものの経験を重視しているのであって、そこから単純な性善説を導き出そうとしているわけではない。現象に素直に向き合う宣長の姿勢は、善悪・賢愚《けんぐ》・巧拙《こうせつ》のいずれもが存在するこの世の現実を直視し、そのすべてを「せむかたなし」と受け止める徹底したリアリズムに貫かれている。彼は、その時々の世の流れを「其時《そのとき》の神道」と呼び、儒教に従う道も、仏教に従う道も、その時代に生きる人々のこころがそれを選んだのであれば、それこそが、その時々の「神の道」なのだと言う。

神には善なるあり、悪なるある故に、其道も時々に善悪有て行はれ候也、然れば、後世、國天下を治むるにも、まづは其時の世に害なき事には、古へのやうを用ひて、随分に善神の御心にかなふやうに有べく、又儒を以て治めざれば治まりがたき事あらば、儒を以て治むべく、佛にあらではかなはぬ事あらば、佛を以て治むべし、是皆、其時の神道なれば也、然るにたゞひたすら上古のやうを以て、後世をも治むべきもののやうに思ふは、人の力を以て神の力に勝んとする物にて、あたはざるのみならず、返て其時の神道にそむく物也、この故に、神道の行ひとて別に一ツはなき事と申すは、此事に候也。(『答問録』)

常に変転してゆく世の流れを「其時の神道」とみなし、それに従って生きることを受け入れる宣長。このように彼は徹底したリアリストであったが、だからといって、生きることに意味を見出さないニヒリストではなかった。現実を厳しく見据える精神の緊張に立ちながら、「人が生きる意味」を、今ここに立ち現れる〈いのち〉の動きとともにあること――瑞々しく生きて躍動する〈いのち〉を、そのあるがままに捉えること――の中に見出したのである。理念だとか原理だとか道徳性、そうした「さかしら」なものに囚われたこころは、本来のこころがもつ生の躍動を失い、固定したイデオロギーを信じて疑わない、不自由な思考停止状態をもたらすだけだ。そうではなくて、我々の〈こころ〉が〈こと〉に動かされて〈ことば〉を生み出す、そのダイナミックな〈いのち〉が躍動する瞬間を生きること、そこにこそ生きる喜びがあるのではないか。宣長が最終的に辿り着いたのは、この新たな「いのちの思想」であったと言えよう。

この「いのちの思想」は、しかしながら、日本人だけが特権的に有するわけではない。「さかしら」に囚われず、今ここに立ち現れる〈いのち〉の動きに〈こころ〉を震わせ、その躍動する瞬間に生きる意味を見出すこと――それは、人類すべての生命の本質に根ざした経験であり、これまでの文明化（言語化・概念化・理念化）の過程で失われていったものにすぎない。現代の日本人とて、その例外ではないであろう。

〈漢意〉によって象徴される人間の〈こころ〉のあり方を徹底的に批判し、それとは異なる独自の文明論を打ち出した宣長――その思想の可能性は、現代において新たな光を放ちつつある。

さらに詳しく知るための参考文献

小林秀雄『本居宣長（上・下）』（新潮文庫、一九九二、二〇〇七改版）……宣長が残したテキストすべてに向き合い、それらとの対話の中から立ち現れることば（思想）を丹念に綴っていった、現象学的解釈学の一例といえる作品。

子安宣邦『本居宣長』（岩波現代文庫、二〇〇一）……「宣長をいかに読むか」という内在的姿勢を批判し、「宣長がいかに読まれてきたか」という外在的・歴史的視点に立って、宣長学が近代日本のナショナリズムに与えた影響を「宣長問題」として論じていく作品。

斎藤英喜『古事記はいかに読まれてきたか――〈神話〉の変貌』（吉川弘文館、二〇一二）……宣長による『古事記』再発見に先駆け、それより時代を遡った平安―中世―近世にかけて、『古事記』の解釈がいかなる変遷を辿ってきたかを解明していく作品。

相良亨『本居宣長』（東京大学出版会、一九七八／講談社学術文庫、二〇一一）……「今日のわれわれの内にも、よかれあしかれ、生きている一つの思想として宣長を捉え、この宣長を通して自己自身を見つめようとした」と著者自身が語るように、日本人の倫理思想の研究の一駒として、「人間宣長の思想」に迫った作品。「物のあはれ論」・「神道論」・「道」・「せむかたなし」の四つの主題を軸に論が展開される。

岡倉天心——西洋文明の代替案を示した英語名人

稲賀繁美

1 西洋と東洋のはざまで

岡倉覚三《おかくらかくぞう》（一八六三～一九一三）は従来「岡倉天心《てんしん》」として日本思想史の枠組みで取り上げられることが多かった。岡倉はアジアと西側世界とに身をもって対峙し、そのなかで世界に向けて発信し得た最初の世代を代表するひとりとなる。大英帝国による世界支配に北米の合州国が急追した一九世紀後半、世界に向けての発言には英語が不可欠となる。同時代の「英語名人」には、ほかに新渡戸《にとべ》稲造《いなぞう》と内村鑑三《うちむらかんぞう》を数えるのが一般だろう。『余はいかにして基督教徒《キリストきょうと》となりしか』（一八九五）を残した内村、国際連盟事務次長を務めた新渡戸の『武士道』（一八九九）とについで、岡倉は『東洋の理想』（一九〇三）、『日本の覚醒』（一九〇五）に加えて『茶の本』（一九〇六）の三冊を四〇代前後で公刊した。『東洋の理想』『茶の本』は英語圏で今日も出版が引き継がれている。比較文明学の見地から岡倉を評定したい。

明治の英語名人・フェノロサとの邂逅・ジャポニスムの影

開港地・横浜で宣教師ジェイムズ・バラから英語の手ほどきを受けていた岡倉は一八七五年に開成学校に入学。同校は七七年に東京大学と改称。翌年、アーネスト・フェノロサが政治学・理財学・哲学担当教師として着任する。日本美術蒐集と著述に傾注するこのアメリカ人の通訳経験が生来の美術志向と相まって岡倉の生涯の航路を導くこととなる。とりわけ一八八四年の奈良周辺での古寺調査では、法隆寺夢殿の秘仏・通称「救世《ぐぜ》観音《かんのん》」の開封に立会い、六年後の東京美術学校での「日本美術史」講義でそれを「一生の最快事」と回想する。

廃仏毀釈《はいぶつきしゃく》に続くこの段階の日本にはまだ「文化財」観念はない。今日でこそ仏像は「彫刻」として遇され、「美術」の資格で博物館に展示される。だが、同時代の日本では「飛鳥《あすか》・白鳳《はくほう》・天《てん》平《ぴょう》」といった様式概念はなお確立以前。西欧世界では、まだ東アジアの「仏教美術」など、その存在すら認知されていない。わずかに一八七二（明治五）年には江戸時代の通称「目黒の大仏」がフランスに招来され、翌年のヴィーン万国博覧会では日本展示場に鎌倉大仏を模した和紙に竹細工のハリボテを運び込んだものの、職人の煙草の火の不始末であえなく炎上、類焼を免れた頭部だけが、名古屋城の鯱鉾《しゃちほこ》の造り物とともに会場を飾る。また一八七八（明治一一年）年のパリ万国博覧会には、京都・東寺《とうじ》の羯磨《かつま》曼荼《まんだ》羅彫像《らちようぞう》を模した「立体曼荼羅」二七体が出展されたが、これも極東の宗教事情を可視化する陳列品だった。

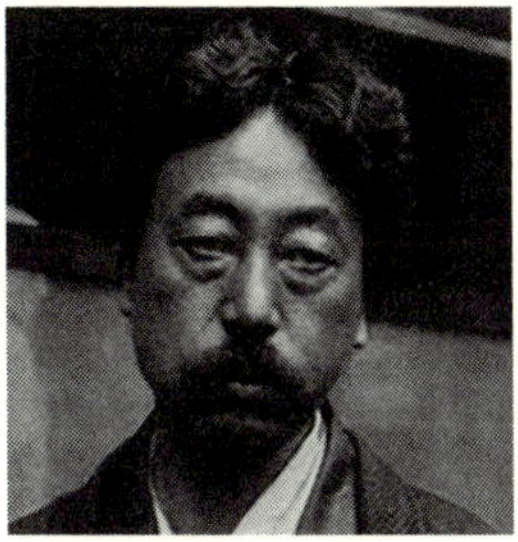
岡倉天心（覚三）

当時、日本は美術行政発足への途上にあった。その同時代、欧米では日本美術が流行を見せ、Japonismeと呼ばれる日本趣味が酣《たけなわ》となる。一八七八年には蜷川式胤《にながわのりたね》の『観古図説《かんこずせつ》』陶器編が石版手彩色の図版で欧米の愛好家に浸透し、フランス人ルイ・ゴンスが『日本美術』（一八八四）で琳派を称賛する一方、お雇い外国人の英国外科医ウィリアム・アンダーソンが大英博物館に寄贈することとなる蒐集をもとに、明兆《みんちょう》や雪舟《せっしゅう》を称賛する『日本の絵画藝術』（一八八六）を上梓する。さらに美術商S・ビングは英仏独三カ国語同時出版で全三六巻の月刊誌『藝術の日本』を刊行（一八八八〜九一）。フィンセント・ファン・ゴッホやポール・ゴーガンの日本への関心もこの渦中で高まった。

東京美術学校の立ち上げからシカゴ万国博覧会へ

岡倉は一年におよぶ欧州視察から八七年秋に日本に戻るが、同年、東京美術学校が発足し、八九年に開学を迎える。同年、上野の帝国博物館の理事・美術部長職に就任した岡倉は、翌年秋には三〇歳を待たずして、美術学校校長心得《こころえ》をも兼務する。九三年には北米シカゴでコロンブス「新大陸発見」五〇〇年記念の万国博覧会を迎えるが、岡倉はこの折に宇治の平等院《びょうどういん》を模した「鳳凰殿《ほうおうでん》」での日本美術展示を指揮する。平安・室町に江戸の三つの時代に典型的な室内調度を時代別に復元した趣向は、フェノロサ仕込みのヘーゲル流「時代精神」論を極東日本に適用したものと、筆者は推定している。ヘーゲルは東洋に歴史の停滞を見たが、それをヘーゲル自身の論法で打破したのも、「比較文明」論者・岡倉の見識と評価されよう。

広重『名所江戸百景』の両国の花火風物をテームズ川の夜景へと翻案をしたのは米人画家の

J・M・ホイスラーだった。フェノロサはそのホイスラーに、東西美術を湊合《そうごう》して旧来のアカデミーの美術教育を孤立させる、世界美術史大転換の潮流が具現されている様を幻視した。ホイスラーの《夜想曲《ノクターン》》の連作にフェノロサはNotan《ノータン》の巧みな構成を認める。「濃淡」は中国原産の漢語ではなく日本製の和語だったが、フェノロサはこの「濃淡」に欧米美術アカデミーの明暗法の教条を打破する表現の可能性を見出していた。岡倉が北米行脚の横山大観《よこやまたいかん》や菱田春草《ひしだしゅんそう》に求めた技法上の刷新は、国内では「朦朧体」との悪口に迎えられた。だがそれは油彩に対抗する「濃淡」の近代的発展であり、インドに伝えられるや**Wash**すなわち「水洗」技法へと引き継がれる。この実験的技法には、英国植民地の西洋美術教育の規矩を脱し、ムガール細密画の伝統からの脱皮を図るベンガル・ルネサンス運動の藝術精神が託された。洋の東西に目配せした岡倉の見識は、インドでの近代美術の展開や国民意識の覚醒にも貢献した。

2 「アジアはひとつ」の真意

インドの発見と『東洋の理想』

一九世紀末年に中国行脚をなした岡倉がインドへと旅立つのは一九〇一年末。コロンボ経由でカルカッタに入るが、この時期に日本は日英同盟を締結している。同行した米国の富豪令嬢・ジヨセフィン・マクラウドの仲介でベルルの僧院に招かれた岡倉は、近代ヒンドゥー改革の騎手、ヴィヴェカーナンダ（ベンガル音では「ビベカノンド」）と邂逅《かいこう》する。一八九三年のシカゴ万国博覧会に併設された世界宗教議会で名声を博したビベカノンドを日本に招待し「般若波羅蜜多会《はんにゃはらみったかい》」と称する世界宗教議会の続編を京都で開催すること。それが、岡倉と、遅れて入印する織田得能《おだとくのう》の企てだった。だがラーマクリシュナの衣鉢を継ぐビベカノンドは一九〇二年七月には三八歳で早世し、世界宗教会議開催は結局のところ頓挫する。さらに岡倉は当時荒廃していた仏教遺跡・ブッタガヤの復興にも関与していた。だがこの企てもセイロン出身のダルマパーラと現地のヒンドゥー地権者との抗争に巻き込まれる結果となり、所期の目的は果たせない。こうした失敗例は事績記録に残らず、歴史から長らく抹消されてきた。

その一方、岡倉はビベカノンドに帰依してヒンドゥーに改宗した弟子、シスター・ニヴェーディター（ベンガル音では「ニベディタ」、「献身」を意味する）こと、アイルランド出身のマーガレット・ノーブルの支援も得て、英文著作『東洋の理想』（*The Ideals of the East*）を脱稿する。ニベディタの『綾なすインド生活（*The Web of Indian Life*）』（一九〇四）やマクラウド宛書簡を精査すると、岡倉との間に切磋琢磨《せっさたくま》と密接な意見交換のあった様も辿られる。さらにタゴール一族のスレンドロナトの回想を見ると、岡倉が武力闘争による対英独立運動を画策する秘密結社にも関与していた形跡が濃厚となる。その証拠物件がインド滞在中の檄文「われらはひとつ」だが、これは発覚すれば関係者逮捕を招きかねない危険な政治文書だった。従来、日本の思想史研究では超国家主義の兆候として批判されることが一般だった「アジアはひとつ」という『東洋の理想』

冒頭の一文も、実際にはインド亜大陸での有色人種同胞との英語での自在な意思疎通を享受した岡倉の実感に裏打ちされている。そこには一九〇五年のベンガル分割令施行とともに高揚を見せるスワデシ国民運動への予兆となる、植民地下民衆や南印知識人たちとの連帯意識も反映していた。「内からの勝利か、さもなくば外からの圧殺か」。『東洋の覚醒』最後のこの格言も、ニベディタが岡倉と共有して反復する定型の連禱だったことが確認できる。

『東洋の理想』は一見すると、その題名に反して、日本美術史の沿革を辿る。だがそこにはインドや中国から流入した美術交流史上の様々な影響が日本列島の浜辺に残した痕跡を辿る姿勢が一貫している。先立つ一九〇〇年のパリ万国博のために仏文で公刊された日本最初の公式美術史（*Histoire de l'art du Japon*）およびその原稿たる『稿本日本帝国美術略史』では、岡倉が中途で編纂参与から外れた段階で、水戸学に忠実な天皇の系譜にそった通史が構想された。それと比較すると『東洋の理想』には汎アジア的な視野が横溢していることは否定できまい。さらにそこには思想的な裏打ちとして、華厳教学《けごんきょうがく》に言う帝釈天《たいしゃくてん》の帝網《たいもう》、すなわち個々の発現にすべてが反映し全体が遠く近くに相照相応する理念が託され、それが編年的な連綿を描く「温故知新」に、岡倉は **advaita** すなわち「不二一元《ふにいちげん》」の理念の具現を託す。

第一次世界大戦後、欧州での世界市民思想に裏打ちされた美術史家、アンリ・フォシヨンは、その『北斎』第二版の序（一九二五）で、この岡倉の発想に「おそらくは虚構だが、民族の精髄をなす連続性」を見て取った。この **Advaita** の思想は、岡倉が帰依した真言宗の丸山貫長《まるやまかんちょう》の「不二眞教」に由来するとともに、岡倉がビベカノンドとの最初の接触の際に早くも確認した思想であり、その集大成者として知られるシャンカラーにも岡倉は自著で数度にわたり言及することとなる。それはまたフェノロサらが喧伝し、泰西の学術で支配的であったギリシア文明東漸説への反駁でもあり、岡倉は漢代に遡る文献資料に基づき、中国漢代の仏像がガンダーラ仏に影響を与えたとの逆行説をも開陳して、ヴィンセント・スミスら西側権威者の嘲弄《ちょうろう》を招く。とはいえここにはインドから古代ギリシアへの文化流入など認めようとしない欧米研究者へのラジェンドラル・ミットロの反論に、岡倉が触発された面も推測できる。とまれ、北魏《ほくぎ》系の仏像の編年が辛亥《しんがい》革命《かくめい》期に画定されるにつれ、自説が謬見《びゅうけん》であったことを弁えた岡倉は、その後の学術の急速な発展も勘案して、自著の和訳には同意しない立場を貫いた。

日露戦争期と『日本の覚醒』

岡倉の著作は、それが意図した読者にどのような反応を招いたのか。この局面を考慮しない思想史研究は、虚構にすぎない自律した空中楼閣に自閉することとなる。反対に、比較文明論者として岡倉を評定するうえでは、「読者論」「受容環境論」への配慮が欠かせまい。『日本の覚醒』*The Awakening of Japan* は一九〇三年後半から構想され、日露戦争下の一九〇四年十一月にニューヨークで出版される。主要部は日本近世思想史概説を、古学・陽明学・国学の代表者を挙げつつ、門外漢の英語圏読書人にも理解できるように噛み砕いて提供するものだが、そこには内外の危機に際会した徳川幕藩体制が如何に「蛹《さなぎ》」から内発的に脱皮していったかの過程が説かれ、近代国家への必然の歩みを読者に訴える。岡倉は日露開戦当日に横浜を発った。米国で執筆したと推定される最終章「日本と平和」には、時事的な言及により北米の指導者階級に日本の外交的主張の正当性を説得するという任務も明らかに透視される。果たして当時の北米合州国大統領・セオドア・ルーズベルトは自分の妻、つまり大統領夫人の口を借りて、岡倉の著書に言及し、そこに（インド体験も隠し味となって）描かれた東洋女性の美徳と社会的な貢献とを称賛してみせる。映画『ナイト・ミュージアム』（二〇〇三）でも知られるとおり、この辣腕帝国主義者は、アフリカでサファリを楽しみ、パナマ運河の利権を自国に導入し、日露戦争処理のポーツマス条約締結の立役者となった。対露戦勝により、日本は帝国主義陣営の一員へと脱皮し、アジア各地、イスラーム圏を含め、西側の植民地として苦杯を舐めていた地域では、「光は東方から」との掛声とともに、日本に模範を仰ぐ民族意識が高揚を見せる。そのなかで『シカゴ・トリビューン』紙は「帝国は武勇の国だが」「平和をこそ希求する」と、岡倉の友人ギルダーの評を載せる。「世界人類はなお人間性の闇（dusk of humanity）」にある。それが岡倉の認識だった。「欧州は我らに戦争を教えた。欧州はいつ平和の祝福（the blessing of peace）を習得するのだろう」と。日露戦争をも帝国主義の侵略戦争の一環と捉える史観からすれば、こうした発言は詭弁に過ぎまい。だが戦端は「龍の逆鱗に触れた」と見る岡倉の視座は、むしろ東西の「双龍」が「宝玉」を競い合う闘争の光景として、帝国主義下の植民地争奪の世界を捉えていたのではなかったか。

3　美学的な「近代の超克」の試み——政治情勢に翻弄されて

東洋美学原論としての『茶の本』

一九〇五年にボストン美術館顧問に招かれた岡倉が翌年に刊行したのが『茶の本』(*The Book of Tea*)。ここでは冒頭から **a cup of tea** という「日常茶飯」を意味する英語慣用句と脚韻を踏んで **a cup of humanity** が説かれる。そこには『日本の覚醒』末尾の **Dusk of humanity** を反転させる意図も遠望《えんぼう》できよう。満洲での殺戮《さつりく》が文明国の証ならば、なぜ茶の平和が野蛮なのか——。この逆説とともに、岡倉自身の東洋の美の演出方法もここで転進する。柄谷行人《からたにこうじん》などはそこに、岡倉個人の履歴における政治的な挫折を審美的な次元へと転嫁する逃避行動を見るが、この見解は果たして妥当するだろうか。むしろシカゴ万国博覧会(一八九三)からパリ万国博覧会(一九〇〇)段階で西欧諸列強に伍する美的達成を誇ろうとした覇権争いを、審美的な次元で清算する「転回」、美学的な「近代の超克」の試みを『茶の本』に見ることは許されまいか。そこに挫折があるとすれば、それはむしろ日英同盟下、もはやインド知識人との連帯を表明することが許されなくなった母国の行く末に対する、審美家・岡倉の慨嘆《がいたん》ではなかったか。

ここでもまた岡倉の読者・享受者に注目したい。その成立過程からあきらかなように、『茶の本』はボストン上流階級の御婦人たち相手に岡倉がこなした講演記録などが下敷きとなっている。茶道の専門的な指南というより、自ら模範を示した生け花などの逸話や、道教由来の伝説、禅の公案などを話題として試しに提供してみたところ、パトロンとなったガードナー夫人のサロンなどで催した「チャノユ」で、見事に観衆の感興を惹いた逸話が、あらためて巧みに塩梅されている。ここに描かれる世界は、「強大」mightyな財力にものをいわせて豪奢を顕示するような美術陳列ではない。むしろそうした「富の開陳」の浅薄さを揶揄《やゆ》するために、「一杯の茶」という微小なものへと、もっぱら欧米人読者の関心を引き寄せる。

Those who cannot feel the littlenss of great things in themselves are apt to overlook the greatness of little things in others.（偉大と言われるものがいかに矮小かを己の裡に感じられない者は、他者のうちなる小さな存在がいかに偉大かも見過ごしがちなものだ）。冒頭近くの警句だが、思えばニベディタのマクラウド宛書簡にも、『東洋の理想』出版という「小さな貢献」こそが、何よりも偉大だ、との述懐が残る。極小のうちに極大を見る華厳の観相をここに認めることも禁じられてはいまい。岡倉は『茶の本』で他ならぬ『綾なすインド生活』の「女性著者」を小泉八雲ことラフカディオ・ハーンと並べて、東洋の魂の灯火《ともしび》に感応した稀なる著者として讃えていたのだから。人間性の暗闇のなかに点る小さな器、その灯火こそが、岡倉が英語で唱える東洋美学の燭台にして、慎ましい精髄をなしていたはずだ。

代々の茶器の所有者は喫茶を通じて美的体験を共感する。祖先伝来の器は世代を超えて愛玩され、愛好者はその唇や指で過去に触れ、茶室の会衆は五感を研ぎ澄まして美を分かち合う。その共感の伝播する様相を、岡倉は様々な比喩で語る。水中を自在に泳ぎ回る魚の悦楽は、魚でない人間には分かち合えないものだろうか。否、と荘子《そうし》は答える。お前などに分かち合えるはずがない、と決め付ける方が傲慢不遜だろう、と。また唐代の高僧、丹霞《たんか》和尚《おしょう》は暖を取ろうと仏像を燃やし、ひどい冒瀆だと叱責される。仏舎利《ぶつしゃり》を頂戴しようと思ってな、と答えると、こんな木材からは取れますまいと反論される。すると丹霞は穏やかにやり返す。仏舎利が取れなかったら、これは仏陀にあらず、私も冒瀆など犯しておらぬことになるな、と。共感の欠けた問答が招く脱臼の失態を笑いとともに諭し、聴衆の共感を勝ち取る頓知《とんち》が披瀝される。それはまた異類や無生物にいかに魂が宿るか、その瞬間をも不意に悟らせる。

　そこには共感を容れる「器」すなわち空虚が不可欠であり、器にせよ、また人の住まう住居にせよ、その充実のためには空隙こそが肝要となる。存在と不在との転換、それは老子の教えでもあれば、岡倉が変奏した「伯牙《はくが》の琴馴らし」の逸話でもある。名木の桐の琴を活かすには楽士は自らを虚しくし、琴が選ぶに任せて奏でるに若《し》くはない。その忘我のうちに神が宿る、と。脱魂《だっこん》と憑依《ひょうい》とは異なる心的現象だが、両者は相補的かつ表裏一体だろう。その虚実の転換を欧米読者にも納得できる逸話で平易に説く岡倉。その哲学は、岡倉の精神的な息子ともいえる九鬼周造《くきしゅうぞう》によって両大戦間、ブルゴーニュはポンティニーの哲学者の集いで再生される。九鬼の「東洋的時間論」は、岡倉が語る「自分でありかつ自分でない」（he is and is not）体験、自己喪失のうちに無限を一瞥する刻（glimpse of Infinity）を、「脱我」（hors de soi）と読み替え、その刹那滅《せつなめつ》を、輪《りん》廻転生《ねてんしょう》の循環へと参与する契機と見る。生々流転《せいせいるてん》を龍の形象に託し、瞬時に永遠を見る『茶の本』の藝術観は、九鬼の思想のうちに輪廻転生を果たす。

私見ではここに、古代ストア学派に由来し、当時西欧でも神智学に傾倒した知識人たちの周辺で復権の兆しを見せた **perennial** の哲学との、思わぬ親和性を探りうるはずである。さらに東西精神交流史の文脈でならば、現代のフランス学士院会員・フランソワ・チャンの『虚・實』（*Vide et plein*, 1979）あるいは『気韻生動《きいんせいどう》』（*Souffle-Esprit*, 1989）といった構造主義の洗礼を受けた著作を、岡倉の遥かなる後裔《こうえい》と解釈することも許されよう。また比較文明学的見地から見れば、この東西交流には同時代の西側世界における「東洋への覚醒」も兆していた。

『東洋の覚醒』

西側世界の「東洋への覚醒」は、東洋側の「覚醒」とも呼応する。それはとりわけ第一次世界大戦後、政治史的にはヴェルサイユ体制下の両大戦間期に、精神史の領域で顕著となる。だがその予兆は、「世紀末」、岡倉の英文執筆の高揚期に当たる二〇世紀初頭に胚胎《はいたい》していた。岡倉の受容史においてその転変をもっとも顕著に示すのが、『東洋の覚醒』（*The Awakening of the East*）として知られる著述となる。まず注意すべきこととして、この題名を戴く英文著作は、岡倉生前には存在しない。すでに触れた岡倉インド滞在中の執筆となる、反英蜂起を促す檄文《げきぶん》「我らはひとつ」（**we are one**）と仮に題されていた手稿は、岡倉没後、遺品のなかに埋もれていた。この未定稿は、インドでの刊行が出版検閲に触れるため不可能だった以上に、日英同盟下の日本での発刊も問題外だった。さらに『日本の覚醒』に「アジアの夜」「白禍《はくか》」などの章が出版されるに及び、インドで執筆した草稿は、岡倉生前に反故となった。その執筆時期および論調からしてこの草稿は、日本思想史ではなく、インド近代史、スワデシ運動への前哨戦という文脈でこそ遇されるべきだった。だがその遺稿は遺族によって昭和一三（一九三八）年頃再発見され、一四年には浅野《あさの》晃《あきら》訳で『東洋の覚醒』として聖文閣版『岡倉天心全集』第二巻に収録、翌年、英文も浅野校訂により上記の題名で版行される。

『日本の覚醒』と『東洋の覚醒』。この両者を比べると、表面的には記述上の矛盾が目につく。ペリーによる日本開国強要は『東洋の覚醒』では悪事として語られるが『日本の覚醒』では善行へと変貌する。だが前者は英領植民地インド人民との連帯表明であり、後者は日露戦争下で北米合州国の日本支援を要請する政治的使命を帯びた著作である。首尾一貫の欠如は岡倉の自己矛盾でも、無節操な変節でもなく、そこには国際情勢の変容に翻弄される近代日本の変貌が投影されている。岡倉の不定見をその詩人的気質故と見るのは謬見だろう。

三木《み き》清《きよし》も戦時下に指摘したように、日英同盟下で反英文書ゆえ反故となったはずの草稿は、「大東亜戦争」下では、東洋の盟主を標榜する帝国日本を思想的に代弁する著作へと変貌を遂げる。茨城県五浦《いづら》海岸の丘陵に面する岡倉旧邸の庭に「亜細亜ハ一ナリ」の巨大な石碑が建立されるのは昭和一七（一九四二）年。佐藤《さ とう》信衛《のぶえ》は『岡倉天心』（一九四四）で『東洋の覚醒』を大東亜共栄圏の「新しい事態を説明」する最良の一編と認定する。保田《やすだ》與重郎《よじゅうろう》は『戴冠詩人《たいかんし じん》の御一人者』（一九三八）で「一切の宗教と藝術の母であつたアジア」がすでに滅亡したとの喪失の認識こそが「アジアはひとつ」の「震撼《しんかん》すべき真実」だと述べていた。だがその後数年のうちに、藝術における「東洋の理想群」*Ideals of the East*は、政治的な領土拡大の覇権主義を正当化する戦時下の号令へと読み替えられ、変質を遂げていた。

4　文明交流という織物《ウエッブ》——天心が夢見たものとは

「超国家主義者」像からの脱却にむけて

日本敗戦後の論評（一九五八）で丸山眞男は「大東亜新秩序の預言者」という「祭壇」から岡倉は「名誉回復されて然るべき」とは認めつつも、「東洋の内在的発展の論理」が「近代ヨーロッパとの対抗のシェーマに結びついたとき」「天心の使命観は」「ある致命的な個所でルビコン河を渡っていた」と述べる。この評定は妥当するだろうか。一方で岡倉は西洋物質文明の裡に、暴走する蒸気機関車の姿を認めつつも、それに乗らなければ轢《ひ》き殺されてしまうというジレンマを痛感していた。他方で外川昌彦《とがわまさひこ》も提案するように、岡倉が越えたルビコン河とは、「超国家主義」への濫觴《らんしょう》というよりは、むしろインドや多様なるアジアへの「渡河」の契機だったと見ることはできまいか。第一次世界大戦以前の一九一三年に死去した岡倉に「帝国主義的主体」としての罪障《ざいしょう》意識の欠如を指弾するのは、もとより無理無体な要求だろう。そこには先人に罪状を転嫁することで自らの戦争責任を払拭する他なかった敗戦後日本の「うちに閉じた」「五五年体制」

下の思想動向の限界が色濃く反映されている。

『東洋の覚醒』は「大東亜共栄圏」の側から遡って読むのではなく、植民地隷属下の抵抗文学として読み替えるべきではあるまいか。それは帝国主義列強へと変貌を遂げる直前の日本からインドに向けて放たれた友愛と連帯の表明であった。「独立」が文化的国粋を標語としたのは、日本であれ朝鮮であれ、中国やインドでも事情は同じだった。また植民地支配下では「独立」を唱えることそのものが政治的弾圧の標的となる。そのうえで「我らはひとつ」を説く一九〇二年の「扇動文書」は、とりわけニベディタの並行する著作と読み合わせることで、あらたな視野を開示する。それが筆者年来の私見である。

一方でそれはアジアの民衆を発見し損なった思想家「天心」という、竹内好《たけうちよしみ》らに代表される見解を反証する手がかりとなる。糸紡ぎの女も、文盲《もんもう》の農夫も、乞食も不可触賤民《ふかしょくせんみん》や巡礼も、いずれもが東洋の偉大なる天禀《てんびん》（gift）に預かっている——。この認識を岡倉が『綾なすインド生活』の著者と分かちあっていたことは、両者の著作から容易に確認できる。そのニベディタの早世の後、その貢献を高く評価した詩人のラビンドラナータ・タゴール（ベンガル音ではロビンドロナト・タクルに近いが、ここでは慣用に倣う）はまた、ベンガルの民衆の雑器に感応する岡倉の姿を親しく回想する。岡倉没後の日本での講演という御祝儀を差し引くにせよ、そこには遠来の土地からの到来物を愛でる茶人としての岡倉の審美眼が窺える。それをしもエリート主義と指弾しうるにせよ、それは次世代の柳宗悦《やなぎむねよし》の民藝思想へと継承されてゆくだろう。

他方で女性の徳を東洋的な自由の観念と結びつける思索も、ふたりが共有した女性観

Womanhoodとして摘出できる。ここには第三世界フェミニズムに連携する思想の萌芽が探られるが、寡婦の殉死をヒンドゥの宗教的解脱の観点から容認するニベディタの思想は、日本における自死・自裁（mors volontaris）に劣らず、キリスト教の尊厳観念とは対立し、「東洋の尊厳観」にまつわる、今日にいたる比較文明史学的な論争を免れまい。ここでも二つの指摘を補助線として提起しておきたい。一方ではふたりの育んだ東洋的女性観が、当時支配的だった大英帝国のヴィクトリア朝的女性道徳の偽善性を告発する、東洋側からの反措定であったこと。他方では『東洋の覚醒』の「剣」の章冒頭に見られる「オーム、栄光の剣よ」に始まる連禱《れんとう》が、ニベディタの直前の著作『母なるカーリー』（一九〇二）の感化を受け、ベンガルにおける漆黒の破壊の女神への民衆の鑽仰《さんこう》を背景にしていたこと。岡倉は自らの信奉する空海《くうかい》招来の密教図像、不動明王《ふどうみょうおう》をはじめとする尊格が、ヒンドゥ信仰の「母なるカーリー」の裡に今に息づいている現実に直面し、そこに日本で発達した大乗仏教との思わぬ並行性を感得していた。

比較文明史のなかでの位置づけ

インドの女性詩人プリヨンボダ・デヴィとの岡倉の晩年の書簡の往来（大岡信《おおおかまこと》『岡倉天心』［一九七五年］および同氏編訳『宝石の声なる人に』［一九八二年］）や、遺作となったオペラ台本『白狐《びゃっこ》』。そうした私信や文学創作は「思想」でなく「詩」に託して然るべきだろう。とはいえデヴィに宛てて五浦で認めた漢詩、「流星一点入南天」（A meteor has flown into the southern sky...）と終る詩句には、人生の光芒が凝縮されており、また母狐の子別れを隠喩に東西の邂逅とその結晶としての玉を子孫に委ねる転生の祈りには、玉を争う双龍の葛藤を止揚する理想が、仏教的な諦念とともに表明されていた。信太妻《しのだづま》の伝説を翻案したその《白狐》（一九一四）を、岡倉没後直後に絵画作品に描いた下村観山《しもむらかんざん》には、謡曲に取材した《弱法師《よろぼし》》（一九一五）も知られる。岡倉を比較文明史上で再考するうえで、最後に岡倉の日本美術院での活動の成果をも視野に入れつつ、実現された美術作品の持つ射程に視野を拡げたい。

ノーベル文学賞をアジア人として最初に受賞した前述のインドの「詩聖」タゴールは、岡倉没後の一九一六年、初来日の折、観山の《弱法師》に大きな感動を披瀝したことが知られている。盲目の俊徳丸《しゅんとくまる》は難波《なにわ》の四天王寺《してんのうじ》で夕日を臨み「満目青山《まんもくせいざん》は心にあり」と唱える。なぜこの日本中世の演劇にタゴールは感応したのか。以下は私見となるが、タゴール自身が来日直前に執筆上演した戯曲『ファルグニ』は、盲目の吟遊詩人・バウルを主人公とし、詩人自身が俳優としてその役を演じていた。詩人は盲目の代償として未来を予見する。これはホメーロス以来の文学的トポスだが、タゴールは日本の能楽にそれが今に生ける姿を発見したことになる。「我を暗黒より連れだして光明へと導き給え」（tamaso ma jyotirgamaya…）『ウパニシャッド』に見えるこの聖句は、タゴール自身しばしば唱えた祈りだが、それもまた極東の古典藝能に具現されていた。さらに謡曲の夕日が西方浄土《さいほうじょうど》を指していたのに対して、タゴールは旭日の帝国の朝日を求めて日本を来訪していたことになる。作品に感銘を受けたインドの詩人は、荒井寛方《あらいかんぽう》による模写を所望し、それをシャンティニケタンに自らが開いた大学に持ち帰る。

皮肉にもアジア太平洋戦争期には、晩年のタゴールは彼を謡曲の世界へと誘った詩人の野口米《のぐちよね》次郎《じろう》と、公開論争の場で対立することとなる。野口は岡倉が存命ならば日本の大陸侵出をも擁護したに違いないと主張して、中華民国を支持するタゴールとは袂を分かつ。とはいえ野口はタゴール逝去の報に接し、英文による心づくしの弔辞を残している。この逸話は、インドと日本の文化交流のほんの一こまにすぎない。だが米次郎の息子、イサム・ノグチのインド開眼、そして藝術上の国際的活躍もこの延長上の事績となる。こうした交流の網の目（web）は岡倉が『東洋の理想』に幻視した映像にほかなるまい。そしてこの「織物（web）」は、現在の全地球的美術史（Global Art History）構想を編み上げる。

その模式図として試しに横軸の左右に西洋志向（＋）か国粋（−）か、縦軸の上下に革新（＋）か保守（−）かを配置してみよう。西欧世界が認知した前衛が第一象限《しょうげん》を占め、第三象限は土着伝統主義の領域となる。だが残る二象限は看過されることが多かった。第二象限（国粋かつ革新）は、岡倉が日本美術院を率いて目指した領域であり、第四象限（西欧化＋保守）は体制派の行政主導による「近代化路線」となる。この図式を脱近代がいかに塗り替えるか、そこに岡倉覚三が我々に突きつける挑戦がある。

さらに詳しく知るための参考文献

『岡倉天心全集』（全八巻＋別巻、平凡社、一九七九〜一九八一）……刊行後すでに半世紀近くを閲し、新たな編集が望まれるが、現時点ではこれに代わる編纂事業は実現しがたい。

Okakura Kakuzo, *Collected English Writings*, Heibonsha, in 3 vol. 1984……英語著述者としての岡倉の刊行物を網羅した意欲的出版物。*The Book of Tea*, Dover Publications, 1964も英語版として重宝する。補いとして木下長

宏『新訳 茶の本』(明石選書、二〇一三) の注釈も貴重。

古田亮著・訳『新訳 東洋の理想』(平凡社、二〇二二) ……芹生春菜による充実した脚注と、古田による画期的な解説論考が、岡倉の「美術思想」を巡る従来の定説を一新している。

清水恵美子『岡倉天心の比較文化史的研究』(思文閣出版、二〇一二) ……筆者の博士論文を基礎とした、ボストンでの岡倉の活動に力点をおいた研究。同じ筆者の後続研究も貴重。

外川昌彦『岡倉天心とインド』(慶應義塾大学出版会、二〇二三) ……岡倉のインド滞在期の活動を、現地側原史料との突き合わせにより補完し、従来未踏査の領域を開拓した刷新の書。

福澤諭吉・丸山眞男・加藤周一——近代をめぐるアポリアへの挑戦者

小倉紀蔵

1　福澤諭吉——「脱亜論」的アジアへ

ポストモダン時代の福澤諭吉

日本の比較文明論にとって、「近代」という概念はきわめて核心的なテーマであった。本項では、この近代をめぐる思索と実践をきわめて強靭な姿勢で遂行した三人の比較文明論者を取り上げる。福澤諭吉《ふくざわゆきち》（一八三五〜一九〇一）、丸山眞男《まるやままさお》（一九一四〜一九九六）、加藤周一《かとうしゅういち》（一九一九〜二〇〇八）である。

まず福澤諭吉だが、一八三五年に生まれ、一九〇一年に死去した。その生涯における膨大な業績に関しては、ここで改めて紹介するまでもないであろう。彼の文明論に関しては、すでにきわめて多くの先行研究がある。筆者がさらに付け加えるものはないといってよいほど、あらゆる側面に関して議論が出尽くしている。

さらに二〇二〇年代に入ると、まさに「福澤諭吉ルネッサンス」と呼べるほど、福澤研究が再活性化してきた。そのうちのいくつかの重要な成果として、大久保《おおくぼ》健晴《たけはる》『今を生きる思想　福澤諭吉――最後の蘭学者』（講談社現代新書、二〇二三）、小川原《おがわら》正道《まさみち》『福沢諭吉　変貌する肖像――文明の先導者から文化人の象徴へ』（ちくま新書、二〇二三）、池田《いけだ》浩士《ひろし》『福澤諭吉――幻の国・日本の創生』（人文書院、二〇二四）、中村《なかむら》敏子《としこ》『福沢諭吉――「一身の独立」から「天下の独立」まで』（集英社新書、二〇二四）などがある。これらについては本項末尾のブックガイドで簡単に紹介することにする。

筆者が見逃している近年の研究成果もあるだろうが、概観しただけでも右のように多様な福澤研究が発表されている。このことはよろこばしいことであろう。しかしそこには「隠蔽されているなにか」があるような気がしてならない。

というのは筆者の専門は韓国・朝鮮思想や日韓関係なので、その観点から見てみると、近年の研究では福澤の全体像のうち、「都合のよくない部分」を避けて通っているのではないか、という疑いがあるのだ。

「脱亜論」のその後

これら近年の日本における福澤論に共通した特徴のひとつに、彼のいわゆる「脱亜論」に関する議論が欠如している場合があるということがある。先に挙げた本においても、大久保と中村の本には「脱亜論」へのきちんとした言及がない。小川原の本には詳しい分析があるが、これは福澤に関する議論の史的整理をした業績なので、著者が「脱亜論」に対する評価をしているわけではない。池田の本だけが朝鮮蔑視の「脱亜論」に対する批判に多くのページを割いているが、近年では珍しい視座だといえるかもしれない。

そもそも『時事新報』に掲載された当の「脱亜論」自体が、福澤が書いたものではなかった、という説もある（池田はこのような説を嘲笑っている）。だが、戦後の一時期にあれほど盛んに議論された「脱亜論」に関して、百歩譲ってそれがたとい福澤が直接書いたものでないにしても、そのことも含めて、近年の研究においてはその評価が欠如しているというのは、容易に理解しかねることである。

左翼の側はいまだに、福澤の「脱亜論」はアジア蔑視の侵略主義だとして強く問題視しているのであるから、左翼でない側も、それに対して応答はしなくてはならないのではないか。かつては福澤擁護の立場のひとびとも、左翼からの批判に対してはかなり慎重に対処していたものである。だが、左翼の退潮とともに、福澤脱亜論の問題は「もはや応答しなくてもよい問題」として都合よく忘却されてしまったのだろうか。

福澤擁護の立場のひとびとは、そもそも左翼による「脱亜論批判」はイデオロギッシュで厄介な議論だと考えていたので、この問題がもはや語られなくなったことは歓迎すべきことと考えているかもしれない。そのように考えたい気持ちはよく理解できるが、筆者としては、ここにはまったく別の大きな問題が隠されていると考えている。

福澤諭吉

それは、次のようなことである。

左翼のこのような認識というのは、韓国の福澤脱亜論批判とまったく同じ内容を持っているという点である。

韓国において福澤諭吉といえば一にも二にも「脱亜（入欧）」しか想起されず、韓国を「悪友」として無慈悲に切り捨てた単なる悪人という認識しかない。利己的に日本のことしか考えず、韓国やアジアを捨てて卑怯にも西洋の側についた背信者であり機会主義者である。開化派の金玉均《キムオッキュン》が福澤によって支援されたことは韓国で事実として知られてはいるが、そこに特別な意味付与はされていないし（しないようにしている）、朝鮮初の新聞の創刊や、漢字と訓民正音《くんみんせいおん》を混ぜて国文を表記する方法の開発が、福澤やその弟子の井上角五郎《いのうえかくごろう》の教示によって行われた事実はほとんど知られてすらいない。

「日本が悪い」

ところがここに、大変興味深い劇的な変化が起きている。それは、時代思想の変化に起因するものである。

数年前、筆者は日本近現代思想が専門の韓国人研究者から、「日本が悪い」と言われた。「日本が悪い」というのは韓国人と知的な対話をすればかならず出てくる思考であるから、ひとつも珍しくはない。しかしこの研究者は、次のような新しいことを筆者に語ったのである。「最近、日本人学者と福澤諭吉に関する研究会をした。自分たち韓国側は、これまでとは違う新しい福澤像を探そうとしている。それなのに、日本側の研究者たちは、旧態依然の脱亜論批判をまた出してきた。韓国ではそれが喜ばれると思っているからだろう。ここには変化も進化も全然ない。日本のほうが韓国より遅れている」。韓国に来て韓国人の好むお題目を唱えていれば受け容れられるだろうと考える日本人学者というのは、昔から多いのである。そのタイプの日本人学者が韓国にやって来て、旧来の福澤脱亜論批判を繰り返した。そのことによって、学問的な進化は捨てられ、イデオロギーの枠組みに福澤を閉じ込め続けることになる。このイデオロギーは韓国の自閉的ナショナリズムに全面的に奉仕するものである。「韓国人に喜ばれる福澤批判」を永遠に再生産する日本人左翼研究者は、福澤を歪めているだけでなく、福澤を真に理解したい、あるいはしなければならない韓国人をも蔑視していることになる。そのことを問題視した韓国人研究者が、「日本は悪い」と筆者に語ったのである。

なぜ韓国人がいま、福澤を新しく理解しなおさなければならないと考えているかといえば、自国の近代化に対する古い認識を更新したいからである。

かつて近代化・西洋文明化・産業化に遅れた朝鮮および解放後の韓国にとって、福澤は敵であったほうがよかった。そもそも、福澤を代表とする日本人が朝鮮を前近代的だと蔑視した結果として、日本は朝鮮を併合植民地化したのだ、という認識が韓国にはある。「脱亜」の福澤には、併合植民地支配の責任があると考えるのである。そのように他責的に考えることによって、朝鮮が自ら近代化・西洋文明化・産業化できなかった理由と真正面から向き合うことを巧みに回避できるわけだから、韓国ではこの認識が好まれたのだ。「脱亜の福澤が悪い」といっておけば、ある程度気が済んだのである。近代というアポリアを真剣に考えることから逃避できたからである。日本の左翼も、まったく同じ思考で「脱亜の福澤は悪」と考えた。このような日本左翼は、韓国側の思想的怠慢に奉仕しつづけてきたのである。

しかしそれは、韓国が近代化・西洋文明化・産業化できなかった時期、あるいはその途上にあった時期における認識であった。なぜなら、その時期には近代化・西洋文明化・産業化は韓国社会で絶対的な目標として設定されていたからである。ただし同時に、日本が先に近代化・西洋文明化・産業化できた時期に朝鮮・韓国はできなかった、という事実とも向き合わなくてはならない。そのときに、内発的発展論と日本帝国主義論が動員された。つまり、朝鮮にも独力で近代化・西洋文明化・産業化することができる能力は内在していたのだが、悪辣な日本帝国が朝鮮を強圧的に隷属させ、その内発的発展を阻止して挫折させたのだ、という論である。韓国人にとってはこの説明がもっとも説得力がある（北朝鮮の金日成《キムイルソン》と韓国の朴正熙《パクチョンヒ》は朝鮮王朝の支配層の腐敗と無能を自責したが、その後、韓国では自責論は忘れられた）。この論を採るかぎりは、韓国人は福澤諭吉を永遠に責めていれば気が済むのである。

韓国における福澤評価の変化

だが、時代は劇的に変わった。韓国は二〇世紀の終わりになって、成功した民主化がさらに進化・発展し、経済規模は格段に大きくなり、ついに先進国の一員となったのである。つまり韓国は近代化・西洋文明化・産業化という困難な目標を完全に達成した。事実としてもそう語ってよいだろうし、もっと重要なことは、韓国人自身がそのように認識した、ということだ。

かつてあれほど絶対的な至上命令であり、しかも日本を克服する上で最大の難題だった近代化・西洋文明化・産業化がみごとに完遂された後に、韓国の研究者たちの一部が考えたのは、「今や近代化・西洋文明化・産業化をめぐるアポリアは解決した。今やわれわれは、福澤諭吉を正当に理解する必要があるのではないか」ということだったのである。これまでの他責的ナショナリズムによる説明で満足しているだけでよいのか、という疑問が生じた。それなのに、日本左翼は依然として韓国人に合わせるかのように「脱亜論は悪」ということしか語らない。日本の脱亜が悪なのだとしたら、解放後の韓国が採った振る舞いも、近代化・西洋文明化・産業化のために国益を最大化して個人と国家の自立を目指して「脱亜」したものなのだから、日本と同じく悪だったということになる。もしそうであるなら、「日本も韓国も悪」という論を展開すべきであるはずなのに、相変わらず日本左翼は「日本は悪、韓国は善」としか語らない。完全なダブルスタンダードである。「日本がやればすべて悪、韓国がやればすべて善」というのでは学問的認識とはいえず、単なるイデオロギーに過ぎないのではないか。われわれ（韓国の新しい認識を構築しようとするひとびと）は、日本左翼の古くさくて心地よい子守唄をずっと聞きたいとは思っていない。

このような考えが韓国側から出てきた理由のひとつとして、先に述べたように近代化・西洋文明化・産業化が達成されたことにより、いまやそれが韓国の（日本に対する）劣等感の源泉でなくなった、ということがある。むしろ現在では日本よりも優位に立っているという誇りの源泉になっているのである。

反近代の福澤評価

だがもうひとつ、別の理由がある。それは、近代化・西洋文明化・産業化が達成されると同時に、そもそも朝鮮・韓国の内部にマグマのように内在していた反近代のエネルギーが、表面化してきたのである。

この反近代のエネルギーには、大きく分けるとふたつの軸があった。

ひとつは儒教的保守の軸であり、もうひとつは草の根民族主義的左翼の軸である。

前者は儒教的原理主義を奉じる保守的な知識人たちである。そもそも儒者たちの多くは、朝鮮王朝末期において、近代化・西洋文明化・産業化そのものに極度の敵愾心《てきがいしん》を持っていた。その中の極端なひとびとが衛正斥邪派《えいせいせきじゃは》と呼ばれる攘夷派であった。併合植民地支配後、さらに解放（一九四五）後にも、このような朝鮮王朝末期のメンタリティを再生産する勢力は韓国にいた。しかしそれらの勢力も、なかなか反近代を明確に打ち出すわけにはいかなかった。日本を克服することが韓国の生きる道であり、反近代の道には日本を克服するための論理が見つからなかったからである。しかし今や日本を克服したのであるから、心おきなく反近代の論理と心情を打ち出してもよい、と考えても不思議ではない。

このことをもっとも尖鋭に主張しているのが、後者（草の根民族主義的左翼）の軸である。これは、たとえば東学《とうがく》という朝鮮王朝末期の新興宗教を反近代の旗幟《きし》として高く評価するひとびとの考えによく表現されている。朝鮮・韓国はそもそも、朝鮮王朝末期にも併合植民地期にも解放後も、近代化・西洋文明化・産業化という邪悪な道を歩む必要はなかった。自然と乖離せず、西洋の資本主義的開発つまり破壊の道を歩まなくても済んだ、朝鮮・韓国独自の内発的・土着的な路線があったはずだ。それが東学の哲学である、とこの軸は主張する。「開化」ではなく「開《かい》闢《びゃく》」こそが重要である。ここで開闢というのは、「人間は自然そのものである」という土台の上に、すべての破壊・収奪・支配・差別を撤廃し、啓蒙的理性を乗り越える霊性によって人類の歴史をゼロからやり直すことを意味する。現代の東学信奉者たちは、十九世紀に東学がこのことを主張したと信じており、西洋文明に心酔した帝国日本が東洋の霊性を利己的に蹂躙《じゅうりん》したのだ、という歴史観を持っている。

福澤はこれまでと違った意味で悪

この軸から見ると、福澤諭吉はもちろん悪である。だがその悪の理由は、近代主義者たちが考えたものとは違って、「悪友を謝絶」したからなのではない。「悪友を謝絶」したから悪であるという思考には、自分たち（朝鮮・韓国）も日本に劣らず近代化・西洋文明化・産業化ができたのだ、という信念がある。しかし草の根民族主義的左翼の軸は、そもそも福澤が「近代化・西洋文明化・産業化こそ東洋の進むべき道」だと考えたこと自体が悪なのである。福澤の路線の延長には、地球環境の破壊と人間性の破壊しかありえない。したがって、福澤が悪友を謝絶したことは、朝鮮・韓国にとってはよいことだったのだ。朝鮮・韓国は福澤とは異なる開闢の道を進めばそれでよかった。それなのに、近代化・西洋文明化・産業化こそが正しいと思い込んでその道を前進してしまったのが間違いだった。

この軸の考えは以上のとおりである。「開闢」を唱える現代韓国のある思想家は、次のように語る。「『学問の勧奨（学問のススメ）』。なんと陳腐でつまらないことばであろうか！　われわれにとってもっとも憎悪すべきことばだ。近代化？　文明化？　そこになんの意味があるのか？」。

これが、近代化・西洋文明化・産業化を成し遂げた韓国における、最先端の福澤認識なのである。

福澤認識はつねに変化する

どうやら「韓国における福澤諭吉」について語りすぎたようである。

わたしがここで語りたかったのは、福澤諭吉という思想家をめぐって、日韓のあいだで比較文明の議論が活発に展開されてきた、ということである。優れた文明論者に関しては、往々にしてそういうことが起こる。その語る文明論の内容の是非をめぐって、あるいはその文明論の摂取の可否をめぐって、激しい議論が展開されればされるほど、その文明論者の影響力は強いのだと考えられる。

福澤をめぐる議論の「結論」はまだ出ていないし、おそらく議論は今後もずっと続くのであろう。それほど福澤は日本にとってだけでなく韓国にとっても重要な人物であり、彼が語ったことをめぐって韓国人は深く苦悩もし、それに激しく対抗もしてきた。まさに国家の方向性を左右するほど重要な支配力が、福澤の文明論にはあったといってよいのではないかと思われる。

このことを日本人ももう少し真剣に考えたほうがよい。つまり、福澤の議論を日本ではすでに過去のものとみなそうとする思考が強いが、そうではない。啓蒙か内発か、近代化か反近代化か、孤立か連帯か、などという問題群を包摂している福澤の文明論を、日本人はもういちど精細に吟味してみる必要がある。近代化・西洋文明化・産業化が済んだから福澤も用済み、ということにはならないはずだ。

ここでは、福澤の文明論の内容の紹介ではなく、その現実的な影響や意味ということを考えてみた。福澤の具体的な思想に関しては、本項の冒頭に挙げた優れた著書を読んでいただきたい。

2　丸山眞男——朱子学と近代の再解釈へ

「丸山病」

日本の近代化に関して福澤諭吉と同程度に深く思索し、かつ懊悩した人物として、丸山眞男がいる。

丸山は一九一四年に生まれ、一九九六年にこの世を去った。名著『日本政治思想史研究』（一九五二）などによって戦後を代表する日本政治思想史の研究者となり、「超国家主義の論理と心理」（一九四六）や『日本の思想』（一九六一）などによって一般国民に対しても大きな影響力を行使しえた稀有《けう》な思想家であった。「戦後最大の」思想家といっても過言ではない、と筆者は考えている。

だがこの巨大さをめぐって、特に彼の晩年から、アカデミアでかまびすしい議論が繰り広げられたことは記憶しておくべきことだ。一九四六年から六〇年までが彼の絶頂期であったとするなら、その後十年も経ない六九年には新左翼によって、すでに守旧のアカデミアの牙城の中心に位置するボスという負のレッテルを貼られていた。その後フーコーと対談などをしてみたが、結局「国家主義的エリートリベラル主体性死守派」とでも表現すべき忌まわしきレッテルが彼から剝がれることはなかった。没前や没後にはある意味で時代遅れの啓蒙主義的近代主義者として、ポストモダン日本では冷笑される対象であったといっても大袈裟な表現ではない。

このことと関連して（おそらくこのことを強く批判して）、苅部直《かるべただし》は「丸山病」という表現を使っている。

その思想を、丸山ほどに数多く批判されている人物は、戦後の日本、いや近代の日本でも少ないだろう。いわく西洋近代の愚直な賛美者、いわく大衆から遊離した啓蒙家、いわく国民国家の幻像にしがみつく隠れナショナリスト。右側からは冷戦時代に共産主義勢力に迎合した学者先生と叩かれ、左側からはラディカルにつき進もうとしない保守性を糾弾される。（中略）注目したいのは、丸山を批判する言説が一様に帯びる、独特の熱気である。何だか、とにかく丸山を叩かなくては気がすまない怨念《おんねん》が、そうした文章にはしばしば漂っていて、こちら（苅部）は率直な話、そんなに熱くならなくても、と思ったり、ひょっとしたら本当は好きなのではと勘ぐったり。（苅部直『丸山眞男――リベラリストの肖像』岩波新書、二〇〇六、三～四頁）

そして苅部は、このような丸山批判に対抗して彼を擁護する側が反論しながら発する「熱気」と「暑苦しさ」に対しても、違和感を表出している。その上で苅部自身はこの新書で、そのような熱気から距離を置き、つとめて客観的かつ冷静にリベラリスト丸山を描ききっている。

国民的な熱狂を集めるスポーツ選手や俳優といった大スター、あるいは国民から大々的に批判される政治家や宗教家などがいる。しかし当人の家族、たとえば実子が、自分の父や母に国民がなぜそんなに熱狂したり悪口をいったりするのかわからず、家庭での「普通のひと」としての父や母の姿を語って偶像化や悪魔化を脱構築したりする。そのような雰囲気が、苅部のこの新書にはある。東大法学部の直系研究室で丸山と同じ学問を継承した苅部には、そのような偶像化や悪魔化を批判することができる立場がある。だが、思想研究の暴風雨の中心部においては、台風の目に入ったかのように、外部に吹き荒れるエネルギーがリアルに感じられない、ということも往々にしてあるだろう。

丸山眞男

丸山をめぐる賛否両論の「熱気」は、戦後日本という思想空間においては、当然のものだった。この「熱気」の意味を正確に理解で

きなくてはならない。そうでなくては、戦後日本、近代日本というものを理解できないといってもよい。それほど丸山は重要なのであり、丸山ほど重要な人物はいなかった、といってもよいのだ。

丸山をめぐる韓国の苦悩

ここでその重要性の意味を詳説する紙数はないが、わたしの専門との関係で、福澤と同様、韓国の一例だけを挙げよう。

金容沃《キムヨンオク》といえば、現代韓国でもっとも影響力のある東洋哲学者である。きわめて優秀な大学教授だったが自ら退職して在野の立場のまま哲学・思想の独創的な学問を創出しつづけ、しかも国民一般からの絶大な人気も得ているという点で、丸山に似ているが丸山よりももっと大きな社会的影響力を持っている人物である。

この金容沃は韓国の知識人らしく、思想的には反日である。韓国の正統的な思想家が親日的ということはありえないから、彼が反日的であるのは当然といえる。しかし金は単なる反日ではない。東京大学で学んだことも含めて、日本思想に対しては現代韓国においてもっとも深く理解している人物である。

この金容沃が、かつて次のように語ったのを筆者は直接聴いた（要旨）。場所は彼が若者を集めて講義をする私塾のような「書院」という施設で、ときは一九九〇年代の半ばだった。「韓国の学者は日本の思想・哲学を軽侮《けいぶ》するが、それなら韓国に丸山眞男のひとりでも出たのか。丸山眞男が戦後日本で語ったことの重さをきちんと理解できる韓国人がひとりでもいるのか。現代韓国に学者と称する人間は多いが、丸山眞男ほどの水準の思考をした者はいまだにいない。このことをわが国の学問界は恥じなくてはならない（文責は筆者）」。このことばの重みを、その場にいた韓国の若き学徒たちが正確に理解できたかどうかはわからない。しかしわたしには、理解できることばだった。

金容沃は近代主義者ではまったくない。彼のこのことばを理解するためには、儒学という思想体系の持つ、日本と韓国での重さの圧倒的な違いを理解できなくてはならない。彼の考えはこうだ（金の考えを筆者のことばによって述べている）。日本は朱子学の経験が韓国に比べると浅い。江戸時代の儒者も朝鮮王朝の儒者に比べると、朱子学理解は表面的なレベルにとどまっている。荻生徂徠や伊藤仁斎などにしてみても、その朱子学批判は的外れである。朱子学というのは、その理気論の深奥さから礼学の精緻さ、孝の深み、社会全体の構想力などに至るまで、全体性をまるごと肉化しなければわからないものである。その朱子学的経験の浅い日本から丸山眞男のような「反朱子学（荻生徂徠）と近代性を結びつける」論が出てきたのは、ある意味で理解できるが、これも浅い議論にすぎない。しかし翻って考えれば、朱子学的経験の深い韓国において、丸山のような議論が出てこなかったのが遺憾だ。韓国において朱子学は前近代・近代・脱近代を全て貫く全体的思想体系であるにもかかわらず、である。……だいたい以上のようなことが、金容沃の語りたいことだった。

このことはなにを意味するのかというと、丸山のように朱子学への理解の浅い日本人学者の議論を単に「浅い」といって切り捨てるのではなく、なぜその浅いレベルから丸山のような独創的な議論が出てきたのかについて、深いレベルで理解しなければならない、ということなのである。

「朱子学的近代」と「朱子学的脱近代」

筆者としては、この問題に対して次のように答えたい。たしかに韓国に比べて日本は朱子学、ひいては儒学経験が浅い。これは厳然たる事実である。だが逆に、日本に比べて韓国は近代経験が浅いのである。これもまた厳然たる事実であろう。韓国は自力で近代を成し遂げたわけではなかった。併合植民地という被支配の状態で、強引に近代を経験させられた。その暴力的で受動的な近代経験の貴重さは歴史的に重要である。しかしその重要性に拘泥《こうでい》しすぎて、現代に至るまで韓国では「近代」といえば受動的・被害者的・他力的な観念としてのみ理解されがちである。そうすると残念ながら、朱子学と近代との関係は、抵抗や反発という側面か、保守と退避という側面からしか理解されない。

しかし一九九〇年代の韓国において、「朱子学的近代」ともいうべき議論が活発になった。民主化・産業化・高度成長を成し遂げた韓国で、「朱子学的伝統こそ韓国近代をつくった」という認識が急に強くなったのである。それとともに朝鮮王朝という時代への肯定的評価が急増した。それまで韓国の歴史ドラマにおいて否定的に描かれることが多かった朝鮮王朝の支配層（士大夫《したいふ》、両班《ヤンバン》）を、九〇年代以降に急に肯定的に描き始めたのも、この思想的動きと連動している。八〇年代までは近代化・産業化を成し遂げなくてはならない開発独裁の時代だったので、その時期には朝鮮王朝や儒教（朱子学）や士大夫などは保守・停滞・退嬰《たいえい》という植民地史観の延長線上で否定的にイメージされることが多かったのである。これが画期的に変化した。

そして次に出てきたのが、二〇一〇年代ごろから出てきた、「朱子学こそ脱近代」という新解釈の軸である。これは日本にはない展開であった。ひとことでいうなら、近代の開発主義、自然破壊、生命の管理などへの抵抗の軸として、朱子学的世界観の再創造を図っていく、という方向性である（この点に関しては拙著『朝鮮思想全史』ちくま新書、二〇一七を参照）。

韓国の歴史において朱子学はもっとも深く根づいた思想的リソースである。そのリソースを決して手放さず、時代の変遷に応答しつつ再解釈し、新しい生命を与えるという作業を、韓国ではつづけている。日本でいうなら、仏教がこれに似ている。日本で特に浄土系と禅は、明治以降に再解釈されて近代哲学的な意味を新しく付与された。この動きは脱近代に入っても終わらず、「ポストモダンの親鸞《しんらん》」「ポストモダンの道元《どうげん》」などという切り口が盛んに論じられている。そのほかにも井筒俊彦《いづつとしひこ》や廣松渉《ひろまつわたる》が華厳や唯識に脱近代の哲学を見出そうとしたり、南方熊楠《みなかたくまぐす》や中沢新一が密教を脱構築的に再解釈したり、といった脱近代的思想革新運動は、日本では仏教において活発なのである。

それに対して日本儒教に関しては、そのような動きはきわめて鈍い。新しい研究が出てくることは出てくるが、それらは過去の歴史のなかでの位置づけを再解釈するという切り口になっており、思想史の枠からはみ出ない。現代社会においてそれを生かし直して新しい哲学に鍛えていく、という方向性が弱いのである。中島隆博が「批判儒教」を唱えているのが、ほぼ唯一の（思想史や哲学史ではない）哲学的営みであるといってよい。

それに対して韓国では、朱子学の生命力が、ポストモダンに突入しても脈々と継続している。この背景には、日本と韓国における朱子学的経験の浅さ、深さの違いがあるのはもちろんである。だが、丸山眞男という巨大な思想史家が、戦後という時点で朱子学に対して徹底的な死刑宣言を言明してしまったこと、そしてその後の学者たちが丸山を批判するにあたってその近代性や国民的主体性の概念などを攻撃することはあっても、朱子学擁護の立場からの批判はなされなかった、という理由もあった。それほど丸山の影響力は強かったのであり、その後、朱子学をまともに評価しようという努力を日本のアカデミアから駆逐してしまったのである。

3　加藤周一――隠蔽された比較文明論

「隠された比較」という戦後的方法論

加藤周一は丸山眞男より五年遅い一九一九年に東京に生まれ、丸山より一二年遅い二〇〇八年に死去した。文芸評論や現代文明批評から時局に関する発言など、その影響力の大きい言論活動は戦後日本のリベラルを代表する力を持っていた。その発言分野の幅の広さや大衆的人気という意味では、むしろ丸山よりも著名な知識人だったといってよいだろう。

彼の活動も著作も実に幅広く膨大なので、ここでは代表作のひとつである『日本文学史序説』をとりあげ、その比較文明論的側面に光を当ててみようと思う。

もっともこの作品は、特に比較文明学的な手法を前面に押し出して書かれたものではない。むしろ外国文学との比較は控えめというか、ほとんどないといってよい。だが実はこれは、徹底的に比較文明学的な書物なのだ。というのは、明確なAとBの比較になっていない場合も、その多くは、「西洋近代」との比較の上で評価され、序列化されているという意味である。

これこそ、戦後日本におけるものごと一般に対する価値づけの方法論の典型であることに、わたしたちは自覚的であるべきだ。Aを評価する際に、明確にBとの客観的比較を示した上でなすのではなく、西洋近代という軸を隠蔽したまま、実際はその軸によって価値づけをしている。「ものごと一般に対する」といったのは、特定のジャンルの言説でなくともこのような傾向があるからだし、また特に学問的表現でなくとも、一般的な認識においてこのようなバイアスがふっうに看取できるからである。つまりなにかの対象Aに対してなんらかの評価を下す場合に、無意識的に西洋近代的価値観という土台の上で思考しているのだ。これはあまりにも一般的でしかも意識の介在なしになされる場合が多いので、ほとんどの日本人が「自分は西洋近代中心主義の比較文明論的行為をしている」とは気づいていない振る舞いなのである。純粋に価値判断をしていると思い込んでいるが、実は「西洋近代」という視座があらかじめ不可視的に組み込

加藤周一

まれているわけだ。

加藤の『日本文学史序説』が重要なのは、その「意識と無意識のあいだ」が全体にちりばめられているからである。加藤はフランスのモラリスト思想を最高の価値とする自身の軸を堅持しながら、この本では、あるときは意識的に、またあるときは無意識的に、その軸を視座として日本の精神を価値づけし序列化していく。

「西洋近代から」すべてを見るという視座

たとえば意識的な価値づけとして、次のような語りがある。

『万葉集』が、同時代の仏教の影響をさして決定的に受けていないことを取り上げて加藤は、次のようにいう。「東大寺大仏と、『万葉集』の時代。このおどろくべき対照は、日本の古代文化に仏教の演じた役割が、たとえば西欧の中世文化におけるキリスト教の役割と全くちがっていたことを、示すだろう。大伽藍とキリスト教美術の黄金時代に、キリスト教に浸透されていない西欧文学がなかったことは、いうまでもない」(「第一章」ちくま学芸文庫版・上、五七頁)。これは加藤の創見というわけでもないし、さして驚くべき新知見ではないだろう。だが、このような語りの中に、実は加藤比較文明学の重大な秘密が隠されているのである。

それは、ここでは西洋文明と比較した日本文明の特徴を語っているように見えながら、実は十分には語っていない、という問題である。ここで加藤は、古代日本と中世西欧の文化を比較している。中世にすら宗教と文学が分離していなかった西欧と比べると、古代にその乖離を実現していた日本の極度の特殊性があらわになっている。比較文明学であるならば、ここに焦点を当ててさらに日本文化（文明）の特質を掘り下げなくてはならない。しかし加藤は、その作業をしないことによってなにがもたらされたのか。日本の特殊性に焦点を当てて語っているように見えながら、実はそのことの意味について沈黙する、というふるまいがもたらされたのである。

このことは、加藤だけでなく実に多くの戦後日本知識人の振る舞いにおいて見られる現象であった。つまり日本文化（文明）について語っているような外見を呈示しながら、実はほとんどなにも語っていない、という振る舞いである。戦後日本人の読者たちは、この振る舞いにあまりにも慣れてしまっているので、この振る舞いが抱えている大きな問題点にも気づかないまま、自分が日欧比較文明論のような枠組みで語ることになっても、加藤と同じような語りをすることによって日本文明の特徴をきちんと表現していると錯覚してしまうのである。

もし古代日本と中世西欧の文学を比較して、なぜ日本では宗教との乖離が古代に成立していたのかという根本的な問いに関して、西欧中心主義から脱してさらに深く理解しようとするのであれば、逆説的ではあるが、まず西欧との比較を離れて思考する必要がある。なぜなら、つねに西欧という基準をあらかじめ設定してしまうと、非西欧の独自的な現象を西欧の価値抜きに理解することができなくなってしまうからである。いったん西欧から離れて、そのあとでまた西欧との比較をすることによって、非西欧から西欧を逆照射するという作業がはじめて可能となる。

戦後日本でいかにそのような作業が困難であるのか、についてわたしたちは細心の注意を払って自覚的でなければならない。そのためにも、加藤のような典型的な戦後西洋近代主義者がつくりあげた語りの構造を、意識的に解剖していく必要があるのである。

ほかの例を挙げるなら、加藤は『万葉集』の女流歌人たちを高く評価する文脈で大伴坂上郎女《おおとものさかのうえのいらつめ》に関して、「この心理家には、ほとんどフランス人のいわゆる「モラリスト」の面影さえもある。奈良朝の宮廷は、すでにここまで来ていたのである」と評している（「第一章」、ちくま学芸文庫版・上、九八頁）。これなどは転倒した価値評価というべきものであり、一六世紀のモンテーニュや一七世紀のパスカルなどのモラリストの世界観の高みを基準として、八世紀頃の『万葉集』のなかの歌人がその高みの近くまで達していることを評価しているわけである。もしそうならば、フランスの思想家よりも日本の歌人のほうが八百年以上も前に同じ高みに達していたわけだから、前者ではなく後者を評価の基準としなければならないはずであるが、加藤の視座からは決してそうはならない。

加藤の語りは、日本文明を西洋のそれと比べて価値の低いものとして貶めるためのものではなかった。むしろ逆で、日本文明を最大限に評価するためのものであった。しかし彼の世界観の中では日本文明はいつもすでに西欧文明との比較という軸によって規定されているものであったため（これは戦後日本人の自国に関するほとんどの認識において同じことが当てはまる）、逆に日本文明から西洋文明を評価するという価値付与の方向性を、あらかじめ放棄してしまったのである。

さらに詳しく知るための参考文献

福澤諭吉

＊福澤に関する参考文献は、もちろんきわめて多い。それらを網羅的には紹介できないので、ここでは、近年の著作のなかでわたしが読んでためになったもののみを紹介したい。

大久保健晴『今を生きる思想　福澤諭吉——最後の蘭学者』（講談社現代新書、二〇二三）……大久保は、福澤の蘭学の内容を中心に実証的な研究を進めている若手の優秀な研究者である。従来「福澤は蘭学から英学に宗旨替えをした」と考えられてきたが、実際はそうではなく、彼の蘭学への信頼と情熱は後年まで衰えることはなかった、という主張をして注目されている。

小川原正道『福沢諭吉　変貌する肖像』（ちくま新書、二〇二三）……この本は、百年間にわたる福澤への評価の歴史をまとめたもの。時代ごとに彼をめぐって取り上げられるテーマが変遷する。脱亜論に関しても多くのページを割いて説明する。

中村敏子『福沢諭吉——「一身の独立」から「天下の独立」まで』（集英社新書、二〇二四）……これは小振りの本だが、福澤がなぜ西洋文明を受け容れることができたのか、という問いに対して、「儒学がその受け皿となった」という説を真正面から論じていてすばらしい。

池田浩士『福澤諭吉——幻の国・日本の創生』（人文書院、二〇二四）……自身が慶應義塾出身であるドイツ思想家が、あたかも自分の親に真正面から向かい合うかのように書いた本。脱亜論にも多くのページを割き、左翼的立場からの生産的な批判を展開する。

丸山眞男

＊丸山に関しても参照すべき本は無論きわめて多いが、次の二作をお勧めしておく。

苅部直『丸山眞男——リベラリストの肖像』（岩波新書、二〇〇六）……丸山と同じ大学、同じ学部、同じ専攻の教員として研究・教育をする著者は、丸山の生前、あえてこの思想家と交流を持たなかった。そういう絶妙な立場から丸山を冷静に語った良質な入門書である。丸山を語る際のひとびとの熱気を嫌っている。

黒川みどり『評伝　丸山眞男——その思想と生涯』（有志社、二〇二四）……部落解放運動史が専門の著者による正統派の研究。丸山に対するポストモダン派からの厳しい批判が出尽くしたいま、それらの批判もすべて包摂して新しい丸山像を再構築しようというその志がすばらしい。

加藤周一

加藤周一『日本文学史序説（上・下）』（ちくま学芸文庫、一九九九）……まずは日本文明（彼のことばでいえば日本文化）論としてのこの作品を読むことからすべては始まるだろう。

西田幾多郎——西洋近代文明への対抗軸を求めて

山本英輔

1　はじめに

西田哲学と比較文明

西田幾多郎《にしだきたろう》（一八七〇～一九四五）は、近代日本においてはじめて独創的な哲学を打ち立てた思想家である。彼は石川県河北郡宇ノ気村《かほくぐんうのけむら》で生まれ、金沢の石川県専門学校入学後、第四高等中学校に進学したが、校風に対する反発もあって退学し、帝国大学文科大学哲学科に入学した。しかし本科生ではなく選科生という身分で、待遇の差が大きくあったこともあり、「人生の落伍者」のような気分で学生生活を送った。卒業後は、尋常中学校七尾分校教諭、第四高等学校講師、山口高等学校教授、第四高等学校教授、学習院教授などを歴任し、一九一〇年に京都帝国大学に奉職することとなった。その翌年、有名な『善の研究』を出版した。キャリア的には華々しい出世を遂げるが、しかしその裏では、子どもや妻がつぎつぎに病気となり、また亡くなり、苦労と「悲哀」の連続の人生でもあった。西田は『善の研究』以後、数多くの著作を書き、沢山の読者を獲得した。彼のもとには優秀な学生や研究者が集い、いわゆる「京都学派」という一大グループを形成するにいたった。今日でも西田哲学についての研究は盛んに行われており、海外にも多くの研究者がいる。そのような西田幾多郎が、「文明」について積極的に言及したことはあるだろうか。

残念ながらそれはなく、総じて――ドイツ思想の影響と思われるが――物質的な「文明」と精神的な「文化」という対比で若干の発言をする程度である。だが比較文化論的考察や発言はある。これについては、『日本文化の問題』という一九四〇年に岩波新書として出版された書物がよく知られている。この論考は、戦後、軍国主義体制を擁護した議論として批判を受けたものであるが、今日の言葉で言えば、多文化主義的な考えを基調にし、当時の軍国主義の状況にあって、西田なりに軍部の独走に歯止めをかけようとする意味を読み取ることはできる（ただし、「彼の文章のどこにも朝鮮についての言及は見られない。朝鮮はおそらく見えも聞こえもしない存在だったのだろう」という声も聞き取らなければならない。許祐盛《ホウソン》『西田哲学研究　近代日本の二つの顔』小石淑夫《こいしとしお》訳、岩波書店、二〇二一、xii頁）。西洋は形ある「有」の文化であり、東洋は形なき「無」の文化であるという対比で展開される西田の議論は、「文明」の問題として展開できる余地もあるかもしれないが、ここではむしろ、西洋近代文明を批判する着想や視点を西田哲学から取り出すことのほうが有益ではないかと思われる。

西洋近代文明の成立を哲学・思想という視点から捉える場合、「近代主体主義」という思想が根底に考えられることは広く認められている。「近代主体主義」とは、デカルトの思惟する「自我」に象徴されるように、人間が際立った意味で「主体・主観（subjectum）」となったことである。つまり、人間こそ認識や実践の担い手であり、「客体・客観（objectum）」は、認識の対象として、数学的処理によって成り立つ機械論的自然となる。この事態はまた「人間中心主義」とも重なる。村上陽一郎によれば、「すべてを人間から出発させるという立場」であるところの「近代ヒューマニズム」は、「〈文明〉を支えるイデオロギー」である（伊東俊太郎編『比較文明学を学ぶ人のために』世界思想社、一九九七、二六九～二七〇頁）。

「近代主体主義」を問い直すことは、狭い意味での哲学の議論にとどまらない。自己の確立、自己決定（自律）、個性の発揮、自己の能力の開発は、今日でも私たちが大切だとする価値観であると同時に、例えばメリトクラシー（業績主義・能力主義）による競争の激化というマイナス面も目立ってきている。再び村上の言葉を引用すれば、この文明の特有の問題は、「人間の生活条件を人為によって思うままに支配することが人間の生活条件の劣化を生み出すという逆説」（同、二八一頁）にある。環境問題や現代の戦争をはじめ、こうした逆説的事態にどう対処すべきか。この問題は、西洋近代文明が、かつての古代文明よりも広範に、すなわち地球全体を覆うほどに普遍化されつつあるだけに、この文明の切実な根本問題であるといってよいであろう。

西田幾多郎

ところで西田には、人間中心主義について、それほど多くないが批判的に述べているところがある。論文「人間的存在」（一九三八）

で彼は、「人間中心主義の発展は自ら主観主義、個人主義の方向に進まなければならない。理性は理性の方向に理性を踏み越えるのである。そこでは却つて人間が人間自身を失ふのである」（九・六一）と述べ、「人間中心主義は却つて人間否定に導く」（九・六二）とも語っている。

では、このような批判を行う彼の対案というべき考えは、いかなるものなのだろうか。この時期のキーワードである「行為的直観」の概念を中心に、自己や世界に対する西田の思索を検討しながら、西洋近代文明に対する批判的論点を取り出してみよう。

2　行為的直観の思想

主客図式の拒否――「純粋経験」から「行為的直観」へ

西田哲学の出発点である『善の研究』は、「純粋経験」からすべてを説明しようと試みた思索である。「純粋経験」とは思慮分別が加わらない直接経験のことである。主観と客観に先立ち、純粋経験が真の実在としてあると考える。西田によれば、この経験に反省を加えることによって主客の別が考えられるが、その根底には主客未分の純粋経験がある。さらに、芸術の神来（インスピレーション）や宗教の新覚醒の経験のような、高次の主客合一の状態が、純粋経験の言わば理想とされる。

このような純粋経験の思想にあっては、近代的な自我は派生的なものと考えられる。「個人あつて経験あるにあらず、経験あつて個人あるのである」（一・四）。そして、この書物の表題にある「善」とは、社会規範としての道徳的善さだけでなく、自己の発展完成であり、人格の実現のことである。それは、実在の根底にある無限なる統一力に合一することにほかならない。ここにいたって、真の自己は「宇宙の本体」（一・一六七）とさえ語られるのである。

『善の研究』以後、西田は根源的な統一状態を「自覚」と表現して思索を重ねるが、さらに直接経験が成り立つ「場所」を深く追究し、それ自体は対象化されない「絶対無」という「場所」を見出す思索へと転じていく。しかし、そこからまた歴史的社会的実在を問題とする晩年の思想が展開される。その際の重要概念が、「行為的直観」である。西田は、『善の研究』に付せた「版を新にするに当つて」（一九三七）のなかで、「行為的直観の世界」こそは、「真に純粋経験の世界」（一・七）であると述べている。しかし、行為的直観の立場においては、純粋経験の思想が色濃く持っていた「意識」や「内的経験」という性格からの脱却が図られている。

従来の近代的発想において、何よりも単独の意識的自我に力点が置かれ、それが理性を働かせて歴史的社会的な制約なしに、内面に生じる動機に基づいて行為をすると考えられてきた。しかし西田は、私たちが歴史的社会的世界やその内にある汝《なんじ》や物から働きかけられて行為し、また行為することで汝や物に、そして歴史的社会的世界に働きかけ、そうした相互の働き合いによって、何ものかが、そして世界の総体が創造されるのだと考えようとする。この事態について彼は繰り返し思索を重ねるのであり、そのなかで「行為的直観」という概念が考案されたのである。

行為的直観とは、ただ観想的に物を直観するのではなく、「行為によつて物を見る（直観する）」ことであり、「行為によつて」とは、物と我とが相互に限定し合い、影響を与えながら、その相互性のなかで「見る」ということを意味している（八・一三二）。この「見ること」、すなわち直観は、単に主観的なものとは考えられず、主観的なものを越えた「歴史の形成作用」（八・八九）であると言う。したがって、「行為的直観」という概念は、歴史的世界を成立させている「論理」ないしは「しくみ」としても考えられている。あるいは、歴史的世界の成り立ちを解明するために「行為的直観」という概念が用いられていると言ってよいであろう。

歴史的世界と表現

では「歴史的世界」とは何か。「歴史的世界」は過去の世界というものではない。西田は歴史的世界について、「我々が之に於て生れ之に於て働き之に於て死にゆく世界」、「我々を包む世界」（七・二一七）などと言う。つまり、「歴史的世界」は、自然だけでなく人間社会も含んだ現実の世界のことである。この「歴史的世界」に対置されるのが「対象界」（七・二二六）である。それは、対象を超越した「主観」が知性によって捉える世界といってよい。

西田は、「歴史的世界」にあるものは「対象」ではなく「表現」であるという。彼によれば、「歴史的現実の世界」は「表現的な物の世界」（九・三三）であり、「山も川も表現的」（七・七一）であり、それればかりか、「すべて有るものは表現的と考へられねばならない」（七・三九七）。それらは「すべて汝の意味を有《も》つ」（七・五九）。表現として有るものは、単なる物質ではなく、社会的文化的な価値や意義をもつということであろう。我々に直接的に出会われるのは、物質的要素ではなく、何らかの意味を帯びた表現態なのである。

そして西田は、「我々が行為するといふことは、歴史的に物が現れるといふことである」（八・一四六）と語る。ことさら行為しなくても物は現れていると思われるが、私たちは物を捉える際には必ず身体を伴い、些細であっても何事かを為している。その都度、表現的な物と関わっていて、そのやり取りを通して物が現れている。こうして、表現的なものこそが「実在的」（九・三六）であるとされる。例を出せば、〈H_2O〉が実在的ではなく、〈美味しい水〉〈不気味な水面〉〈不快な冷たい雨粒〉などが実在的なのである。この実在的な「表現」は、私たちを「唆《そそのか》すもの、動かすもの」（七・三四八）であり、私たちに「呼びかけるもの」（七・三九五）であり、逆に言えば、物は表現であってこそ、私たちを何らかの行為へと促すのである。

このような物との相互関係――そしてそれは人（他者）との相互関係でもあるが――の全体が、西田のいう「歴史的世界」である。歴史的世界は、無数の個物（人や物）の相互のやり取りによって、創造的に作られているのであり、また個物としての人間の方から言えば、作られつつ作っているのである。こうした事態から、真の直観とは「自己が創造的世界の作業的要素となること」（八・三四一）だと、西田は言う。

世界の「要素」というのは、自己が歴史的世界に帰属し、世界の形成に不可欠の部分となり、その世界と一体となっている事態を意味しよう。しかしながら、これは、自己が自由を奪われて、世界にただ従属するというのではない。歴史的世界から規定されつつも、個として自由を発揮して能動的に行為をなす。このような対立的で力動的な事態（弁証法的運動）によって歴史的世界が成り立つことを西田は看取しようとする。そして、そうした力動性があるからこそ、創造的要素となることは「真の生命が自己に漲ること」（八・三四五）であると捉えられ、また、「我が世界となり、世界が我となる」（八・一四六）と簡潔に表現されるのである。

その際、西田としては力点を世界の方に置く。「我々の行動といふのは普通には単なる自己を中心として考えられるのであるが、寧《むし》ろ世界を中心として考へられるものでなければならない」（七・二五一）。そこで、世界が世界自身を「限定」・「形成」（八・三二九）するのだと主張するわけである。ここに、実在の根底にある統一力と合一するという、『善の研究』における自己の思想の展開とともに、近代の人間中心主義に対して別の考えを提案しようとする西田の意図を読み取ることができよう。

身体への注目

ところで、行為には身体が大きく関与する。それゆえ、行為的直観とは「物を身体的に把握すること」（八・五四九）となる。西田は「此の物（水入れ）が硬いか軟いかははたいてみなくてはわからない」（一四・二八四）と言う。これをさらに敷衍してみよう。「水入れ」がどのようなものかは、水入れを手で触ったり持ったり、場合によっては、落としたりぶつかったりして、把握される。このように、日常生活における何気ない物であっても、私たちが身体を通して把握しているのは、ある意味で自明のことであろうが、近代の認識論においてはそのことが深く追究されてこなかったのである。

西田によれば、「身体的に物を見るといふこと」は、「歴史的形成作用的に物を見ることである」（八・五五〇〜五五一）。「歴史的形成作用的」というのは、先の「水入れ」の例で考えれば、私たちは日常の生活においては、「水入れ」をただ対象として観察することは稀で、「水入れ」を道具として使いながらその硬さを把握する（水入れから水が漏れている場合は観察的態度もとりうる）。もちろん、「水入れ」を工房で「制作する」という意味で歴史的に形成する場合もあるが、しかし、それを使うこと自体が、たとい微細なことであるにせよ、世界に影響を与え、世界自体の形成作用となっているのである。そして、そのような「身体的に見る私」に対して、「世界は表現的となる」（八・三四五）。ということは、「水入れ」も、セラミックスの塊ではなく、「水入れ」（もっと言えば、使いやすかったり、使いにくかったり、神聖さをもったり、形見であったりする「水入れ」）として現れるわけである。

また、私たちの身体が「歴史的世界の行為的習慣として限定せられたものである」（八・二〇八）という指摘も見逃してはならない。身体の用い方自身が歴史的文化的に規定されているのである。例えば、挨拶の仕方やしぐさや歩き方がそうであるし、大工道具の使い方などは、歴史的文化的に規定を受けている。それだから、私たちはそれらの身体の技法を広義の教育や模倣によって身に着ける。しかしまた同時に、その習慣的な規定を受けつつも、さらなる道具の発明や新しい使用法によって身体の習慣自体を否定し創造するのである。

実在性と個性

さらに西田は、身体が自己の実在性と関連することを述べている。「我々の自己は身体を有つことによつて実在的であるのである」（八・二〇四）。当然のことながら、私たちは身体を通して自己を実感し、世界とのかかわりをリアルなものと感知する。例えば、切実な身体的な痛みは、否応《いやおう》なく私の存在に直面させるであろう。西田は、この自己の実在性から、自己と世界の個性の把握に議論をつなげる。

世界を直観的に見て行くといふことは、固有名詞的に見て行くことである。〔……〕世界を何処《どこ》までも直観的に、個物的に、見て行くといふ方向に於《おい》ては、所謂《いわゆる》一度的なる歴史というものを考へることができるであらう。（八・三五二）

行為的直観によって身体的に把握される実在的な世界は、固有名詞的に一回的なものである。というのも、「世界が個性的に自己自身を限定する」（八・五二一）からである。では、「個性」とは何か。西田によれば、「個性といふのは或個人の有つ特殊性ではない。〔……〕個性的に自己自身を限定する世界の要素として、個人が個性を有つのである」（八・五二二）。通常の理解とは異なるため難解であるのだが、この引用にあるように、個人が備えている性格が個性ではなく、みずから行為しそれが世界の創造に参与する、その出来事が個性であると解される。「歴史的現実の構成的要素となる」ことが、「真の個となる」(八・五六二)ことなのである。逆に個人が個性をもつことは、世界が個性的に現われることでもある。これらの事態を纏《まと》めて、「主体が環境を環境が主体を限定し、世界が自己自身を形成し行くと云ふことは世界が個性的に自己自身を構成し行くことである」(八・五七四)と、西田は述べる。私たちが生まれ働き死にゆく、現実的な歴史的世界は、「一般的な世界ではなく、唯一的な世界」(九・一八八)である。この自覚を深めることに、行為的直観についての西田の思索の本領はあると思われる。それは、世界がより現実的になり、より具体的に、より個性的になるという事態を指す。そのようにして、世界が歴史的に生起する。身体の側から言えば、世界が身体へ〝受肉化〟するとでも言おうか。このように行為的直観によって、自己が身体的に物を見つつ創造し、世界の要素として個性的自己の自覚へと至ることを西田は考えている。行為的直観はあらゆる人間の在り方の基盤となるものであって、特別な直観というものではないが、しかし卓越した経験の境涯《きょうがい》をも含むと解される。

自己、行為、世界についての理解

では、以上の西田の議論が、近代主体主義や人間中心主義に対する批判としてどのような意義があるかをあらためて纏めてみよう。

第一に、近代的な自己とは異なる自己の理解がなされている。それは、世界と切り離された近代的主観ではなく、世界と不可分の自己という理解である。とくに後期思想では、「意識」から「行為」へと自己の本質が変換され、さらに、世界の創造的要素としての自己という理解が打ち出され、その世界を中心に自己を考えようとしている。無論、西洋近代思想史においても、これに近い考えは、ロマン主義の哲学や宗教哲学などに見出すことは可能であろうが、西田の場合、彼固有の概念と論理で探究する点が独特である。

第二に、ここから、私たちの「行為」についてもまた新たな考え方を示すことになる。いわゆる行為主体がみずから内面に意図や目的を抱き、それを動機にして行為を遂行し、客観〔客体〕や世界に働きかける、というのではなく、自己の働きは、物や他者からの働きとの相互関係において成り立つことを力説する。それはまた、次の言葉に見られる人間理解につながる。

人間は人間自身によつて生きるのではない、又それが人間の本質でもない。人間は何処までも客観的なものに依存せなければならない。自己自身を越えたものに於て自己の生命を有つ所に、人間といふものがあるのである。〔九・六二〕

ここからすると、能力や業績を個人のものとしてだけ評価することは一面的な見方となるし、さらに、「道徳を自律的と考へるのも一種のヒュブリス〔傲慢〕である」〔七・四二五〕ということになる。（ただし、この点が強調されすぎると、日常の社会生活において、個人の責任をどう考えるかという問題が出てくる。）そして、行為ということで身体の働きを重視した点も、二〇世紀の思想家の中でも注目されると言ってもよいであろう。

第三に、世界についての理解にも斬新なところが認められる。西田の言う「歴史的世界」は、現象学で言うところの「生活世界」と重なる。しかし、西田の「歴史的世界」では何よりもその創造性が強調される。また加えて言えば、世界の多層性という性格も指摘できる。彼によれば、私たちの具体世界は「無限なる世界の重畳《ちょうじょう》」（七・五八）であり、「無限の縁暈《えんうん》を有つ」（七・三九四）。そればかりか、その底に「非合理的なるもの」（七・一二一）を持っている。それだから、私たちの生命は「いつも死から脅かされ」（七・七〇）、「いつも絶対の無に面して」いて、「一歩一歩が冒険」であり、したがって、私たちは「いつも不安を有つ」（七・二九六）ことになるのである。しかし、そのような「絶対の否定」（七・九三）があるからこそ、一回的で個性的な世界を実在的なものとして受け取ることができるのである。

さらに関連して付け加えると、第四に、表現としての物という捉え方も重要である。近代の機械論的自然観では、物は魂を持たない「物体」（デカルトでは「延長」が物体の本質とされた）と考えられる。科学的な見方では「対象」であり、私たちの現代社会においては、「消費財」として作っては壊すという態度で扱われる。しかし、西田においては、根本的に「表現」であり、「汝」という意味さえもつ。一回的で個性的な世界理解ないしは世界経験は、おそらくは、「物」に対しても、単なる消費とは異なる態度を要求するものになるであろう。

もっとも、西田のテクストからは、社会の成立や人間の実践活動に関する一層具体的な考察を見出すことはできない。しかし、私たちが行為の本質や実践知というものを考える上で、なお示唆を与える続けるものがある。行為的直観は物を身体的に把握することを先に見たのだが、それは感覚的な知では無論なく、やはり理性的な性格も有していると考えられる。西田は、この時期、間欠的ではあるが、「具体的理性」という言葉を持ち出している。これまであまり注目されなかったものではあるが、近代の理性とは別の理性として解釈してみたい。

3　具体的理性と文明考察の態度

具体的理性について

近代の理性は多義的ではあるが、総じていえば、人間の認識能力として、合理的に計算し推論する能力、また自らの行為を原理的に統御する能力と考えられてきた。そこには、一切を対象として表象し、それらを統一的に把握しようとする人間中心主義が基盤としてある。これに対して、後期の西田は「理性」を、論理形式にしたがって推論したりする人間的理性ではなく、世界の歴史形成の作用ないしは原理であると考えている。しかしまた人間の理性として読めるところもある。

論文「人間的存在」（一九三八）では、「情熱的」あるいは「デモーニッシュ」（九・二八）という性格をこの理性に絡ませている。また、「歴史的理性」（九・六六）というディルタイの根本概念を持ち出して、歴史的現実を把握する知性の在り方を強調する。論文「絶対矛盾的自己同一」（一九三九）において、「歴史的創造作用として現実を把握することが、具体的理性的といふことである」（九・二〇三）と述べており、具体的理性を人間的理性として用いている。

西田は、「人間が理性的だということは、人間中心の人間主義を基礎附けるものではなくして、却ってその逆でなければならない」（九・五四）と言い、理性の根拠を「主観的人間から奪つて、之を創造的世界の創造作用に置かう」（九・五七）とする。そして、私たちが「身体的バラスト〔重し〕」（九・二一）を離れた理性主観ではないと主張し、また私たちの自由が「鉄壁に打当る」（九・五六）ところに、人間の理性を見ようとする。それゆえ、現実から遊離した抽象的な理性ではなく、常に身体の制約と歴史的現実の否定を受けるところに成り立つ理性を、人間的理性と考えるのである。

このようにみると、「具体的理性」は、行為的直観を深める上で発揮される人間の知性であり、その内実は、個性的歴史的現実の立場に立ち、自己を否定するものを自覚しつつ創造を行う、身体的で情感的な理性のことであると言ってよいであろう。さらに、次の発言も重視したい。

理性によつて否定すべきものは現実ではなくして、我々の主観的独断でなければならない、ドクサでなければならない。我々が自己の主観を棄てて真の現実となって働く所に、我々の行為があるのである。真に与へられるものは、課題でなければならない。〔……〕現実の認識はポイエシス的自己の行為的直観による外ないのであらう。（一〇・一〇三）

ここでの「理性」は、「主観的独断」、「ドクサ（臆見）」（あるいは仮象）をあばき、否定する働きのことである。現実とは、ドクサをどこまでも否定しながら捉えるべき「課題」である。そして、この理性には、私（たち）の働きが世界にどう影響するか、世界をどう限定するかを反省することが、求められるにちがいない。単なる自己保存の要求を越えて、他なるものへと目を向け、まだ生起していない出来事を思索し、具体的にどのような事態がありうるかを思慮しつつ、情感とともに行為をしていく理性の可能性、ないしは再評価を、ここに見出してよいのではなかろうか。

西田の思想では、自己はたえず他者や環境から働きかけられ影響を受けつつ、自由を発揮して行為する。たえず変動しながら、そして断絶しながら同一を保つものである。しかしそれはまた、同一を保ちつつ自己はつねに自己からずれていることであり、否定されていることでもある。これは同時に全体としての「歴史的世界」のあり方でもある。創造的な要素である「個」と歴史的世界としての「全体」とが対立しつつ相互に働き合うことによって、歴史的世界は、統一を保ちつつたえず創造され変動していると考える。彼がしばしば用いる言葉で言えば「メタモルフォーゼ」（変形）として成り立っている。この考え方は文明や文化への対し方にも重要な意味を持つ。例えば、私たちの日常の雑談レベルで繰り返される言説に、「純粋な〇〇文化・文明」といった理解や、「諸悪の根源は〇〇である」といった直線的歴史理解があり、根深いところで私たちを動かしているのかもしれないのだが、このような理解に対して西田の議論は批判的スタンスを求める。

反転的思考態度

さらに、文明を学問的に考察していこうとする際にも、西田の議論を発展的に活かすこともできる。西田は私たちが生きているこの実在を捉えるために、「非連続の連続」、「絶対矛盾的自己同一」、「逆対応」といった難解で独特の用語を模索していった。これらは、実在を成り立たせている〈論理（道理）〉を指すものである。「否定の論理」とも言われたりするが、こうした「論理」を捉える上で最も基本となる思考を、「反転的思考態度」と名づけてみたい。

彼は例えば次のような表現をしばしば行う。「真の健康は病気を含み、真の生命は死を含むものでなければならない」（八・二八二）、「我が世界となり、世界が我となる」（八・一四六）、「自己に於て他を見る」「他に於て自己を見る」（一四・一五六〜一五七）。これらは、物事の逆や裏の面をつねに見ようとする態度であり、哲学的な思考が本質的にもつべき態度である。そして、文明を考察する際にも必要となるものであろう。「比較」という営みは、決して優劣を判断することではない。それは、自らがその只中に巻き込まれている文明において、自と他、あるいは個と全体の視点を反転させながら諸文明を考察することであり、それは取りも直さず、優れて自己認識を遂行することにほかならないのである。

＊西田幾多郎のテクストからの引用は、旧版の『西田幾多郎全集』（第三刷、岩波書店、一九七九）から、巻数と頁数の組み合わせで示す。読みやすさを考えて、新字体や新仮名遣いに適宜変更している。

さらに詳しく知るための参考文献

小坂国継『西田幾多郎の思想』（講談社学術文庫、二〇〇二）……もとはＮＨＫラジオ講座「こころをよむ」のテキストとして書かれたもので、西田幾多郎の思想の全体を大変わかりやすく解説したものである。

中村雄二郎『西田幾多郎』Ⅰ・Ⅱ（岩波現代文庫、二〇〇一）……二〇世紀の現代思想の文脈において西田哲学の読み直しを試みたものである。

藤田正勝『西田幾多郎――生きることと哲学』（岩波新書、二〇〇七）……副題にあるように「生きること」を生涯にわたって問い直した西田幾多郎の哲学を、もっともコンパクトな形で概観できるものである。

小林敏明『夏目漱石と西田幾多郎』（岩波新書、二〇一七）……明治の始めに生まれた二人が、西洋文明をどのように受け入れまた格闘したかを、共通性とそれぞれの微妙な違いも含めて描きだしている。

浅見洋『西田幾多郎とキリスト教の対話』（新版、朝文社、二〇〇九）……西田の思想形成に与えたキリスト教の影響を含め、西田哲学とキリスト教との比較思想的考察を試みた貴重な文献である。

鈴木大拙——文明交流圏の結晶

テン・ヴェニアミン

1 はじめに

鈴木大拙《すずきだいせつ》とは何者か。比較文明学という立場から偉大なカリスマの鈴木大拙をどのように捉えられるか。このような大きな問いに入る前に、まずは彼の生い立ちについて簡単に触れる必要がある。

波瀾万丈の生涯——世界的な影響

鈴木大拙（一八七〇～一九六六／本名：貞太郎《ていたろう》）は金沢市下本多町《しもほんだまち》に生まれる。一八八二年に一一歳となる貞太郎は石川県専門学校付属初等中学科（後に第四高等中学校）に入学し、山本良吉《やまもとりようきち》（一八七一～一九四二）、藤岡作太郎《ふじおかさくたろう》（一八七〇～一九一〇）、西田幾多郎（一八七〇～一九四五）と出会う。一八九二年に鎌倉の円覚寺管長の釈宗演《しやくそうえん》（一八六〇～一九一九）に参禅し、同年に帝国大学文科大学哲学科選科に入学するようになる。翌年にシカゴ万国宗教会議出席の釈宗演の講演原稿の英訳を担当した。一八九四年に居士号《こじごう》「大拙」を受けるようになった。一八九五年の五月に東京帝国大学を中退し、翌年に大拙は見性《けんしょう》を体験した。

一八九七年に渡米し、ポール・ケーラス（一八五二〜一九一九）が関係するイリノイ州ラザールのオープン・コート出版社の一員となった大拙は、一九〇八年までのアメリカの滞在期間に『老子道徳経』をはじめ道教関係書の英訳を手伝い、英語で『大乗起信論《だいじょうきしんろん》』（一九〇〇）と『大乗仏教概論』（一九〇七）を公刊した。

一九〇九年に帰国すると、学習院および東京帝国大学の英語講師として就任するようになった。この時期に大拙はスエデンボルグや親鸞などの幅広い宗教思想に関心をもち、邦訳、英訳に積極的に携わりはじめた。また一九一一年にビアトリス・アールスキン・レーンと結婚した。東京帝国大学と学習院を辞任した後、一九二一年に京都に引っ越し、真宗大谷《しんしゅうおおたに》大学教授として就任し、同年に**Eastern Buddhist Society**（東方仏教徒協会）を設立した。ここから『禅論文集』シリーズ（*Essays in Zen Buddhism*）をはじめ禅を中心に英語での執筆が本格化される。一九三六年にロンドンの世界宗教信仰会議に出席し、オックスフォード・ケンブリッジ・アメリカの諸大学などで「禅と日本文化」について数多くの講演をした。一九四四年に『日本的霊性』を公刊し、一九四五年に鎌倉に松ヶ岡文庫を設立した。終戦直後における「霊性」とその自覚、建設は大拙の重要な課題になる。

一九四九年に大拙は日本学士院会員となり、文化勲章を受ける。同年渡米し、九月から翌年二月までハワイ大学で講義を行った。また一九五〇年代にはプリンストン、ハーバード、イェール、コロンビアなどの諸大学で仏教哲学講義を開いた。後に大拙のこの講義は米国のカウンターカルチャーに大きな影響を与え、西欧のビート世代、ヒッピーなどの間で"Zen"という巨大なブームを引き起こした。特に、大拙による一九五〇年代のコロンビア大学セミナー講義が重要である。その講義を聞いた若者の中には、小説家J・D・サリンジャー（一九一九〜二〇一〇）や、音楽家ジョン・ケージ（一九一二〜一九九二）などがいた。

禅だけではない。大拙は西欧と日本を行き来しながら、一九五八年に『教行信証《きょうぎょうしんしょう》』の翻訳に着手するようになる。またニューヨーク仏教協会で「真宗入門」の英語講演を継続的に行った。さらに一九六一年に西谷啓治（一九〇〇〜一九九〇）他と「親鸞の世界」の座談会を開催した。晩年、大拙は松ヶ岡文庫で研究生活を送っていた。一九六六年七月一二日に東京聖路《せいろ》加病院《かびょういん》で亡くなった。

以上、ごく簡単に大拙の生涯を紹介した。九五歳を生きた大拙の生涯は波瀾万丈なものだったといえよう。

鈴木大拙

大拙思想の評価——先行研究の考察

それでは大拙の思想を見てみよう。その中核にはいかなるものがあったのだろうか。近年、大拙の思想研究は新局面を迎えている。そこでまずは以下の先行研究を踏まえてから、その次に比較文明学という視座より大拙思想を再評価しようと思う。

まず、ベルナルド・フォールの *Chan insights and oversights* と

いう研究を取り上げることができる。一九九三年に英語で書かれたこの著書は西洋の学術界を含む禅の認識を真正面から問うている。既存の禅研究の方法論に問題を提起する本書は、大まかにいえば、禅研究が日本の臨済禅に基礎を置くものであるため、その出発点には宗派の偏りがあり、したがってバイアスを抱えているのだと論じている。それはまた「二次的オリエンタリズム」という枠に完全に当てはまるものだとする（Bernard Faure, *Chan Insights and Oversights. An Epistemological Critique of the Chan Tradition*, Princeton University Press, 1993. p. 53）。そうした研究の基礎への大きな貢献について考える上で、大拙の役割は否定できないと指摘する。加えて、フォールは大拙禅をはじめ禅研究の従来の方法論の問題点（構造主義、解釈学）を指摘し、言語行為論の遂行的（performative）で新しい方法論を提供した。他方で、この方法論は大拙の禅哲学の内面的な論理を分析せず、ポストモダン的に解釈しすぎている面があると言える。また臨済宗を超える道元と盤珪《ばんけい》から影響を受けた大拙禅を視野に入れてない点も見逃すことはできない。

そのような中、大拙の先行研究に新しい転換点を与えたのは、二〇一八年の安藤礼二による『大拙』であるといえる。安藤により、大拙思想の中心は一九〇七年の英語の著作『大乗仏教概論』（*Outlines of Mahayana Buddhism*）から後半生を費やした「禅思想史」の樹立にいたるまで、如来蔵《にょらいぞう》思想であることが明らかにされた。具体的に言えばそれは、「有限と無限、個人的生命と宇宙的生命」と「超現実の宗教と現実の政治」の神秘主義的一元論という解釈である（安藤礼二『大拙』講談社、二〇一八、一四～一五頁）。しかし、大拙思想を考える上で『禅論文集』という大事なシリーズ（*Essays in Zen Buddhism*）がそういった一元論からはみ出る可能性があると安藤自身が認めている（安藤礼二、福嶋亮大「知られざる大拙」『現代思想』第四八巻第一五号、二〇二〇、六二頁）。

他にも、哲学的観点から大拙哲学を扱う水野《みずの》友晴《ともはる》の『「世界的自覚」と「東洋」——西田幾多郎と鈴木大拙』（こぶし書房、二〇一九）を取り上げることができる。水野は大拙と西田の思想を一体的な思想運動、思想対話として解釈する。「大拙の主張は、大拙のみから発せられたと見るべきではなく、その準備に西田にもまた与っていたと見るべき」と水野は述べ、「世界的自覚」と「日本的霊性」、「純粋経験」と「東洋」、「世界文化」、「創造」、「自由」などの概念がその視座から考察されている（水野友晴「「世界」における「自由」」『現代思想』第四八巻第一五号、二〇二〇、四八頁）。

最後に、大拙思想の評価として蓮沼直應《はすぬまなおたか》の『鈴木大拙——その思想構造』（春秋社、二〇二〇）を確認しておきたい。彼は大拙思想の三期区分を以下のように提示した。まず第一期は一八九四年から一九〇二年の間で、キリスト教の延長線上の神秘主義として捉えることができる時期である。次に一九〇二年から一九三五年の第二期では、ジェイムズの宗教学との出会いによって、大拙は神秘主義的体験主義から禅を捉えるようになる。そして第三期の一九三五年から一九六六年の間には、神秘主義的体験だけではなく、それを言語化することを重要視するようになる。この時期に大拙は「体用《たいゆう》」、霊性論、「即非《そくひ》の論理」の中核的概念を完成させるのである。こうした区分はおおむね説得的ではあるが、蓮沼は大拙の日本語著作のみを対象とし、英文著作や海外での活動については論じていない。

以上の先行研究は大拙研究における重要な位置を占めているに違いない。しかし先行研究から分かるように、大拙の文明観と日本の関係についてはあまり論じられていない。そこで筆者はその関係を明らかにするために、比較文明学という視座から大拙思想を再解釈しようと試みる。その視座に立って、筆者は大拙思想の核心が一九四四年の『日本的霊性』に結晶されていると考えている。戦時中に書かれたこの著作において大拙は「日本精神」「日本主義」「皇国第一」を批判して、「日本的霊性」という見方を提示した。大拙のうたう「霊性」とは禅（坐禅、公案《こうあん》）と浄土（念仏、妙好人《みょうこうにん》）を思想的に結合することとして捉えられる。さらに、この「霊性」を可能にするのは「即非の論理」である。「即非の論理」とは、相反する事物を「即非」という概念で止揚させる論理である。大拙の言葉を吟味してみよう。

これを延書きにすると、「仏の説き給う般若波羅蜜《はんにゃはらみつ》というのは、すなわち般若波羅蜜多《はんにゃはらみった》ではない。それで、般若波羅蜜多と名づけるのである」、こういうことになる。これが般若系思想の根幹をなしている論理で、また禅の論理である、また日本的霊性の論理である。ここでは般若波羅蜜という文字を使ってあるが、その代わりにほかのいろいろの文字を持つて来てもよい。これを公式的にすると、

　　AはAだというのは、
　　AはAでない、
　　故に、AはAである。

これは肯定が否定で、否定が肯定だということである（鈴木大拙『日本的霊性　完全版』角川ソフィア文庫、二〇一〇、三二七頁）

2　大拙の文明観

感傷性を掘り下げる――科学革命の中で

それでは、比較文明学という視座から大拙の思想をどう捉えればよいだろうか。まず日本で比較文明学の足場を築き、その視座を拡大した伊東俊太郎《いとうしゅんたろう》（一九三〇～二〇二三）の言葉から議論をはじめていきたい。伊東はその『比較文明』の中で次のように述べている。

早くから東洋の諸文明を咀嚼《そしやく》し、近代においては西洋文明を受容したわが国においては、これらの諸文明を比較検討する素地が自ずと準備されているのみならず、それらを等距離において公平な観察や判断を行ないうる有利な立場にあると考えられる。（伊東俊太郎『比較文明　新装版』東京大学出版会、二〇一三、i頁）

面白いことに、この言葉は一九六三年の大拙による『東洋的な見方』と共鳴している。

「東洋的」といふ文字をよく使つたが、その真意は、まさに来たるべき「世界文化」なるものに対して、われら東洋民族の一員として、それに大いに貢献すべきものを持つてをることを、読者は知つてほしいと思つてのことである。この貢献によつて東西思想の各自の了解が進められ、したがつて、その交流融和によりて、「世界文化」の開展に大いに裨益《ひえき》するところあらんことを期したいのである。(『鈴木大拙全集　第二十巻』岩波書店、二〇〇一、一五三頁)

伊東俊太郎の人類史の区分に従うと、明治、大正、昭和を生きた鈴木大拙は「科学革命」を生きていたことになる。「科学革命」を別の言葉に置き換えると、近代科学の成立の時代を指す。大拙は終始一貫して精神的な側面に関心を置いていた。ある意味で、彼は「一国人民の気風」「内に存する精神」などの福澤諭吉の文明観の一部を継承している面がある。ただし、大拙が自らの思想を展開するとき、「科学革命」の後の段階を予感して、「世界文化」について考えたり、文明の霊性的自覚について思考を深めたりするという特徴が見られる。

近代科学という大きな文明的流れの中、文化に対する理解、文化の位置、そして文明との関係は重要な鍵を握るようになる。大拙は「日本文化の生成と宗教の機能に就いて」(一九四三)において次のように述べる。

日本は精神主義で西洋は物質主義だと簡単に解決しようとする人があるが、それは皮相な見解で、日本にも物質的なところもあり、西洋にも精神的なところはあります。日本は西洋の組織や論理や分析の方法を採り入れましたが、それだけでは駄目で、泣くといふ一面がなければなりません。（中略）

本来日本人は涙の多い民族で感情的ですが、それが単なるセンチメンタルであつてはいけません。感傷性を深く掘り下げて行くところに宗教的世界が展け、さうした所にまで行かねばならぬのが日本の今日の状態ではあるまいかと思ふのであります。（『鈴木大拙全集　第二十七巻』岩波書店、二〇〇一、五五四〜五五六頁）

文化と文明の関係を単純に精神主義―物質主義として規定するのは誤りである。文化にも物質的側面があり、文明にも精神的側面が含まれている。伊東俊太郎が述べるように、近代化の最中の時期における西洋では、「〝精神文化〟と〝物質文明〟というように、これが連続的なものではなく、かえって対立したものとして把える」という強い一つの見方が存在していた（伊東俊太郎『比較文明　新装版』東京大学出版会、二〇一三、一三頁）。固定的な二項対立で捉えるときに、常に生じる問題は排他性である。そこで大拙はむしろ、寛容性を無くさないために、そういう関係を対立的に捉えるよりも段階的に把握した方が適切であると主張している。その上、感傷性の強い日本文化という文化的差異が存在するという点もまた、今日でもアクチュアルな論点である。さらに言えば、それは単なる静的なものとしてではなく、「感傷性を深く掘り下げていく」というダイナミックな生成の働きを含むものとして捉えられている。そのためこの議論は、文化本質主義に無批判に陥るものではないということができる。
しかし、大拙はそれだけに留まらない。一九五五年に発表された『東洋の霊性的自覚』の言葉に耳を傾けてみよう。

欧洲の人の物に対する考え方、欧洲の文明の、ものの考え方というか生き方というものは、物が二つに分れてからの話になるのである。東洋の人の物の考え方というか感じ方というか、それは物が二つに分れない以前の面に向っているのである。即ち西洋の人は指ならば指が五本に分れてからの事を、東洋の人は指が五本に分れない先、天地が分れない先といってもよい、換言すれば生れない先である、生れない先に何があるか、こういう事は生れてから云うであろうが、そうでなしに生れたと云う時にはもう既に生れないものがあるんだから、その生じた所、生れない先を考えるというのが東洋の立場である。(『鈴木大拙全集　第二十八巻』岩波書店、二〇〇二、二九五頁)

大拙は文化の差異だけでなく、西洋の文明と東洋の文明の差異にまでも触れている。その違いというのは西洋と東洋の宗教的世界の違いであると考えられる。こうした考え方が、比較文明学の発想と非常に似ているのだ。

大拙は科学といかに向き合ったか

以上のように、「科学革命」の段階で「科学」が誕生し、それは西洋のものだけでなく、東洋のものにもなってくる。

唯々形の上、現はれた上で、清と云ひ濁と云ふものを、何等のけぢめをつけないで、清濁併《せいだくあわ》せ呑《の》むといふことになると、そいつは甚だ険呑《けんのん》になる。それでは科学と矛盾する。禅は科学を容れて、さうして科学の到らぬところのものを攫《つか》むといふところにあるんだ。(同、四四二頁)

ここで大拙が禅と科学の関係を対立的に捉えてないことは、意外に思われる。彼は科学の問題点を指摘しながら、禅が科学の本質を摑んでいると論じるのである。
次に科学の産物である機械について、彼は以下のようにみている。

外面的に見るといふと、イエスがノーでノーがイエスと云ふと、これは矛盾を極めたものになつて、機械が左に動くやつが、左に動いても右に動いてもいいといふことになると、その機械はどういふことをやり出すかわからんです。機械が壊れるといふより外はない。ところが人間は壊れない、ノーがイエスでイエスがノーでも。私が時に云ふのは即非の論理です。そんなやうなことは外から云はないで、内にそれを可能ならしめる一つの性格と云ふか目覚めがあるのです。そいつを悟りと、かう云ふ。(同、四三九頁)

しかし、ChatGPTなどのＡＩ技術が進んでいる今日において、科学に対する大拙の理解は十分と言えるであろうか。ＡＩとは、認識できる限りの外界、自分によって有用な情報のみを選択的に認識し、処理をするシステムと言われている。「即非の論理」でいえば、ＡＩのアルゴリズムにＡの固定的データを入力するのではなく、「Ａ」と相矛盾するデータを入力することが可能であろうか。認識できないものは果たして存在しないというのだろうか。

> 機械にたよると、その働きの成績にのみ心をとらわれる。早く効《ききめ》があれとか、多くの仕事ができるようにとか、自分の力はできるだけ節約したいとか、また経済的には、少しの資本で多大の利益を占めたいなどいうことになる。（中略）
> このようなわけで、機心なるものは、われらの注意を絶えず外に駆らしめて、相関的な利害得失に夢中ならしむるのである。（鈴木大拙『新編　東洋的な見方』岩波文庫、一九九七、二一二〜二一三頁）

以上のように、大拙による技術に対する指摘は現在のChatGPTなどのＡＩに対しても妥当性があり、最新技術の核心的なところを摑んでいるともいえる。それは必ずしもＡＩを否定するものではなく、むしろ技術の抜本的更新、新たな創造をめぐって建設的な議論へと導くことにも繋がるのである。

3　大拙思想の複合的性格——劇的な変革の時代を生きて

文明交流圏と大拙思想

大拙思想はある意味で文明交流圏を結晶させたものであるため、複合的性格をもつ。まず、禅、浄土思想、華厳、般若などの大乗仏教の影響があるであろう。次に、老荘思想の影響を取り上げることができる。米国で大拙が最初に取り組んでいた仕事は老子の『道徳経』だった。ケーラスとジェイムズを通して、プラグマティズムと出会った。大拙は早い段階からキリスト教に関心をもち、その延長線上にスエデンボルグをはじめ神秘主義を把握するようになる。また、妻であるビアトリスとの出会いによる、神智学の影響を吟味する必要もあるだろう。

それでは文明交流圏の思想、知識人、書物との対話はどのように可能になったのだろうか。その点について知るためには、やはり当時の社会的条件を考慮する必要がある。安藤が述べるように、大拙は「寺院の外、大学の外、日本の外、つまりは近代的なあらゆる制度の外、さまざまな諸言語が入り混じり合う「翻訳」の時空で（中略）日本の内側と外側の境界に立ち、日本とアメリカの間を、東洋思想と西洋思想の間を生き抜いた」という事実は大きいであろう（安藤礼二「来たるべき「東方哲学」——鈴木大拙の可能性」『大拙と松ケ岡文庫』二〇一七、一二一頁）。

日本にとって、明治時代は特別な意味合いをもつ。日本の文化にとっても、日本の宗教にとっても、近代化という激しい変革の時期であったからだ。

明治時代は外から入つて来たものに依つて伝来のものが壊された。が、之によつて却つて伝来のよいところを自覚し、それを把んで行くことが出来たので、かういふ点が日本民族のよいところで、之に依つて日本が飛躍して行くことになるのであります。（中略）

このやうに型に嵌る、固定化といふことが、外国との接触によつて打ち破られては発展して来た。明治時代はそれの最も激しい時でした。（『鈴木大拙全集　第二十七巻』岩波書店、二〇〇一、五四九、五五二頁）

明治時代に生まれた大拙は伝来のものの多くが壊されたのをみて、単にその状況を悲観的に嘆いたのではなく、それを必然的な時代の流れとして理解し、感傷性をおのずと掘り下げて、伝来文化のよい側面を自覚することができた。彼はその時代に鍛えられた「自覚」が日本文化の「創造」「継承」に繋がると見ていた。「近代的なあらゆる制度の外」にいたからこそ、彼は外の近代化に対する賛否両論の一方の立場をとらず、その「間」から両陣営の立場を真摯に把握し、時代の先に進んでいった。また異なる文明の他者と交流する場合、重要なのはコミュニケーションであると大拙は早い段階から気づき、そしてすぐに実践に移していた。以下のように、一九四六年の『禅』の言葉からこの考えが窺える。

同じ歴史的文化的環境に成育してゐない欧米人に、われら東洋人の制作品をそのままに、昔のままに見せて、かれらの了解を要求しても、それは理不尽である。禅を海外に知らせるには、中国文、または日本文的表現のままではいけない。
英文の禅は、その表現法において、古来の禅録そのままのものと、かなりの隔りのあるのは、かへつて禅の見方に対して、何か新しいものを提出し得ることにもならう。英文のものをまた邦文に直すといふことも、その意味で、まったく無益な仕業でもあるまいと信ぜられる。（『鈴木大拙全集　第十四巻』岩波書店、二〇〇〇、三四三頁）

自国に閉じ込もることができない明治時代以降、日本文化の「創造」と「継承」を実現するには、それを世界に向けて「発信」することが望ましいことではあった。ただ、それは単なる発信ではなく、「世界文化の中の日本文化」を西洋人に理解してもらうため、どのように表現の仕方を改めればいいのか、大拙が真剣に考えたのはたしかである。そこで大拙は翻訳の作業に携わり、他者の言葉である英語で新しい文体を練り上げ、洗練された形で日本文化、宗教思想について再解釈していった。一九五五年の『東洋の霊性的自覚』において彼は日本文化の「創造」の一側面を次のように分析する。

ともあれ日本人が世界の文化的なものを創造しないで、他からもって来て、所謂《いわゆる》物真似をして、小売商人みたいにそれをうりさばきをするとみていたが、日本人の生活を段々みていると必ずしもそうではなく、日本の文化はシナの文化をとり入れているが、それは単にとり入れるのが目的でなく、批判を加えてとり入れており、その批判は明らかに無意識ではあるが、その無意識なる処にかえってその批判の根底の強いことがわかっている。それは日本が印度、シナの文化を取入れるに於て、日本はシナそのもの、印度そのものにならず、日本人的なものになって、シナの文化、印度の文化に対しても西洋の文化に対しても、公平な批判者の立場をとりうることが出来る。(『鈴木大拙全集　第二十八巻』岩波書店、二〇〇二、二九六~二九七頁)

大拙による、日本文化の借用がもつ仕組の解釈は非常に興味深い。中国とインドから様々な外来思想を一方的な形で受け入れて物真似するのではなく、批判を加えて取り入れているというのだ。では、無意識にある「批判の根底の強いこと」を成り立たせるものは何だろうか。大拙思想から考えると、それは「即非の論理」であると言わざるをえない。すなわち、日本的霊性の中で、「即非の論理」の第一段階(AはAである)から否定の第二段階(AはAではない)へシフトし、そして第三段階(故にAはAである)へ戻る働きがその「批判の根底」を成り立たせていると捉えられる。それは単にニヒリズムに終わってないため、「創造」に繋がるのである。繰り返しになるが、大拙によれば、日本文化の「創造」は「壊された」ことによって「伝来のよいことを自覚」することである。言い換えれば、日本文化という「型」は「型嵌り」に陥らないように「型破り」することにより、「型作り」を行っていくという循環的創造の働きが起きているということなのである。

「即非の論理」と『怪物』

こうした「即非の論理」という働きはいかなるものなのだろうか。現代人の我々にどのような表現の仕方でそれを説明できるだろうか。アルビン・トフラーは今日の時代を「クリップ・カルチャー」と呼んでいる。様々な文化形態がある中で、映画という文化媒体は支配的な地位を占めている。では、「即非の論理」を映画でどのように表現できるだろうか。その問題についてしばらく考えた際、筆者は是枝裕和《これえだひろかず》監督の『怪物』（二〇二三）という映画を思い出した。『怪物』は同じ一つのストーリーを三つの視点から描く。息子を愛するシングルマザー、生徒思いの学校教師、そして無邪気な子供たちである。こうして、普通の子供同士の喧嘩に見えた一つの出来事が、三者の食い違う主張によって大きな事件に発展していく。そしてある朝、子供たちは突然と姿を消してしまう。

映画の第一部は母の視点から語られる。そのストーリーは精神的・身体的に病んでいる子供の物語になる。次に教師の視点から描かれる第二部は、社会派映画でよくみられるような中等教育制度に対する皮肉を込めた話に変わってしまう。最後に、子供たちの視点にシフトすると、映画は大きく雰囲気を変え、明るい初めての友情（あるいは初恋？）のストーリーになってしまう。

このストーリーの展開の仕方は単なる否定ではない。三つの視点は相矛盾しているだけではなく、「AはAだというのは、AはAでない、故に、AはAである」という働きで相補完し、鮮明度を上げ、最終的に対立を止揚していく。視点が変わることによって、映画の語り方、雰囲気、「真実」、映画のジャンルさえも変わってしまうことを観客は体験させられるだろう。

4　おわりに

以上のように、比較文明学から鈴木大拙の思想を再解釈してみた。

まず、偉大な思想家として以前に、人としての大拙がどんな道程を歩んできたかをごく簡単に紹介した。九五歳のその生涯は言葉で表現できないほど波瀾万丈なものだった。また思想家として長寿し、晩年を迎えたとき、世界でも日本でも最も評価が高くなった。

近年、大拙の思想研究は新局面を迎えているが、大拙の文明観と日本の関係についてはあまり論じられてこなかった。このことを踏まえ、筆者は大拙の文明観を論じた。大拙は近代科学の成立の時代に生まれたが、彼は終始一貫して精神的な側面に関心を置いていた。自らの思想を展開するとき、「科学革命」を踏まえながら時代をその先に進め、「世界文化」、文明の霊性的自覚について思考を深めていた。また大拙が文化と文明の関係を単純に精神主義―物質主義という二項対立として見ていなかった点は非常に重要である。むしろ両者を連続的に捉えていた。その上、大拙は日本文化という文化的差異に関しても、それを単なる静的なものとしてではなく、ダイナミックな生成の働きとして捉えていた。

近代科学という大きな文明的うねりの中で、大拙は科学と禅の関係を次のように把握していた。文明と文化の関係のように、対立的に捉えず、禅が科学の本質を摑んでいるという理解である。また、科学の産物である機械に対する指摘は現在の人工知能をはじめとする最新技術に対しても妥当性があり、その核心的な問題意識で技術の抜本的更新、新たな創造をめぐる建設的な議論へと導くことにも繫げたのである。

大拙は早い段階から、様々な文明圏を行き来することによって、彼の思想は自然に複合的な性格をもつようになった。近代日本の中で、大拙は「近代的なあらゆる制度の外」にいたため、その思想的性格がさらに鍛えられたという側面もある。彼は近代化に対する賛否両論の一方の立場をとらず、その「間」から両陣営の立場を真摯に把握し、異なる文明の他者と交流していた。単なる発信ではなく、日本文化を西洋人に理解してもらうため、どのように表現の仕方を改めればよいのかが、大拙の課題であり、使命であった。日本文化の「創造」は、「壊された」ことによって「伝来のよいことを自覚」することである。言い換えれば、日本文化という「型」は「型嵌《かたはま》り」に陥らないように「型破り」することにより、「型作り」を行っていくという循環的創造の働きが起きていると大拙は確信をもっていた。その働きはそのまま大拙思想の核心「即非の論理」であると筆者は考えている。

さらに詳しく知るための参考文献

一次資料

『鈴木大拙全集　増補新版　第十四巻／第二十巻／第二十七巻／第二十八巻』（岩波書店、二〇〇〇〜二〇〇二）／『鈴木大拙全集　増補新版』（岩波書店、二〇〇〇〜二〇〇三）……この鈴木大拙全集では、「禅とは何ぞや」「東洋の心」などのエッセイ、数多くの講演を通して、読者が大拙思想への探求をスタートしやすいだけではなく、大拙という人の語りを身近に感じることができる。

鈴木大拙『新編　東洋的な見方』（岩波文庫、一九九七）……晩年を迎えた大拙だが、驚くほど思想家として何の衰えもない状態で示唆に富むエッセイ群を書いたものである。

鈴木大拙『日本的霊性　完全版』（角川ソフィア文庫、二〇一〇）……「即非の論理」という大拙思想の核心が盛り込まれた一冊である。

二次資料

安藤礼二『大拙』（講談社、二〇一八）……最近の大拙研究にマイルストーンを開いた一冊である。

安藤礼二「来たるべき「東方哲学」――鈴木大拙の可能性」『鈴木大拙　没後五十年記念　大拙と松ケ岡文庫』（方丈堂出版、二〇一七）……大拙研究の新局面を迎える前、多角度から思想家の大拙を独創的に検証したエッセイである。

伊東俊太郎『比較文明　新装版』（東京大学出版会、二〇一三）……日本で比較文明学の視座の足場を築いた伊東俊太郎による、比較文明のエッセンスがわかる一冊である。

『現代思想　鈴木大拙――生誕一五〇年　禅からZenへ』（第四八巻第一五号、青土社、二〇二〇）……大拙研究の最も新しい成果を収めた一冊である。

蓮沼直應『鈴木大拙――その思想構造』（春秋社、二〇二〇）……大拙の思想構造を詳細に分析した一冊である。

水野友晴『「世界的自覚」と「東洋」――西田幾多郎と鈴木大拙』（こぶし書房、二〇一九）……哲学的な観点から大拙と西田の思想を一体的な思想運動、思想対話として論じた一冊である。

賀川豊彦――死線を越えて、共有文明を描く

濱田　陽

1　『死線を越えて』のメッセージ

賀川豊彦《かがわとよひこ》（一八八八〜一九六〇）は、日本人として初めてノーベル文学賞（一九四七、一九四八）とノーベル平和賞（一九五四〜五六、一九六〇）の両方で候補に挙げられた、未来を拓く先駆者である。

自伝的小説『死線を越えて』が一九二〇（大正九）年に刊行されると、これを上巻として、中巻『太陽を射るもの』（一九二一）、下巻『壁の声きく時』（一九二四）へと書き継がれ、当時、人口約四〇〇〇万人の日本で累計四〇〇万部という、大正時代最大のベストセラーとなった。作中、賀川自身をモデルとする主人公、新見栄一は、地元の有力政治家で民から搾取し豪邸を建てた父と対立する。男性に飽いたとして女性の服を着、自宅に火をつけ出火騒ぎを起こし、その時代に脳病院と呼ばれた精神病院への入院を迫る父にこう宣言する。

私は私の道を急ぎます。そしてあなたにはあなたの朽ち果てた古い道を歩ゆんで下さい。私は

小さい脳病院に行く代りに大きな世界の脳病院へ、之から出かけて行きます。（『死線を越えて』『賀川豊彦全集　第一四巻』キリスト新聞社、一九六四、一一一頁）

互いに親子の縁を切ることになった父がやがて逝去し、実家も破産した彼は意を決する。

（中略）堅く決心した——彼は凡ての『死』の線を飛び越えて、因襲と姑息と伝統と迷妄と戦はねばならぬと云ふことを。

彼の前には今大きな世界がある。それは栄一が嘗て父に云つたことのある大きな脳病院である。……軍国主義と、資本主義の『パラノイア』に悩まされて居る、地球大の脳病院である。栄一が発狂して居るのか、地球が発狂して居るのか、戦ひは之れからであると決心した。（同、一一五頁）

大学を中退し、日本最大のスラムが形成されていた港湾都市、神戸で生きる道を模索しながらも、当時、不治の病といわれた結核にむしばまれた彼は行き倒れ、血痰《けったん》を吐き、家族代わりとなってくれたアメリカ人牧師、知り合いたちが見舞い、黙祷《もくとう》してくれるなか、脈拍を失いつつ不思議な経験をする。

彼は死を飛び越えて、神秘の世界に突き込んで居ると云ふ一つの信念を持つて居た。それで彼は、床の間の柱に電気の光が反射する一点を凝視した。一分、二分、三分、四分、五分、十分、十五分と凝視した。その間に彼は、また云ひ知れぬ、実在の不可知な驚異に巻き込れた。それは、凝視する光の一点が、虹のやうに見え、自分の横たはつて居る部屋がパラダイスのやうに感じられ、美しくも無い彼の着て居る蒲団が錦襴で造つたかのやうに見えた。そして彼の父なる神の手にしつかり握られて居ること……否……神は父と呼ぶ可きものよりか更に接近したものであつて、彼自身にすら住み給ふものであつて神自身に彼が漬かつて居ると云ふ実感の喜びを感じた。そして彼がこの喜びを持つや否や、熱は忽ち下り、血脈は全く平常に復することを知つて驚いた。（同、一四三頁）

奇跡的に結核がおさまった彼は、科学者や大発明家になる青年らしい夢をあきらめ、約七〇〇〇人が迷路のような路地裏で暮らすスラムの中心に間借りし、生活を始めていく。孤独な青年を慕い信頼を寄せてくれる様々な境遇の老若男女と出会い、その交流から生活全般にわたる小さな社会事業が立ち上がり、発展していく。

栄一を兄のように慕いながら福岡県直方《のおがた》市の炭鉱街に売られた薄幸の少女は、救出

賀川豊彦（提供：賀川豊彦記念・松沢資料館）

しようと訪ねてきた彼にやさしい言葉をもらい、想いをぶつける。

『うれしい！　うれしい！　もう之で私は死んでも善い！　——私は心の底から愛に飢ゑて居ます。兄さんのやうに、私を可愛がつてくれる人は、あなただけです。私を忘れないで下さいね』（『壁の声きく時』『賀川豊彦全集　第一四巻』キリスト新聞社、一九六四、四八七頁）

『死線を越えて』には、戦前・戦中・戦後にわたって日本近代史に一貫してユニークな灯りをともし続けることになる、この人物がいかなる経験をし、どのような世界認識を育むようになったのか、その軌跡が記録されている。

2　賀川豊彦の文明論

賀川豊彦の世界・宇宙認識

賀川豊彦は、独自の文明観をもって数々の社会事業に取り組んでいった。その背景には、文明が向かうべき方向についての見識や信念があった。人間の文明の方向性について、あるヴィジョンを涵養しつつ、数々の社会実験を行っていた。それは、この宇宙が無味乾燥な存在ではないということ。そして、宇宙における様々な存在の関係性を洞察することで、より優れた社会を実現し、発展させうるというものだ。

非暴力的な社会運動の要《かなめ》であり続けた彼は、学問研究に充分な時間を割くことはできなかった。それゆえ彼の文明観、文明論、比較文明的な視座は宿命的に荒削りだ。しかし、そこには、分野を超えて学び続けた諸科学の知見と、ユニークな洞察が宿っている。賀川が自ら日本初訳の橋渡し役となった『ファーブル昆虫記』（大杉栄訳、一九二二）に弱肉強食と異なる互助の世界を、相対性理論や量子力学にマルクスの唯物史観を超える物質とエネルギーの本質を見たことは、一例にすぎない。アインシュタイン来日（一九二二）は、『死線を越えて』の大成功で得た利益を、刊行元の改造社が社会還元事業に活用し招待したことで実現したもので、賀川は九才年上のこの世界的物理学者を神戸の須磨《すま》海岸散歩に誘っている。作家、社会事業家、宗教者として世界的名声を得ていった彼は、社会事業支援と伝道に欧米、アジア各国から招かれる機会を生かし、数多くの博物館、研究機関を訪れ、諸科学の専門家から学び続けた。その経験は稀な博識を与え、最後の主著『宇宙の目的』（一九五八）がまとめられている。

賀川豊彦は、宇宙・地球・生命・人類の歴史を結びつけて鳥瞰する、今日でいうビッグヒストリーにも肩を並べるような世界・宇宙認識を先駆的にこころに宿していた人物といえる。そして、その認識は独特の文明観とつながっている。人類史だけでなく、より大きなヒストリーをつかむなかで、文明の来し方、行く末を展望し、自らの社会実践の方向性を決め、また、彼自身が体得している世界観と実践形態のフォーマットを、より広い社会と共有しようとしていた。

なぜ文明観が必要か

文化と文明は極めて多義的な用語で、これまでも研究者により様々な定義がなされてきた。ここでは文化を、わたしたち人と自然、生きもの、人、つくられたもの、人知を超えるものとの関係性、及び、そこから生まれ、継承される事物として考え、さらに文明を広範な影響力をもつ文化としてとらえてみよう。そして、つくられたものはあらゆる人工物、人知を超えるものは神仏に限らず人の能力を超える、ある存在とする。こうすることで、過去の文明だけでなく、人類の営み全体をとらえることができ、その上で、産業革命以降を近代文明とし、現代への影響に着目すれば現代文明として柔軟に比較しやすくなるだろう。

賀川も同時代を生きる人びとと同じように、近代文明のただ中で人生を翻弄され、その中に潜む矛盾を乗り越える方途を探し続けることになった。

なぜ、ビッグヒストリーのような大きな構えが一九八〇年代末から登場してきたのか。宇宙史、地球史、生命史、人類史をバラバラに見るのでなく、総体としてとらえる必要が生じたのか。それは、人新世と呼ばれるように、人間の活動が地球環境に不可逆的な影響を及ぼしている科学的証拠がますます明らかとなり、その行動自体に変更が迫られ、人類史のみならず、生命史、地球史、そして人類、生命、地球を生み出した宇宙史をそれぞれの関連性に着目して、とらえる必要が生じてきたためだ。

たしかに、人類の文明の向かうべき方向性を考えるためには、もはや人類史だけの理解では不可能だ。現代文明を相対化し、それに代わる文明のかたちをイメージしようとするとき文明観が必要になる。諦念をもつのみならば現状分析にとどまるだろう。しかし、そうでなければ、分析の過程で新たな文明のイメージが立ち上がってくるのではないか。

だが、権力者が、自らの都合だけに基づいた帝国主義的な社会構想や歴史観を持ち、それをもとに極端な政策や外交を展開すれば、負の影響は計り知れない。

複数の心的モーメントが共存する賀川豊彦の文明観

賀川豊彦の文明観は必ずしも精緻に彫琢されてはいない。けれども、その着眼と方向性は今も意義を持ち続けている。彼の文明観は、宇宙史・地球史・生命史・人類史を総合する視野の中で、自由に共に力を合わせる人間の様々な共同体により、発見・発明を通じて、発展、幸福を実現していくことができるとするものだ。

自由に共に力を合わせる――別の言葉でいえば協同する――人間の共同体の夢は、様々に描かれ、破れ、それでも、今日にいたるまで実験が続けられている。賀川はこうした文明観を自然観、宗教観、科学観などと総合することで、しだいに素描していった。彼の幼少期からの自然に関する感性、少年期からの信仰、同じく少年期からの科学への関心など、いずれか一つをもって、その文明観の背景を説明することはできない。複数の心的モーメント（ある原理によって精神が向かう方向性）が絡み合うとき、それらは刻々に姿を変え、複雑さを増す。

複数の心的モーメントのいずれをも豊かに育てながら、それらの間の葛藤を壁とせずに新たな文明観を見出し、様々な時代的、社会的制約のなかで、貧民救済、労働問題、農民問題、都市問題、震災救援、社会・経済問題解決のための協同組合事業、反戦運動へと、次々と社会実験に取り組んでいったところに賀川のユニークさがある。

賀川の文明観について、具体的にその中味を吟味、検討していけば、いくつもの問いが起こってくる。いかにして、自然への感性、宗教的感応性、科学への関心と信頼を、こころのなかで調和させ、さらに涵養《かんよう》することができたのだろうか。現代的にいえば、ナチュラリストや芸術家、宗教者、科学者が同居する精神世界を彼は保持し続けている。

もっとも、人は誰しも、これらの心的モーメントを部分的に有し、無意識のうちに使い分けているだろう。そして、何かの専門家となった場合、他のモーメントを後景に退けて、自らの専門に近いモーメントを研ぎ澄ませ、強化、発展させていく。ただ、人類の文明の今後を考えるとき、わたしたちは総体としてどのような活動を行っているのかを問わざるをえない。そして、芸術、宗教、科学のいずれも、人間の営みであるという大前提を見逃すことはできない。

なお、賀川の世界観は、ビッグヒストリーのように、人間を主体とした力技での問題解決を主導するものではない。これは重要なポイントである。人間の謙虚さを前提とした発想や思想は日本では珍しくないが、そこには大きな視座が欠けていることが多い。一方、欧米では、ビッグヒストリーのような広い視野をもちながらも、人間による力ずくの世界改変を正当化する傾向がある。賀川は、そのどちらにも属さない、ありそうでいていない、稀少な思想の持ち主だ。それゆえにまた、理解が困難になる。

賀川の文明観、文明論は、非常に広い視野を持ちながら、一方で、人間の成しうることに対して謙虚な制限を設けており、だからこそ開かれた可能性を備えている。

3 「宇宙悪」を意識する

コオペラティブ思想の本質

求められる事業や活動は変容していく。だからこそ、時代や環境の変化を超えて通用する世界観を見出すことが重要だ。

賀川豊彦がもっとも力を注ぎ、実験し、育て続けた社会事業は協同組合だった。しかし、実態としての協同組合を超えて、協同組合的な、英語の原義ではコオペラティブ（cooperative）、すなわち、自由を前提に、共に力を合わせて（co-）、実行すること（operative）の可能性に賭け続けることは、彼にとって本質的なチャレンジであった。

そして、このような形態を、彼は、宇宙の始まりから地球、生命を経て、人間の活動にまで見続けようとしていた。

そもそも、なぜ共に力を合わせて実行するのか。

それは一見、当然なことのようにも思える。しかし、ここに、その逆の形態――ある限られた存在のみが力を有し、他の存在がその力に従わせられるという形態——を念頭に置けば、事は単純でないことが明白となる。家庭、学校、社会といった二人以上のあらゆるレベルやタイプの人間関係において、わたしたちは不自由や統制、制御をも経験する。つまり、賀川の信念とは反対の状況である。自らが不自由を受け、統制される側に立つこともあれば、反対に、意識するしないにかかわらず、誰かを不自由にし、統制する側になってしまうこともあるだろう。

自然、生きもの、人のどのような事例に着目し、重みを置くかによって、わたしたちの世界観や行動は変わってくる。共に力を合わせて実行するのか、それとも特定の者のみに力を認め、それに従うのか、どちらの形態が上手くいくのか。この対比は、民主主義と権威主義の対立といった政治分野に限らず、あらゆる人間活動の側面に見出される。

賀川豊彦は、宇宙のなかに、生命に、人間の様々な歴史に、コオペラティブな側面を探知し、それらに本質的で重要な意義を認めようとする。そうした態度の根底には、宗教的ともいえる感応や信念があるが、それればかりではない。芸術にせよ、科学にせよ、彼は権威的、統制的な側面だけで世界を観ることに常に疑いの目を向けている。

協同組合は行政でも私企業でもない、民間で行われる非営利の社会事業として理解される。近代の協同組合は、イギリスのロッチデール公正先駆者組合（一八四四）を源としつつ、互助の歴史をもつ世界各国で独自に発展し、今日、一〇億人以上が三〇〇万の組合に属し、世界雇用人口の一〇％に就業機会を提供、トップ三〇〇の総売上高はカナダのＧＤＰに相当する。世界最大のＮＧＯ、ＮＰＯとも呼ばれながら、その潜在力はまだ十分認知されていない。

『死線を越えて』発表の翌年である一九二一年、賀川はコープこうべの前身となる神戸購買組合と灘《なだ》購買組合の発足において、これらの協同組合のアイデアを提供し、指導的な役割を果たした。このことを契機に、やがて日本の生活協同組合運動のリーダーとなって、欧米やアジア、オセアニアの社会事業にも影響、示唆を与え続けた。戦中期にその活動は抑圧され、ほぼ停止に追い込まれるが、敗戦後の社会復興、国民皆保険、協同組合法の成立など社会の根底を支えるセーフティネットの新設に、戦前からの蓄積のもと賀川が果たした役割は大きい。

賀川は、この宇宙、世界のあらゆる様相にコオペラティブな痕跡とその可能性を見出そうとしていたため、非政府組織や非営利組織だけでなく、国家や私企業にすらコオペラティブな側面を見出し、それを発展させていくことが、宇宙と人類の発展にふさわしいという発想に至った。

どのような組織にも、人間の権力志向や私欲、無意識のバイアスなどが働かないわけではない。協同組合が腐敗し、魅力を失い、瓦解してしまうことも十分ありうるだろう。だからこそ、コオペラティブ思想の本質とは何かを問い続け、いかなる社会形態、社会状態においても、その可能性を考えることが重要となる。

人の様々な関係性において、自らの知らない、力の及ばないところで物事が勝手に決定され、いつの間にか自分を圧迫する出来事は生じてくる。

現代では、そうした現象が人工知能（ＡＩ）のような人工物によって、人間の手を離れたところで、わたしたちを縛る「決定」や「判断」として行われるようになっていく。そこでは、コオペラティブは成立しない。勝手に決定され、その結果が押しつけられてくる世界では、共に力を合わせ実行することは不可能だからだ。

孤独と犠牲

賀川豊彦の魅力は、どのように悲惨な、希望のないように思われる状況からも、共に力を合わせることのきっかけを見出し、そこから「何か」を始めることだ。彼は、人類の文明の発展があるとしたら、それを、コオペラティブの方向においてとらえようとし、テクノロジーが進んでも、それだけで文明が発展するとは考えていなかった。

彼の文明観は、人間の行為の結果物だけを見ているのではなく、それらの事物を生み出す源へと、常に眼差しを向けていた。人間と人間の関係性、そして、そこから展開される社会、および、社会が自然、生きものに与える影響の総体にとって、つまり、文明にとって、長期的に見て、コオペラティブと専制と、いずれが今後に良い結果をもたらすだろうか。

賀川は、大々的に非営利的な社会事業を展開し、常に注目を集めるリーダーであり続けた。しかし、その行動の源泉にさかのぼれば、非常に孤独な横顔も浮かび上がる。彼は、ただ一人で、様々な局面において、たたずんでいる。だからこそ、まだ知らない未知の人々にも心を開き、関わり続けることができたのだろう。それゆえに、彼の存在は、必ずしも活動的ではなく、自ら事業を立ち上げたり推進したりしない人間にも、インスピレーションを与え続ける。

ところで、どのような人間関係であっても無理が高じれば、どれほど取り繕っても破綻をまぬかれないだろう。可能性に満ちた社会集団も、外部からの要因や圧力によって崩壊することは少なくない。そこで犠牲というテーマが、賀川の社会観にとって不可欠なものとして浮かび上がる。それは、彼が少年期に家族代わりとなってくれたアメリカ人宣教師から洗礼を受け、人間の救いのための犠牲というキリスト教のテーマを深く意識するようになったことだけが理由ではない。

あらゆる人間関係には、目立たず、当の本人も自覚する余裕がないまま、時間、機会、労力を奪われ、尊重されることなく、それでも誰かや何かの役に立っているポジションがある。犠牲という行為は、自発的に自らを犠牲にする場合と、やむを得ず犠牲になる不可抗力的な場合とに分けられるが、この二つは互いに無関係ではなく、複雑に絡み合っている。犠牲とは、他者の存在や自己を超えた関係性のために、自らの利益を断念し、他者のために活かすことをいうのだろう。そして、その行為が無駄や単なる被搾取に終わることもあれば、より良きもののために現実的な成果をもたらすこともある。

「宇宙悪」と文明観

賀川は、「宇宙悪」という言葉を用いて、現代文明にともなう矛盾を広い視野からとらえようとした。そもそもなぜ、わたしたちを苦しめる、悪と名指ししなければとらえられないような出来事が、この世界と宇宙に生じて来るのか。この問いを生涯、持ち続けていた。

宇宙悪の問題と取り組んだのは、私の十九才の時であった。(中略)その後私はいそがしい日本の社会運動の暇をぬすんで「宇宙悪とその救済」を研究しつづけた。(『宇宙の目的』『賀川

豊彦全集　第一三巻』、キリスト新聞社、一九六四、二九一頁）

このテーマは、わたしたち人間の何かの行いが、他の人間や生きもの、自然を圧迫し、苦しめ、様々な規模のネガティブなインパクトをもたらすことにもつながる。そもそも、この世界（宇宙）に存在している人間が、なぜ、そのような影響をもたらしてしまうのか。

仏教やキリスト教のような世界宗教は、このネガティブな影響の根源を、業や罪といった言葉で焦点化してきた。さらに問いを広げれば、人力によらない巨大地震のような、地球の自律的な自然現象も甚大な影響を及ぼす。こうした結果も、人間にとっては、この世界（宇宙）における悪とみなされよう。悪の範囲は極めて広い。そして、人間や自然、生命などの存在にとって、なぜ好ましく思えない出来事（悪）が生じてくるのかは、哲学的で根本的な問いとして、今後も問われ続けるだろう。

一方、人間にとって悪と思える出来事について、自然法則や偶然、あるいは人間自身の行動による原因として、それ以上を問わない立場も、よく見られる。こうした、法則性や偶然を重ねた理解からは、好ましくない現状に対してどうしようもないという諦念が生まれてくるだろう。したがって、人間の行いによってポジティブな影響を与えられるという信念や思想がなければ、より良い文明を築いていくというヴィジョンも生まれにくい。

太平洋戦争が始まる少し前から、私は宇宙悪の問題を宇宙目的の角度より見直し、宇宙の構造に新しい芸術的興味を感じるようになった。私は宇宙の構築に神秘的発展が、まだ進行中であることを深く感じる。(同、二九一頁)

賀川は、宇宙悪の謎に向き合うことで「宇宙目的」の主題をつかむに至り、次のように概括している。

(1) 宇宙に目的がある。
(2) 宇宙の目的は「生命」の方向に向いている。
(3) 「生命」の目的は「心」(意識) のほうに向いている。
(4) 個性の「心」は社会的、組み立てのほうに向いている。
(5) その組み立ての社会的「心」は歴史的進化発展と宇宙意識の覚醒の途上にある。
(6) それは宇宙の創造進化を可能ならしめた精神の助力を待つ方向に向いている。

(同、四五三頁)

ここで、「宇宙意識の覚醒」、「宇宙の創造進化を可能ならしめた精神の助力」という着想は、『死線を越えて』に書きとどめられた賀川自身の神秘体験にルーツをもつといえるだろう。

そして、こうした「意識」や「精神」についての立場は様々であっても、一人ひとりの行為とその影響の積み重ねによって人類の文明が展開されてきており、今後の文明の行方を、限られた権力者ではなく、一人ひとりが関心をもつべきものと考えるならば、わたしたちの多様な行動と文明を関係づける思考や文明観が不可欠である。それがなければ、文明のテーマは、多くの人にとって単なる知的好奇心を満たすだけのものに終わってしまう。賀川豊彦の文明観は、誰もが関係性を見出すことができる、開かれた観念なのだ。

4　共有文明(コオペラティブ文明)の探求

SDGsの限界

今日では、地球温暖化や貧困などの問題の解決が、持続可能な開発目標(SDGs: Sustainable Development Goals)として、各国政府、企業、NPOやNGO、生産者および消費者、生活者としての個々人の間で、世界的に共有されるようになってきた。

しかし、そうした世界的課題を考える上で、「文明」(civilization)や「文化」(culture)という用語は、これまでのところ、必ずしも前面に出されてはいない。SDGsの一七の開発目標と一六九の指標のなかに「文明」という言葉は含まれていない。しかし、大きなくくりで見れば、人間活動の総体が、どのようなネガティブな影響をもたらし、どうすればポジティブな影響を増やしていけるのかを考えるためには、現代文明の現状とその行方をとらえる視座が不可欠である。

文明という枠組みは、国家や地域の文化を越えて、人間の責任や運命への意識を伴う。政治や経済のみならず、テクノロジーの急速な進展や環境悪化など、あらゆる側面を念頭に考察しようとするものである。細かな具体的な視点から、より大きな抽象的な視点へと自在に行き来しながら、目の前の課題やより大きな課題に取り組んでいく。また、その取り組みの成果を可視化し、共有していくことも求められる。その発想力と柔軟性、そしてスケールをさらに豊かにするために、人類の文明の未来を問う姿勢は不可欠である。

現行のＳＤＧｓには、核兵器の段階的削減、生成ＡＩや致死的自律型兵器システム（ＬＡＷＳ）の暴走を回避するためのルールや基盤づくり、人間の受精卵や遺伝子など生命への過度な介入を抑制する課題など、人類の未来にとって不可欠なテーマが明記されていない。その意味で、ＳＤＧｓという共通目標が設定されたこと自体は特筆に値するが、より一層ブラッシュアップしていく必要がある。実際、ＳＤＧｓそのものも、その前身であるミレニアム開発目標（ＭＤＧｓ）を刷新して設けられた経緯がある。さらに、各国政府や巨大企業の思惑、国際情勢によりＳＤＧｓに盛り込めない課題を、人類文明のテーマとして提起し続けることも重要だろう。

文明という枠組みでは、それらすべてを包含することができる。人類にとって重要なテーマとＳＤＧｓを合わせて考えるとき、文明という用語は適しており、その有効性を基に文明概念を吟味、精査していくことが有益だろう。ＳＤＧｓには、核兵器、ＡＩ、生命工学など世界に巨大な負の影響を及ぼす恐れのあるテクノロジーの問題が含まれておらず、文明的な視点が依然として欠如していることに加え、コオペラティブの観点が明記も強調もされていない。つまり、持続可能な開発目標に取り組むにあたって、共に力を合わせて行動する協同的な活動形態へのフォーカスが不足しているのが現状のＳＤＧｓだといえる。この背景には、あらゆるレベルの共同体における協同と統制の葛藤が潜んでいる。

環境問題に取り組む上でも、それが国益や企業の利益にかなうかどうかという視点を無視することはできない。また、権益を享受する少数者は、自らの特権をさらに拡大しようと考える。ＳＤＧｓの掛け声の下で、権力者や少数者に都合のよい意思決定がなされ、多くの人々が蚊帳の外に置かれて、結果的に受け入れざるを得ない状況は、それ自体が問題をはらんでいる。

こうした観点から見ると、賀川豊彦の文明観は、今日のＳＤＧｓが抱える不足や弱点を補い、そのスケールと包容性、方向性、そして未来性において、多くの可能性を秘めたものとして映る。

共有文明の先駆者

わたしたち人類のテクノロジーは、一方で、物質、生命そのものに改変を加え、他方で、人間の視覚・聴覚といった五感や言語能力、知力を凌駕する生成ＡＩを駆動させ続けている。このような現代文明の現況をとらえ、その行方を展望し、あるべき姿や代替案を提示するためには、ビッグヒストリーの論者が語るように、人類のみならず、宇宙・地球・生命を包括して、それらがどのように発生し、展開してきたのか、現状がどうであり、これからどうなっていくのか、そして、わたしたちはどうすべきかについて、総合的な視座で考察することが不可欠である。

そして、近代日本において、こうした問題に対して有効な文明観を持ち、社会実験に取り組んできた人物が賀川豊彦である。賀川についてより詳しく深く知り、その試行錯誤を吟味すること、具体的な活動だけでなく、彼の中心に生き続ける発想の源をとらえ、検討や議論を重ねることは、二一世紀においてこそ有益であろう。

「その時代の文明、文化の内容は、その地域に住む国民の意識的覚醒の内容によつて、主として決定せられる」。この意識の形式は真善美に対する意識的目醒めの形相が必ず現われて来る。

（中略）

意識の内容は、生命、力、変化、成長、撰択、法則、目的の七要素をふくんでいる（中略）。万国的に又宇宙的に覚醒する意識を私は意味している。

（中略）社会連帯意識の覚醒が深くなるにつれて、協同組合の内容が行動化し、贖罪愛的にまで高められて来、階級闘争や、国際戦争をなくするような、組合経済に迄発展せしめるのである。（中略）だからいくら機械が進歩しても人間の意識が宇宙精神に迄目醒めなければ、人類の解放はあり得ない。」（『新協同組合要論』一九四七『賀川豊彦全集　第一一巻』キリスト新聞社、一九六二、四九五〜四九六頁）

ここから、賀川がコオペラティブに基づく文明、すなわち共有文明（コオペラティブ文明）とも呼ぶべき文明像をとらえていた先駆者であることが、はっきりと分かる。

たしかに、賀川の思想の痕跡を伝える著作や著述は断片的に遺され、彼が手掛けた消費、農林水産業などの各種協同組合をはじめとする社会事業とその遺産も、現代ならではの難題――思想・価値観の危機、ヴァーチャル化する資本主義経済、少子高齢化、過疎化など――に直面している。しかし、戦前戦後の激動にも消えることがなかったその思想は、戦後一五年を生き抜いた賀川豊彦が高度成長期を迎える前に世を去った後も、新鮮な輝きを放ち続けている。なぜなら、多様で自在なスケールでコオペラティブを発想し、展開していくことは、人間活動のあらゆる分野において興味深いチャレンジであり、議論や抵抗に直面しながらも、わたしたちの課題であり続けているからだ。

賀川豊彦は、単に社会事業を行ったのではない。コオペラティブな実験を行ったのだ。彼の事績を外側から眺めるだけでは、感嘆に終わってしまうかもしれない。しかし、彼は世界をコオペラティブとしてとらえ、自らもそれを生きようとした。このシンプルでありながら、無限の多様性を生み出す行動形態は、今後も人類の文明の行方を考える際に、不可欠なテーマであり続けるだろう。

そして、コオペラティブという観点は、人間と人間の関係にとどまらない。人間が、自然、生きもの、つくられたもの（ＡＩも含む人工物）、人知を超えるものとどのような関係を築いていくのかという問題とも深く結びついている。わたしたちは、どこまで自らの都合や欲望を最優先して、これらの存在を利用しようとし続けるのだろうか。

わたしたちが自然や生きもの、つくられたもの、人知を超えるものに働きかけるやり方は、巡りめぐって、わたしたち自身に跳ね返ってくる。コオペラティブを深める意義は、このような負のループを避けるための思想を見出し、強化していくことにある。

共有の思想を豊かにし、共有可能性に関わる倫理的課題を意識し、見える形にしていくことは、わたしたちが望めば、やがて新しい時代の常識になっていくだろう。

さらに詳しく知るための参考文献

賀川豊彦『賀川豊彦全集』全二四巻（キリスト新聞社、一九六二〜一九六四）……ここで取り上げた著作では、第一一巻に「自由組合論」「家庭と消費組合」「社会構成と消費組合」「医療組合論」「国民健康保険と産業組合」「新協同組合要論」など協同組合論、第一三巻に『宇宙の目的』、第一四巻に『死線を越えて』三部作を収録。

Ｗｅｂサイト：賀川豊彦記念・松沢資料館ホームページ（https://www.t-kagawa.or.jp）……同資料館（開館一九八二）が収蔵する貴重な手稿・資料のオンラインデータベース、賀川豊彦の略年譜、英語資料デジタルアーカイブズ等が閲覧でき、『賀川豊彦全集』をはじめ関連書籍・刊行物の情報も豊富で、購入申し込みが可能。

柳宗悦・矢代幸雄・岡本太郎——非西欧の藝術・美術の発信者たち

稲賀繁美

日本の美を追求し、その見解を世界に対して発信した岡倉天心（覚三）の衣鉢を継ぐ近代の知性として、柳宗悦《やなぎむねよし》（一八八九～一九六一）、矢代幸雄《やしろゆきお》（一八九〇～一九七五）、岡本太郎《おかもとたろう》（一九一一～一九九六）の三人を取り上げる。いずれも国粋を海外に喧伝《けんでん》するだけでも、反対に西側社会の規範で日本を値踏みするだけでもなく、両者に会話の可能性を探った思索者・実践者として、比較文明学が取り上げるべき「日本発」の発信者と評しうる。

1　柳宗悦——「民藝」の比較文明史

雑誌『白樺』——世界的同時代性の立役者

雑誌『白樺《しらかば》』は明治四三（一九一〇）年創刊。同年には英国で「日英博覧会」が実施される。その折に和文英文両者で刊行された『国宝帖』、正式には『特別保護建造物及国宝帖解説』が知られる。第一編「日本建築」は伊東忠太《いとうちゅうた》と関野貞《せきのただし》、第二編は岡倉覚三、中川忠順《なかがわただより》、平子尚《ひらこひさし》担当とされるが、第二編は実質上、準備された資料をもとに岡倉が執筆、英文作成も岡倉の口述筆記をラングドン・ウォーナーが補佐したものと推測される。ボストン美術館で中国・日本部門を統括する館員・岡倉の史観・鑑賞眼が反映され、ここで日本美術史の骨格が定まったものと評価される。同年はまたロンドンで**Postimpressionism**と称する展覧会が開かれ毀誉褒貶《きよほうへん》の嵐が巻き起こる。この話題をいち早く学習院仲間創刊の『白樺』誌上に紹介したのが柳宗悦だった。その題名も「革命の画家」（一九一二）とあるが、時あたかも日本では大逆事件《たいぎゃくじけん》による大量検挙が相次ぐ世相を迎えていた。政治上の革命は国家反逆と見做される中、『白樺』はいわば藝術における革命への逃避を余儀なくされた時代を象徴する。

柳宗悦

従来、ともすれば『白樺』派の藝術運動は、極東の島国における無定見な西欧追随と見做される場合が多かった。最新流行を文脈や歴史への理解もないままに取り込んだ結果の、偽りの同時代性という批評である。だがフランスの印象派以降から野獣派に到る作品を展示したロンドンでの「後印象派」展が賛否両論の騒動となり、また一九一三年、ニューヨークを皮切りに開催された兵廠庫《へいしょうこ》展《てん》（**Armory Show**）がこれに劣らぬ論争を招いたことに眼を留めよう。英語圏での前衛美術受容にまつわる騒動とほぼ同時進行で、極東日本における同時代美術紹介が開始されていた。

さらに柳は北ドイツ・ヴォルプスヴェーデの藝術家村に拠点をお

くハインリッヒ・フォーゲラーへも白樺名代で書簡を認めているが、両者の交流や白樺派のロダン作品購入などからは、『白樺』を世界的な同時相互流通のなかに捉え直す必要が痛感される。ドイツ語圏では世紀末からヴィーンやミュンヘンで分離派運動が活発となるが、そこにはヤポニスムス（Japonismus）の影響も顕著であり、中欧前衛藝術運動のひとつの参照項として日本美術が注目を浴びていた。さらに『白樺』はベルリンでのブリュッケなどとも同時代性に刻印されているが、これらドイツ語圏の最新の抽象藝術理論や表現主義（Expressionismus）も、すでに第一次世界大戦前から日本にも紹介され始める。ワシリー・カンディンスキーの『藝術における精神的なるもの』は、一九一三年には『白樺』と「絵画の約束」論争を交わした木下杢太《きのしたもくた》郎《ろう》が紹介している。表現主義については、テオドール・リップスらの「感情移入説」とともに、これを東洋の文人画、南画《なんが》と引き比べ、あるいは遥かに時代を遡って中国六朝の気韻生動説と照らし合わせて美学的に考察する機運も昂じてくる。

さらには世紀末にポール・ゴーガンがブルターニュのポン゠タヴェンなどの港町に藝術家村を営み、追ってカリブ海のマルティニックや太平洋の孤島タヒチへと、文明からの脱出を図った経歴も、日本人藝術家たちの関心を惹く。日本趣味で著名なファン・ゴッホへの熱狂やセザンヌに東洋の隠者にも似た求道精神を見出すような解釈も、とりわけ一九二〇年代には人口に膾炙《かいしゃ》する。そうした機運のなかで、柳宗悦は一九二五年に同志の河井《かわい》寛次《かんじ》郎《ろう》や濱田《はまだ》庄司《しょうじ》と紀州での列車車中で「民藝」概念を練り上げ、翌年には「日本民藝美術館設立趣意書」を発表する。これに先立つ一九二三年の関東大震災の結果、『白樺』は廃刊していた。

「民藝」思想の比較文明史的な射程

「民藝」理念の彫琢の背後には、いかなる条件の競合があったのか。先に岡倉覚三を論じた末尾に、簡単な四象限の図式を示しておいた。「民藝」は国粋かつ保守ゆえに「伝統主義」の範疇に属するとも判断されよう。だが注目すべきは、そこに顕著な「中世主義」そのものが英国のウィリアム・モリスらに淵源を持つ舶来思想の批判的焼き直しだったことだろう。さらにそれは英領インド植民地下の地場産業振興政策とも、思わぬ親近性を宿している。さらにこの両者の触媒《しょくばい》という以上に決定的な要因となったのが、柳自身の朝鮮体験にほかなるまい。

だがその点に触れる前に、補助線をひいておこう。岡倉の東洋（**The East**）は基本的には唐天竺本朝の三部立てであり、中国が儒教の知性、インドが仏教の慈悲の情動、それを総合する日本が美の感性、といった図式も描いているが、その根底には道教が居坐っている。これに対して柳の意識する東洋は中韓日の三幅対であり、「支那の藝術」は「意志」、日本のそれは「情趣」に対して、朝鮮の美は柳に「悲哀」の思いを植え付けた。そこには、大陸の重圧と島国の安逸《あんいつ》との間で苦悶を舐めた半島の歴史を意識する柳の主観が投影されている。日本に併合された半島への柳の同情は、南アジアを植民地支配する大英帝国側為政者同様の、横柄な恩着せがましさとして、かつて韓国側から痛烈な批判を被ったことも、忘れてはなるまい。

先述の「趣意書」には「上手物《じやうてもの》」ではなくあえて「下手物《げてもの》」を称賛し「名無き工人」による無為・無心の造作に「健康」と「自由」を探り当て、そこに「純粋日本の美」を見ようとする姿勢が貫徹されている。この段階ではまだ自分たちの運動からいかなる創作を目指すかは明記されないが、昭和二（一九二七）年には「工藝の協団に関する一提案」で「中世ギルドに模範を見る」組織案を示し、「一　修行／Discipline／自力道　二　帰依／Surrender／他力道　三　協団／Communion／相愛道」という三段階の階梯《かいてい》を提案する。ここには経済的利益と道徳との調和を説くウィリアム・モリス流の社会主義への批判も含まれ、京都の上賀茂《かみがも》民藝協団の発足を見る。翌年の大著『工藝の道』では「奉仕の美」「美は用の現れ」、用と美との結合が「工藝」であり、そこに「器と人との相愛」が実現されると説く。また「没我《ぼつが》」の境地に救済を見る。「没我は個性の否定否認ではなく、解放である」。こうした宣言は、セイロン出身の美術史家、ボストンで岡倉の後を襲って学藝員となるアナンダ・K・クーマラスワーミーの工藝論と比較に値する、と筆者は考えている。ケルムスコット・プレスで『中世シンハラ美術工藝』（一九〇八）を刊行した後者のニーチェ主義は、「究極の利己は禁欲に通じる」と論じ、柳の援用する親鸞の悪人正機《あくにんしょうき》説《せつ》、美醜《びしゅう》の彼方の他力道と、不思議な符合を見せているからである。

　こうした思わぬ符合の裏には、植民地支配の影が落ちている。韓半島で日本側教育者が実施していた欧風様式模倣の刺繍図案に、柳は民族の美の喪失を見て「寂しさ」を隠さない。だが皮肉にもこうした伝統尊重の態度や柳の沖縄民藝擁護の姿勢は、英国植民地美術行政官として著名なジョージ・バードウッド卿の見解にも通じる価値判断だった。「朝鮮民族」の名称に難色を示す官憲側の圧力にも屈せず「朝鮮民族美術館」を京福宮《キョンボックン》に開設しえた裏には、朝鮮総督・斎藤実《さいとうまこと》がかつて海軍で柳の父・楢悦《ならよし》の部下であったという因縁も無視できまい。それに先立ち、柳は浅川《あさかわ》伯教《のりたか》、とりわけ巧《たくみ》の兄弟の導きで、朝鮮の民窯《みんよう》に開眼していた。巧と親交を結ぶ留学生・グルチャラン・シンは、この先インドに帰国してスタジオ陶藝の先駆者となるが、彼はインドから来日した詩人・ジェイムズ・カズンズやセント・アイヴズに窯を開くバーナード・リーチと並び、柳とも深い信頼関係を築いていた。そこには花瓶に描かれた蓮の花の文様装飾を媒体とした東西の文化伝播の跡も辿りうる。第一次大戦終結後のこうしたアジアにおける世界市民的な人脈の網の目（web）解明も、比較文明学の課題だろう。

「仏教的」な「美」の理念的達成にむけて

若き日に浩瀚なウィリアム・ブレイク論を上梓し、ウォルト・ホイットマンにも沈潜した宗教哲学者・柳はまた、学習院以来、鈴木大拙の薫陶を受け、仏教哲学にも深い理解を示す。大拙が『日本的霊性』（一九四四）で紹介した「妙好人」浅原才市《あさはらさいち》の和讃に感銘を受けた柳は、還暦以降、晩年にむけて民藝品に「妙好品」の名を授け、『美の法門』（一九四九）で「無有好醜《むうこうじゅ》の願《がん》」を唱え、「美醜を超えた佛性《ぶつしょう》」への帰依を訴える。そこに「不二一元」の転生を認めることも誤りではないだろう。昭和二七（一九五二）年にはイギリス・デボンシャー州ダーティントン国際工藝家会議に出席する。その講演は追ってリーチの編集を経て英文の *The Unknown Craftsman* に収められるが、東洋の理念を西側世界で通用する言葉によって伝達した意義は少なくない。私見ではメキシコの詩人外交官、オクタビオ・パスの *In Praise of hands: Contemporary Crafts of the World*（New York Graphic Society, 1974）には柳の論考の感化を如実に見ることができる。柳の宗教美学や民藝の趣味には、これに納得しない立場も多々存在する。とはいえ、物質文化に籠もる魂を救い、佛性への信仰を普遍的な言葉で世界に向けて説いた功績は、日本発の学際的探求、比較文明論の精華として、貴重な糧であり続けている。

2　矢代幸雄――比較文明的視点からの日本美術史

西側世界で通用するアジア出身の国際的美術史家

柳宗悦が岡倉覚三の『茶の本』を二〇世紀の中世主義として刷新したなら、ほぼ同世代の矢代《やしろ》幸雄《ゆきお》（一八九〇〜一九七五）は、同じ横浜育ちの岡倉の次世代を担う美術史家として名を残した。横浜の三溪園にタゴールが滞在したおりに通訳を務めた矢代は、一九二一年、欧州留学に旅立つ。西洋美術館の中核をなす松方コレクション蒐集の現場に参与する僥倖《ぎようこう》に恵まれた矢代は、フィレンツェで鑑定家として重きをなしたバーナード・ベレンソンの薫陶《くんとう》を得て、一九二五年にはメディチ・ソサイエティーより英文の三冊の豪華本『サンドロ・ボッティチェルリ』を刊行する。本書は「写実的」「感覚的」「感傷的」「神秘的」の四部構成により、イタリア・ルネサンスを代表する巨匠の画風の変遷を大胆に要約しつつ、同時に先行研究を果敢に批判する。さらに描写された草花、手や髪の毛、衣襞《いへき》といった細部を作品同定の手がかりとする一方、美的観照には光琳や歌麿との比較も辞さない。作品の部分写真をふんだんに取り入れた本書は、欧米で高評に迎えられ、挿絵もウフィッツィ美術館の絵葉書に流用されて人気を博す。矢代は東洋を代表する西洋美術史研究者として、国際的な認知を得る。

帰国した矢代は、直前に逝去していた洋画家・黒田《くろだ》清輝《せいき》の遺産を基に上野に創設された美術研究所の旗揚げに抜擢され、欧州で積んだ研鑽を基礎に、日本美術史の体系的研究と基礎資料集積の基軸を設計・稼働する。また頻繁な外国出張を通じて、欧米に散在する東亜美術の名品調査に先鞭を付ける傍ら、ベルリンでの日本現代美術展やロンドンでの「大中国美術展」（一九三六）などの機会に啓蒙活動にも挺身し、海外にも着実な人脈を構築する。美術研究所所長としては、大戦期の中国滞在で日本占領下の「対支文化工作」、文化財保護に関する行政的な献策を提案する一方、英文冊子による東亜美術の国際認知へも働きかける。第二次世界大戦勃発とともに、英米派と目された矢代は美術研究所辞任を余儀なくされるが、その早期引退を奇貨に、大著『日本美術の特質』（初版一九四三）を戦時下に刊行する。

矢代幸雄

東洋回帰としての『日本美術の特質』

比較文明学的見地から、矢代のこの大著はいかに評定できようか。まず本書は、著者の欧米体験に裏打ちされた「日本再発見」の書だった。それに先立つ講演記録『世界に於ける日本美術の位置』（一九三五）によれば、西洋美術に心酔した自分の眼に、祖国の蔵する東洋美術がいかに映るか、一抹の不安があったという。だが折から展覧されていた大徳寺蔵、牧谿《もっけい》作の《白衣観音《びゃくえかんのん》》を猿と鶴が囲む三幅対に接するや、矢代は東亜の水墨画の傑作が放つ品格に圧倒される。そこにはレオナルドの《モナリザ》やアッシジ聖堂の《聖尼《せいに》キアラ》にも遜色《そんしょく》ない画格が備わっていた。さらに欧州の傑作に漠然と感じていた違和感も、祖国の美術品の「懐かしさ」と裏腹に再認識される。こうして矢代は「世界諸民族の美術の比較」へと誘われた。同時代の洋行者には必然の経験であり、親交のあった和辻哲郎《わつじてつろう》は『風土』(一九三五)で著名となるが、彼もまた船旅の洋行によって初めて日本の風土文化の特質に気づく。

ここで矢代は「他流試合」という比喩を持ち出す。「祖国文化を理解するには、それを世界的批評の試練に立たせなければならぬ」(『特質』序)。日本美術を「世界の諸美術の間に置」いて観察する姿勢は、比較藝術学的な志向とも呼べよう。それは一方で、西側世界の古典に規矩を置く美術批評への再検討をも促す。実際、ボストン美術館での大規模な日本美術展に際して「ニューヨーク・タイムズ文藝付録」に掲載した英文記事(一九三六)で、矢代はグレコ・ロマン古代彫刻に立体造形の意義は認めつつも、それとは異質の仏像彫刻にも別種の「象徴性」を主張する。その反面、西洋美術と比較すると日本美術には「写実性」が乏しいことも指摘する。さらに中国が木の幹ならば日本は枝葉に過ぎないが、枝葉の花が劣位とは限らない、との比喩も援用する。漢詩と和歌、漢字と仮名の対比に由来する比較論である。

一九三六年の英文記事と四三年の『特質』初版とでは、意見修正も見える。西側世界(The West)の物質的優位に対して東洋(The East)の精神的優位を寿ぐ態度は、岡倉の世代のアジア出身の学者が、西洋覇権への対抗言説として頻繁に提示した常套句だった。『特質』の矢代は、この対比の行き過ぎを牽制する。友人の駐日イタリア大使・ジャチント・アウリティが、ミケランジェロには精神性は欠落しているとお考えか、と問うた一件も背後に推測される。

「日本美術」の世界史的な意義確定に向けて

いうまでもなく、矢代の比較文明史的な立論も、時代的な制約を免れるものではない。むしろそれらの条件がいかに矢代の価値判断に働きかけていたかを分析する必要もあろう。と同時に、矢代の議論は逆に、現在の学術が我知らずとらわれている桎梏《しっこく》にも気づかせてくれる。

まず、矢代の議論は、欧州航路の船旅、シベリア鉄道の往還、数度の占領下の中国大陸での視察滞在に裏打ちされている。その稀有な世界体験が、恵まれた知的選良の特権だった時代の産物であることも否定できまい。そのなかで矢代は和辻同様、気候風土が文化に及ぼす決定的な影響を看過することはできなかった。中国では低い評価しか得なかった牧谿の《瀟湘八景《しょうしょうはっけい》》が日本で珍重されたのは、湿潤で靄や霧に包まれがちなモンスーンの島国の気候なしには理解できまい。それは華北の乾燥地帯の澄明な大気を、梅原龍三郎《うめはらりゅうざぶろう》の《北京秋天《ぺきんしゅうてん》》（一九四二）制作現場に北京飯店で居合わせて目撃した矢代の実感だったはずである。ともすれば環境決定論との批判を被りかねない見解だが、空調完備の航空機旅行や都市環境に浸された現代人には、もはや欧州航路で海風を満喫しつつメッシーナ海峡を望見する地中海発見は望めまい。

つぎに、「日本美術の特質」という表題の時代性。国民性に関わる議論は第一次世界大戦後の民族自決意識の高まりのなかで、アジア諸地域の国民国家体制形成期に特有の話題だった。つとに明治維新を経験した日本では、国文学者・芳賀矢一《はがやいち》に『国民性十論』（一九〇七）も知られるが、更に遡れば、三宅雪嶺《みやけせつれい》の『真善美日本人《しんぜんびにっぽんじん》』『偽悪醜日本人《ぎあくしゅうにっぽんじん》』（一八九一）の対をなす文明論、内村鑑三の『代表的日本人』、志賀重昂《しがしげたか》『日本風景論』（ともに一八九四）があり、フランス語版公式刊行の『稿本日本帝国美術略史』導入部にも、志賀の影響は顕著である。矢代と同時代にも、日本の顕勲に取材した戴季陶《たいきとう》『日本論』（一九三四）や林語堂《りんごどう》の英文著作『我国土・我国民』（和訳一九三八）が流行をみた。人種差別が当然視され、アジア・アフリカ出身者の市民権も確立していない時代ならではの自己主張といってよい。

翻《ひるがえ》って今日の文化人類学や文藝の批評理論では、国民国家体制と民族性を一つに括るのは学術的に禁忌となっている。その背景にはとりわけ冷戦終結後の世界的な移民動向、欧州共同体や北米社会での多民族共存、多文化主義の擁護などの政治的要請も絡んでいる。とりわけ日本で流行を見た「日本人論」については、欧米の批判的日本研究者から、その非学問性を糾弾し忌避する論調が高まった。実際には高度経済成長期からバブル経済絶頂に到る時期の日本人の対外的増長とその裏面に隠された劣勢コンプレックス、さらには欧米の日本研究者が先行世代の業績を否定する「親殺し」コンプレックスなどの心理的複合も無視できまい。だがこうした昨今の学術的な「政治的正しさ」の要請は、ふたつの事実を見落としている。一方で痛切な異文化体験が自己の再発見につながる契機、他方では人間が自己の限られた時空的経験を演繹《えんえき》することで帰納的に世界認識を獲得するほかない、実存的な限界。矢代が晩年に残した口述筆記の自伝『私の美術遍歴』(一九七二)はその貴重な証言をなす。

第三に、矢代の使命感とは裏腹の論理撞着。一方で矢代は非西欧独自の美術表現を顕揚するが、他方ではその価値判断の基準としては、あくまで西欧基準を遵守する。泰西の絵画・彫刻の範疇に沿った日本美術を提示するため、浮世絵版画や陶磁器・漆器などは除外する。これは先立つ時代の「日本趣味」(Japonisme)でもっぱら極東の小藝術や応用・装飾美術が骨董扱いで珍重された事態への憤慨だった。日本にも西洋美術に劣らぬ「大藝術」が存在することを誇示するのが、一九〇〇年のパリ万国博覧会に顕著な日本側の対外文化政策だったとすれば、そうした「富の顕示」を反転させたのが岡倉の『茶の本』だった。だがそれが徒《いたず》らに東西対比を煽る結果を招いたことへの反省から、矢代は世界市民意識の高揚した時代の申し子として、軌道修正を図った。だがその結果、却って非欧米基準の日本美術を欧米基準で評定するほかない、という自縄自縛に絡み取られた面がないとは言えないだろう。

*

敗戦後に全面改訂を施した『日本美術の特質　第二版』(一九六五)には英語翻訳の計画もあったが挫折する。時流や政治情勢に呑まれぬ反骨精神とともに、この大著は日本美術の「特質」として「印象性」「装飾性」「象徴性」「感傷性」という、いわば「頼りにならない」定義不明確な鍵言葉に依拠するほかなく、その部立て構成の「枠組み」の脆弱さから、かえって日本美術に造形的原理の骨格が脆弱なことをも立証した。だが反面、その余滴《よてき》というべき『水墨画』(一九六九）で展開した滲《にじ》みや暈《ぼか》しの曖昧・不定形の美学、工藝の復権は、矢代の没後に展開する脱近代の藝術理論に先鞭を付ける、潜在的可能性を孕んでいる。戦後に欧米諸語で公刊された豪華な日本美術出版物の先導的編者として、フリーア賞受賞者・矢代の国際的貢献は、比較文明史さらには今日の **Global Art History** の見地からの再評価に値する。

3　岡本太郎――世界文化史を横断する藝術

パリ仕込みの比較人類学的知見

ある世代から上の日本在住者なら「藝術は爆発だ」のＴＶコマーシャルを記憶されているだろう。また吹田《すいた》の万国博覧会跡の公園に佇立する《太陽の塔》は、一九七〇年の国家事業のほぼ唯一残存する遺跡へと変貌を遂げ、なお半世紀ほどは命脈を保ちそうな雲行きである。

だがこれら知名度の高い展示＝暴露（**exhibition**）で著名な藝術家がなにを目論んでいたのか、はたしてどこまで理解されているだろうか。「藝術は爆発だ」はおよそ破壊宣言ではない。そこには岡本太郎の歴史認識が凝縮されている。すなわち、過去から現在に到る文化的な遺産や財宝の蓄積で瓦斯《ガス》が飽和した袋の口金《くちがね》のところに「現在の自分」が居る。藝術創作とはこの口金に発生する発火・爆発現象の謂だった。そしてその「爆弾はまだ不発のまま、地に埋もれている」との見解もある（岡本敏子《おかもととしこ》）。また《太陽の塔》は、丹下《たんげ》健三《けんぞう》設計の「お祭り広場」中央の円形の空洞を突き抜ける、法外な自己顕示の侵犯行為との印象を抱かせる。だがその内部には世界各地の仮面を配した生命の系統樹が聳《そび》え、その頂点にある顔の眼球からは夜空に電光が発せられた。そして塔の背面の地上間近の位置には「黒い太陽」の「無」が鎮座していた。国籍不明な呪術的な相貌の裏には、世界文化史を横断する人類学的知見が集約されている。

岡本太郎

戦前の漫画家として著名な岡本一平《おかもといっぺい》と、劣らず著名な文筆家・かの子との間に生を享け、一八歳からはパリで青春時代を過ごし、人格形成を遂げた岡本太郎。彼は国籍こそ日本人だが、育ちのうえではフランス人であり、完璧な知的フランス語で思考できる才覚の持ち主だった。ドイツ軍の侵攻とともに一九四〇年に帰国し、初年兵として中国戦線で軍役につくが、日本敗戦とともに、活発な活動を開始する。その間、母は三九年にパリで客死し、四五年の東京空襲で滞欧作はすべて喪失し、四八年には父も失った、徒手空拳《としゅくうけん》の出発である。後年の回想となるが、太郎は繰り返し、日本帰国は日本の牢固たる伝統との対峙・対決により活路を開く挑戦だったと発言する。ともすれば洋行帰りに頻出する先祖返り、故国回帰とは画然として袂《たもと》を分かつ対決姿勢が顕著であり、太郎自らも「対極主義」（一九四七）を標榜した。

「対極主義」の内実には様々な解釈が施されてきたが、パリで洗礼を受けた超現実主義との関連では、サルバドール・ダリお得意の二重像を太郎式に鋳直した形跡が指摘される。《夜》（一九四七）の夜景描写の背景には人物の顔が二重写しに溶け込まされ、ファスナーの口を剝く怪物＝半ば機械化した龍を描く《森の掟》（一九五〇）は、どうやら尾形光琳《おがたこうりん》の《紅白梅流水図《こうはくばいりゅうすいず》》の構図を確信犯的に流用した嫌疑が持たれている。龍が流水の変怪《へんけい》avatarであり、左右の梅は人物へと擬人化を遂げている。「夜の会」発足の同志だった花田清輝《はなだきよてる》は岡本の「対極主義」に、林檎の皮か胚珠《はいしゅ》か、という皮肉な問いを投げかける。思想的内核とその果実表層への表出たる作品表現との間に、必然的一貫性はあるのだろうか。謂うところの「対極」は、むしろ論理的一貫性の欠如や、二重構造を隠蔽するマヤカシの二重底ではなかったか、と。だがあるいは発火の信管《しんかん》＝口金の形態＝独創性の契機と、爆薬（「世界のあらゆる過去の遺産、財宝」）という二重構造を設定し、それを双数の焦点として、両者相互の力学がかろうじて均衡を得る到達点が描く楕円軌道の「破綻の臨界」あるいは発火点を経巡《へめぐ》った遊星、それが、太郎の生涯の軌跡ではなかったか。

敗戦後の権威への反逆と、伝統の再発見

時代の申し子として、前衛の時代に生涯を貫き得た太郎だが、その伝統への反発が、逆説的にも伝統の再発見へと彼を導く。西欧育ちの新帰朝者ならではの特異な価値観や祖国への違和感を糧として、他の追従を許さぬ独自の比較文明論的考察が、ここで見事に「爆発」した。

伝統への開眼には一九五〇年のイサム・ノグチとの出会いも与って力あった。十九年ぶりに占領下の敗戦国・日本の土を踏んだイサムは、土による立体造形で従来の陶藝の桎梏を乗り越えてみせるとともに、埴輪《はにわ》の土偶に霊感を見出していた。矢代幸雄の『日本美術の再検討』（連載は

一九五〇年代、没後一九七八に出版）もイサムの埴輪発見に触れていたが、そのイサムの感化もあってか、太郎は縄文土器に接近し、「四次元との対話」（一九五二）を試み、縄文ブームの火付け役となる。戦前のフランスで親交のあったジョルジュ・バタイユは、ラスコーの先史時代洞窟壁画に、人類藝術の起源を探っていた（一九五五）。最古の遺跡発見が、我々に最新の認識を約束する。フランスでもオセアニア考古学に勤しんでいた太郎の縄文への開眼はバタイユに先んじ、イサムの古墳時代探索よりもさらに深い古層に挑む未知の探訪であり、日本美術の起源を従来の定説よりも掘り下げる、認識の刷新だった。

それに続き京都の古寺や庭園の探訪がなされ（一九五三）その成果は『日本の伝統』（一九五六）に結実する。冒頭の「伝統とは創造である」では、名品を鋭く見抜く岡本の慧眼《けいがん》に瞠目する小林秀雄の骨董趣味に「気の毒」な「もの悲しさ」を懐き、竹山道雄の語る法隆寺中門《ちゅうもん》の中柱の謎には、通ぶった権威の空虚さを指弾して、悪態を憚《はばか》らない。その法隆寺の金堂壁画の焼失は（一九四九）矢代幸雄を慨嘆させたが、太郎は焼亡事件のお陰で却って有名になった法隆寺など「焼けて結構」と坂口安吾《さかぐちあんご》の「日本文化私観」（一九四二）の向こうを張るような啖呵《たんか》を切る。だが古社寺庭園巡りにつれて、この日本文化批判者の毒舌も、徐々に変貌を見せる。縄文土器に西洋前衛 **avant-garde** 藝術をも凌駕する不均衡 **asymmetrical** な空間処理を、また光琳に「非情の美」を見る岡本太郎は、中世の庭の造形に禅には還元しきれぬ「虚と実との対比」、「無を媒介とし、断絶を前提とした」「高次の緊張」、自説とする対極主義の具現を発見するに到る。「借景」を成立させる「無」の媒介項は、超自然の世界と触れ合う「四次元体験」の契機をなす。

それは、「忘れられた日本」再発見の旅程となった『沖縄文化論』（初版一九六一、毎日出版文化賞）でさらに深化を遂げる。久高島《くだかじま》の御嶽《うたき》体験は、追って三輪山《みわやま》山頂の磐座《いわくら》、伊勢神宮の古殿地《こでんち》など、何もない「石ころだらけの神聖な広場」へと太郎を誘《いざな》う。その反面、パリでジャン・アルプから示された桂離宮《かつらりきゅう》の敷石の飛び石などには、写真による抽象的把握と現実の質感との落差に驚かされ、西欧人アルプの日本古典観と、日本人たる自分との「立場の相違」、両者の空隙を埋める思索の必要を痛感する。そうしたなか、大阪万国博覧会の準備の最中にカナダ先住民・イヌイットの石積みイヌクシュックに出会い、「沈黙の石」を積み上げる人間の「造営」によるモノの「変容」に、藝術の本源を見定める認識を得るに到る。

西側世界の世界美術史構想を超える見識

「イヌクシュクの神秘」を端緒《たんしょ》とする連載「わが世界美術史」は『美の呪力《じゅりょく》』（一九七一）さらにはフランス語版 *L'esthétique et le Sacré*（1973）として刊行される。それに先立ち岡本太郎はパリ郊外で、アンドレ・マルローとも意見を交わす。藝術作品の永続性に執着するマルローと、重要なのは「瞬間・瞬間」の「自分の姿」、その生き様であり、作品の将来など眼中にはない、すべては時の流れのなかで毀《こぼ》たれるに任すべしとする岡本とでは、意見は真っ向から対立する。日本美術の洗練を寿ぐフランスの文人に対して、洗練は悪徳だと岡本は嚙みつく。元文化大臣が古墳時代の埴輪を称賛すれば、日本人前衛藝術家は、驚嘆すべきは縄文土器だとやり返す。マルローが想像の美術館に呪物の作品化を託すのに対して、岡本は反対に原初の呪力の再生に「遺産の価値を逆転し」「新しい時代を戦いとる武器」を模索する。だがアフリカの呪物に藝術的価値を認知するマルローも、カナダ先住民の営みに賛嘆を隠さぬ岡本も、聖なるものに宿る呪力が藝術の変容に関わるとの認識だけは共有する。

『美の呪力』が提唱する「世界美術史」は、西欧中心史観が無視してきた辺境に注目する。その巻末の「宇宙を彩る」はユーラシア全体を横断する「綾取《あやと》り」を話題に取り上げる。そもそも日本特有の遊戯だと思っていた綾取りが、世界各地に見られることに岡本は驚く。それは「天と地、昼と夜をくぐり抜け」「整然としながら無限の迷路」をなす神秘の「遊び」。始めも終わりもない循環は、無償なる指先の呪術が生む無垢なる流動。この組紐文《くみひももん》に岡本は「絶望的な永劫回帰」、二匹の蛇が互いの尾を嚙むウロボロス、永遠の輪廻を見る。一九七〇年の大阪万国博覧会開催直前の段階での、この岡本の比較文明学的考察は、西欧中心の世界美術史観を脱却し、今日の**Global Art History**を予見させる。それは世界にも先例のない国立民族学博物館創設を目論んでいた梅棹忠夫《うめさおただお》の民族藝術学への展望とも、見事に呼応する。

本書に含まれる藝術・美学関連の記事をここで眺望したい。奇しくも『美の呪力』で岡本の構想する世界美術史は、岡倉覚三の「双龍《そうりゅう》」が競う玉の暗喩を「転生」させ、柳宗悦が民藝に託した造形意思と無心との循環を受け、矢代幸雄がボッティチェッリ描くヴィーナスに捉えた巻き毛の映像をも反復する。さらにそれは、イスラーム神秘主義探求の美学者、五十嵐一《いがらしひとし》（本書最終項参照）が占めた特異点、地と図とがメビウスの帯よろしく表裏入れ替わり、根拠と無根拠とが相互に戯れる循環のうちに揺蕩《たゆた》う無限運動の謂《いい》でもあったことも見えてくるはずである。

さらに詳しく知るための参考文献

柳宗悦『柳宗悦全集』（全二五巻、筑摩書房、一九八〇～一九九二）……「民藝」創始者の全容を知るための周到な編集による全集。

水尾比呂志『評伝　柳宗悦』（筑摩書房、一九九二／ちくま学芸文庫、二〇〇四）……晩年の弟子による実証的な評伝。文庫版は声楽家として宗悦を支えた兼子夫人の聞き書きを収録。

矢代幸雄『私の美術遍歴』（岩波書店、一九七二）……主として口述筆記による晩年の自叙伝。

岡本太郎『岡本太郎著作集』（全九巻、講談社、一九七九～一九八〇）……文献は最も完備するが初版掲載の写真は脱落。

椹木野衣監修『岡本太郎爆発大全』（河出書房新社、二〇一一）……視覚映像資料を補完する著作。

和辻哲郎――「生きた倫理」と「文明共生の哲学」の探究者

大森一三

1　和辻哲郎は比較文明学者であったか？

和辻哲郎《わつじてつろう》（一八八九～一九六〇）は、日本を代表する最も優れた哲学者、倫理学者の一人である。和辻が作りあげた学問体系は「和辻倫理学」と呼ばれ、明治期以降の西洋哲学を吸収して日本独自の哲学を紡いだ西田幾多郎（一八七〇～一九四五）や田辺元《たなべはじめ》（一八八五～一九六二）の思想と並び、後世の思想界、学術界に多大な影響をあたえている。

だが、和辻が生涯を通じて残した作品の射程は、西田や田辺とは異なり、狭い意味での哲学や倫理学という範囲を大きく越えている。というのも、和辻が残した著作や論文は、ハイデガーの存在論や解釈学などの当時の最新の西洋哲学の議論に関するものから、『論語』や原始仏教、原始キリスト教、そして、ホメロスといった人類の古典思想や古典宗教の研究にまで及び、さらには建築や仏像をはじめとする文化財、芸術作品、芸能について論じたものや、日本思想、日本精神史に関するものなど、その範囲は実に広いからである。

さらに、和辻の最大の特徴は、一見するとバラバラに見えるこうした多岐にわたる自身の仕事の一つひとつを、「倫理学」として連関させ、体系化してゆく点にある。そうすることによって、和辻は一つの文明社会が抱く倫理規範や価値を分節化し、再構成可能なものとして提示し、異なる文明社会の倫理規範との相互理解の可能性や共存の可能性を開くのである。この意味で和辻哲郎の思想は、諸文明の共生を課題とする今日のグローバル社会の先駆的思想であり、「比較文明学」の先駆けであったと言えるだろう。また、和辻の学問的態度は、今日、ますます細かく、狭く専門分化し、分断されてゆく日本の学問に対する批判的モデルとして評価することができるものでもあり、その点でも学際的研究を志向する「比較文明学」と共鳴するものである。

本章の目的は、和辻哲郎の思想の根底にある「比較文明学」との共鳴点を取り出し、「比較文明学」の先駆者としての和辻哲郎像を描き出すことにある。同時に比較文明学者としての和辻哲郎を描写することを通じて、「比較文明学」が何を目ざし、何を果たそうとするのか、「比較文明学」の今日的使命についても明らかにしてゆく。

和辻哲郎の生涯と作品群

和辻哲郎の生涯と作品を紙幅の許す限りで紹介しよう。和辻哲郎は、一八八九（明治二二）三月一日、江戸時代から続いた村医者の父瑞太郎《ずいたろう》、母政《まさ》の次男として、現在の兵庫県姫路市仁豊野《にぶの》に生まれた。和辻は『自叙伝の試み』の中で、明治以降の近代化が進む激動の中で、伝統的な生活や慣習が根付いていた農村で生まれ育ったことが、自身の性格形成に大きく影響したと述べている。特に、中学時代に徒歩で二、三時間かけて通学せざるをえないため、遊び相手や友人ができなかったことは和辻の内向的性格を形成していった。また、和辻にとって、健康な自身とは異なり、病弱であった兄妹の存在（妹かのは和辻哲郎が高等小学校在学時に亡くなった）は大きく、彼の関心を文芸と宗教とに向かわせた。その後、和辻は畏友、魚住影雄《うおずみかげお》の助言を受け、二〇歳のときに、東京帝国大学哲学科に入学する。在学中から文筆活動を開始していた和辻は、二四歳の時に『ニイチェ研究』を、二六歳の時に『ゼエレン・キエルケゴオル』を発表する。両著作ともに、日本における実存主義哲学研究の先駆けとも言える作品であるが、後述するように、和辻独特の学問に対する理念、学問観がすでに強く現れている。また、二九歳の時に発表した『偶像再《ぐうぞうさい》興《こう》』では、日本文化の特徴を世界文化との比較によって描き出すことを試みており、和辻はこれ以降、飛鳥・奈良・平安といった日本の古代の仏像や文化財の研究および儒教、原始仏教、原始キリスト教、古代ギリシャ、ヨーロッパの思想研究に向かってゆく。

和辻哲郎

三〇歳のときに発表した『古寺巡礼《こじじゅんれい》』により、和辻哲郎の名前は広く世間に知れ渡ることになる。この書はタイトルの通り、唐招提寺《とうしょうだいじ》や法隆寺といった日本の古寺およびそこに蔵される仏像のもとへ訪れた和辻による紀行文である。和辻は、豊かな学識と想像力によって、訪れた建築物や仏像の一つ一つを古代インドや中国、ギリシャといった諸文明圏における建築物や芸術作品と比較・考察し、日本の文化、芸術の独自性を浮き彫りにしている。また、後述するように、和辻はこの書の中で、大陸の文明圏からの影響だけでなく、日本独自の文化、芸術の発達経路について関心を寄せており、ここに後年の『風土』へと結実する風土論の契機を認めることができる。

和辻は東洋大学教授、法政大学教授を歴任した後、三六歳の時に京都帝国大学講師（同年七月に助教授）に着任する。『日本精神史研究』や『原始基督教の文化史的意義』、『原始仏教の実践哲学』といった作品を発表した後、四五歳の時に主著の一つである『人間の学としての倫理学』（一九三四）を発表する。同年七月、東京帝国大学倫理学講座の主任教授となった和辻は、その翌年に『風土』（一九三五）を発表する。『風土』は、和辻が三十代の時に留学先のドイツに向かう道中での体験をもとに描かれた比較文化、比較文明論であり、後に谷川徹三《たにかわてつぞう》によって「和辻さんの随所にイデエを見る眼を、最も典型的な形で示しているのが「風土」である」（『風土』解説より）と激賞されている。後述するように、『風土』で示されているのは、たんなる自然地理学や環境決定論とは異なり、諸文明のもつ個性や相違、共通性を歴史的・環境的条件から再構成し、相互理解を促してゆくという文明理解、文明共生のための学問的立場なのである。

一九三七年、和辻は四八歳のときに『倫理学』（上巻）を刊行する。『倫理学』はその後、一九四二年（和辻五三歳）に中巻が、戦後となる一九四九年（和辻六〇歳）に下巻が刊行される。『倫理学』は、近代の西洋哲学、倫理学が有していた個人主義という誤謬《ごびゅう》を喝破《かっぱ》し、人間の共同性や個と全体との往還関係を土台に、人間の構造と倫理の所以を解き明かそうとした大著である。その内容はしばしば批判されるように、世界大戦前後の時代背景と呼応した一種の文化的ナショナリズムの色彩を帯びているが、『倫理学』は、和辻がこれまでに取り組んできた、西洋哲学、思想の研究、日本の精神史研究、そしてそれらをまとめあげることを可能にする解釈学的手法が随所に込められた「和辻倫理学」の体系を示す記念碑でもある。

戦後、一九四九年に東京大学を定年退職した和辻は、敗戦という国家的挫折に至った日本の歴史的原因を閉鎖的な国民性に見出そうとする『鎖国』（一九五〇、和辻六一歳）や、『日本倫理思想史』（一九五二、和辻六三歳）の中で、敗戦の反省と平和国家建設に向けての提言を行っている。

一九六〇年、和辻哲郎は心筋梗塞により、七一歳でその人生を終える。

和辻の生涯は、まさに明治以降の日本の近代化の過程と敗戦の時代と重なる。その限りで、和辻の思想もまた、時代の制約を多く受けている。だが、和辻の思想の根底には、時代の制約を超えて、今日の諸文明共生時代にふさわしい、多元主義的な思想が存在している。次節では、そうした和辻の思想の特徴を『倫理学』の中から取り出してみたい。

2　和辻倫理学における比較文明論

さて、通常『倫理学』という名前を冠した書籍であれば、アリストテレスをはじめとして、功利主義、義務論といった西洋倫理学の思想を紹介してゆくといった内容を誰もが思い浮かべるのではないだろうか。

だが、和辻が構想した「倫理学」とは、こうした狭い学問的伝統の中でのみ通用するような

「倫理学」とは一線を画している。和辻は、従来の倫理学書が、「いたずらに既成の倫理学書の定義や概念を並べ立ててその整理をもって能事おわれり」（『全集第十巻』三頁）としてきたことを批判する。和辻が扱おうとする倫理とは「我々の日常の存在を貫ぬいている理法であって、何人もその脚下から見いだすこと」（『全集第十巻』同上）ができる「生きた倫理」である。和辻が目ざすのは、このような「生きた倫理」を自覚化させる学問＝「倫理学」である。すなわち、およそいかなる時代、いかなる文明圏であっても、人々は何らかの「倫理」や「規範」を携えて社会生活を送っている。であるならば、西洋哲学、倫理学史の中で文字化され、伝承されてきた体系だけが「倫理学」なのではない。異なる文明社会において人々が実際に生き、実現している倫理を自覚化させ、倫理そのものの成立構造を把捉しようとする学問こそが「倫理学」なのである。それゆえ和辻は、倫理学の特徴について「一面においてはまた人間の自覚でもある。人間が存在的に実現するものをここでは反省的意識において反復する。従って倫理学は人間の自覚の体系化である」（『全集第九巻』三六頁）と述べるのである。

とはいえ、『倫理学』上巻の序言で述べられているように、和辻はこれまでの近代西洋倫理学とはまったく異質な「異様な倫理学」を企てているわけではない。たしかに和辻は、西洋とは異なる文明圏の観点に基づいた「倫理学」を提示することも構想している。しかしながら、和辻はたんに西洋倫理学vs東洋倫理学といった構図を描こうとしているわけではない。和辻倫理学は、あくまで「生きた倫理」そのものの把捉を目ざしており、その限りで西洋の伝統的倫理も、東洋の伝統から捉え直された倫理も、いずれもそれぞれの諸文明、歴史的風土の中で捉えられてきた倫理である。和辻倫理学はこうした諸文明の中で異なる倫理が成立する人間存在の構造を解明し、同時に各々の倫理がどのように織り合わされているのかを分節化し、相互の理解可能性を開こうとするのである。

個人主義という誤謬の克服と「人間の学としての倫理学」

こうした目論見のもと、和辻は「人間の学としての倫理学」を構想する。このコンセプトには西洋近代の倫理学が、倫理をたんに個人的意識の問題と捉えようとする「人の学としての倫理学」であり、最終的にはエゴイズムに陥るという根本的な誤謬を持つ、という批判が含まれている。したがって和辻は、孤立的個人の意識に焦点を当てようとする西洋近代倫理学に対し、「人間」すなわち、人と人との間柄に関する学問としての倫理学を提示しようとする。そして、倫理そのものを成立させている共通基盤の成り立ちを解明しようとするのである。

和辻によれば、まず「世間」であると同時に「人」でもあるという、人間存在の二重構造の中にあらゆる倫理の共通基盤を見出すことができる。和辻は、この二重構造を「否定の運動」と呼ぶ。和辻が展開する議論はやや抽象度が高いものなので、適宜その内容を補足しながら説明してみよう。

和辻によれば、一方において個人は何らかの人間の全体性の否定として捉えられる。また他方で、人間の全体性はいずれも個人の否定において成立する、と言われる。つまり、私たち一人ひとりは、一方では各々が独立した意識を持ち、自由な行為を行う独立した個人である。そしてその限りで、一人ひとりは「世間」や「社会」といった何らかの共同体および全体性に回収しきれない存在である。だが他方で、一人ひとりの諸個人は、何らかの「家族」であったり、何らかの国籍を有したり、特定の趣味や思想を共有する集団や共同体のメンバーとなることによって、何らかの全体性を成立させうる。この場合、私たちは諸個人であることを少なくとも部分的には否定し、同一化させることによって全体性を成立させるのである。この意味で、和辻は、諸個人を全体性と個別性の二重の否定を行う「否定の運動」と捉えるのである。和辻によれば、人間の実際の生の根底で働いているこうした二重構造と「否定の運動」こそが、あらゆる倫理の共通基盤なのである。

こうした構造のもとで、良心や自由といった概念も新たに捉え直される。すなわち、良心とは全体性への回帰を促す呼び声であり、自由とは「否定の運動」を起動する否定性そのものということになる。

要するに、和辻が取り出そうと試みているものは、あらゆる時代、あらゆる地域、諸文明における倫理に通底する、倫理そのものを成立させている人間の構造である。和辻によれば、いかなる思想、宗教、社会がもたらす倫理であっても、この二重構造を土台に持たない倫理および人倫的組織は存在しない。ごく少数からなる家族的共同体のようなものから、国家や宗教組織といった共同体に至るまで、個人でありかつ全体性でもあるという二重構造の中で倫理は成立するのである。

和辻が、「人の学としての倫理学」ではなく、複数の人々の間柄＝「『人間』の学としての倫理学」を唱える理由はここにある。倫理は人＝個人の意識分析だけでは把握しきれるものではない。人々の複数性と共同性を前提として「人間」を分析することによって、はじめて倫理の深層に触れることができるのである。

さらに、こうした和辻による倫理の根本構造の解明は同時に、異なる時代、異なる諸文明における倫理の相互理解および共存可能性の論理の土台ともなりうる。というのも、どれほど異質な文明であれ、その倫理の構成のあり方は共通しているのであり、互いに理解可能でありうるからだ。

さらに、和辻倫理学のいのちは、このような倫理そのものを成立させる根本構造の解明だけにあるのではない。和辻はさらに進んで、倫理とは「生きたもの」であり、具体的な空間的、時間的性格を帯びた構造を伴うことを強調する。つまり、倫理とは、具体的な土地や時代のなかで展開されるものである。であるならば、倫理の探究には、具体的な歴史的・風土的構造の探究が不可欠なものとなる。

こうした見方のもと、和辻は従来ヨーロッパにおいて普遍的人間的とされてきたものは、「極めて顕著にヨーロッパ人的であった」。と述べる。和辻は近代の西洋哲学・倫理学が描いてきたものを誤りとし、それに代わる、真正の人間観や倫理を提出しようとしているのではない。むしろ、和辻は近代の西洋哲学・倫理学が描いてきた個人的、抽象的な人間観や倫理も一つのあり方とし是認している。和辻が強調しようとしていることは、あらゆる時代、社会、文明圏で通用する普遍的な人間像は存在しないということであり、それぞれの人間像および倫理は、歴史的風土的に形成されたものだということなのだ。

和辻倫理学の眼目は、異なる時代および諸文明において歴史的風土的に様々な類型として展開される倫理を共存させ、そしてそれらを成立させる人間の根本的構造を解明することにある。したがって和辻倫理学は、一般に「倫理学」という言葉から連想されるものと大きくその内容が異なっているかもしれない。和辻倫理学は、諸文明における倫理に共通する形式と構造を明らかにし、歴史や風土とそこでの社会の展開を考察する点で、地理学や歴史学、民俗学や文化人類学、政治学等を含む総合的な学問なのである。そして、こうした和辻倫理学は諸文明を比較し、文明の構造の解明と共生を目ざす「比較文明学」と共鳴するものだと言えるだろう。

3 「生きた倫理」と「風土」という着想の淵源を訪ねる——ニーチェ、古寺巡礼、解釈学

さて、ここまでで和辻倫理学は、日常を貫いている「生きた倫理」の探究を目ざすものであり、また、そうした倫理を成立させる人間の根本的構造を解明する「人間の学」であることを確認してきた。そして、そうした「生きた倫理」は、具体的な歴史や風土の中で展開されるものであり、その限りで「倫理学」は諸学を横断する総合的な学問という性格を帯びることを見てきた。本節では、和辻が倫理学の探究の際に必須とした「風土」という要素を分析する前に、和辻が重視する「生きた倫理」の探究および「風土」への着目という発想が、どこから由来したものであるの

かを探究してゆく。あらかじめ見通しを示しておくならば、和辻がこうした着想に至った端緒として、「ニーチェ研究」「古寺巡礼」「解釈学」の三つを挙げることができるだろう。

ニーチェ研究と「生きた倫理」

和辻の最初の哲学論文である『ニイチェ研究』の中に、「生きた倫理」という発想の端緒を認めることができる。したがって、「生きた倫理」の淵源《えんげん》の一つはニーチェ解釈である。

和辻によれば、ニーチェの最大の功績は、西洋哲学が犯してきた過ちを喝破したことにある。西洋哲学は、もともとは人間の生から抽象し、取り出したにすぎない「概念」によって、反対に人間の生を縛ってきてしまったのであり、ニーチェはその点を批判した、と和辻は解釈する。和辻は次のように述べている。

概念はただ符牒であって、その指す所のものは常に変転し流動しているのである。……哲学はこの実在に即したものとしてのみ真の意義をもつ。しかるに哲学の「体系」は常に固定しようとする。体系学者はニイチェの言う通り精神が生きてあり潑剌《はつらつ》として生長するものであることを忘れているのである。(『全集第一巻』四一～四二頁)

和辻はニーチェによる真理観の転換を重視している。ニーチェは、真理を固定的で普遍的なものとして確定しようとする態度を拒絶し、真理を、生を活性化させる多元的なものとして捉え直そうとしたのである。こうした見立てのもと、和辻は同書で哲学と諸科学との関係について次のように述べている。少し長いものであるが、引用する。

真の科学は「わかったもの」を「わからないもの」にしなければならぬ。凝固した価値を打破して常に新しき解釈を築き上げねばならぬ。何らの偏見もなく赤裸々に現実に突き当たり、そこに全然生に即した解釈を造らねばならぬ。征服と創造とに努むる生はこの解釈を武器として、さらに偉大なる進行をなし得る。解釈は常に変移するゆえに、生に対して常に新しく鋭利な武器となる。哲学が科学と提携し得るのはかくのごとき場合である。（『全集第一巻』一〇四頁）

和辻は、ニーチェの思想を人間の生を刺激し、活発化させる創造的な営みとして受けとめた。和辻にとって、ニーチェとは、硬直化し、平板化した西洋哲学および形而上学を、「生」を活性化させる力へと転換しようとした改革者なのである。

和辻によるこのようなニーチェ解釈は、『倫理学』における「生きた倫理」という発想と通底しているように思われる。というのも、和辻が求める「生きた倫理」もまた、ニーチェと同様に、近代の西洋哲学が密かに前提としてきた、普遍的で確固不動たる真理や人間像を拒否し、人間の生を刺激し、活発化させようとするものであるからだ。和辻倫理学は、そうした「生きた倫理」の導出を志向し、人間の生を活性化させようとする新しいタイプの「倫理学」なのである。

古寺巡礼と「風土」への着目

また、同じく最初期の作品である『古寺巡礼』の中に、和辻倫理学のもう一つの特徴である「風土」へと連なる問いが示されている。『古寺巡礼』で和辻は、日本の古寺およびそこに蔵される仏像を古代インドや中国、ギリシャといった諸文明圏における芸術作品と比較・考察し、日本の文化、芸術の独自性を浮き彫りにしようとしている。重要なのは、その中で、弘仁《こうにん》期における建築形式や仏像、諸文化の中に、大陸の文明からの影響の痕跡を認めると同時に、独自の日本文化の展開としても評価しようとする箇所である。和辻は次のように述べている。

> ここに注意せらるべきことは、問題が単に輸入と咀嚼とのみにかかわっていないということである。衣《い》冠《かん》束帯《そくたい》や十二ひとえや長い髪というごとき趣味の変遷は、ただ模倣から独創に移ったというだけのものではない。寝殿造りや仮名文字の類は、咀嚼や独創について最も有力な証拠を与えるものとせられているが、しかし仮名文字は漢字の日本化ではなくして漢字を利用した日本文字の発明であり、寝殿造りも漢式建築の日本化ではなくしてシナから教わった建築術による日本式住宅の形成である。すなわちこれらの変遷は外来文化を土台としての我国人独特の発達経路と見らるべきである。（『全集第二巻』一一三～一一四頁、強調は原文のもの）

和辻は日本古来の建築や仏像を訪ねる中で、それらに影響を与えた大陸の文明の跡を追ってゆく。しかし、当然のことながら、あらゆる創作物は他者からの影響だけで説明しきれるものではなく、独自の発達を辿るものである。であるならば、そうした独自の発達を促す経路とはなにか？　この問いこそが後に「風土」に繋がっていったと考えることができる。

すなわち、『古寺巡礼』の中で、和辻が取り上げた仏像や仏画は、それ自体が一種の文明交差路であるといえる。一つの仏像には朝鮮半島や、中国、西域、インド、ビザンティン、ギリシャといった、相異なる時代と地域の——つまり諸文明の——遺伝子が織り合わされている。それと同時に、日本の風土と歴史性を帯びた独自の遺伝子も込められているのである。和辻は、豊かな想像力と鋭い観察眼と解釈学的手法をもって、一体の仏像に秘められた、異なる諸文明の遺伝子の解析を行っているのである。そして、「風土」の構造についての本格的な考察は、『古事巡礼』より一六年後に発表された『風土』で行われることになる。このように見るならば、和辻初期の作品である『古寺巡礼』で伏流水のように流れていた問いが、次第に奔流となって結実したのが、『風土』なのである。

ディルタイの解釈学からの決定的影響

ここまで和辻による「生きた倫理」の探究および「風土」への着目の淵源を、『ニイチェ研究』と『古寺巡礼』とに認めてきた。しかし、こうした和辻の着目を方法論的に確立させたものは、ディルタイ（一八三三〜一九一一）による解釈学からの影響であることは間違いない。和辻は、『人間の学としての倫理学』の中で、ディルタイについて次のように述べている。

ディルタイの説く生・表現・了解の連関は、その「生」が人間存在として把捉《はそく》せられるときに、その優秀なる方法的意義を発揮し来たると思う。表現はあくまでも個人的であるとともに共同的であるところの生の表現である。意識的努力において把捉し得られない主体的な人間存在は、ただ表現においてのみ己れをあらわにする。すなわち意識せられるよりも先に表現せられ、表現を通じて初めて意識にもたらされ得るのである。ここに主体的実践的な人間存在を主体的に把捉する道が与えられている。(『全集第九巻』一六二～一六三頁)

和辻は、ディルタイの解釈学を「個人的なるとともに共同的であるところの生の表現」を解釈する方法論として受容していった。諸文明における様々な文化様式や行動様式、表現の一つ一つは、その奥に内在している「生きた倫理」の「しるし」なのであり、そうした諸文明における生のあり方を解釈するものが、解釈学なのである。そして和辻は、こうした解釈学と倫理学とを重ねて捉えており、次のように述べている。

生の表現とは間柄としての存在の表現であり、この表現の理解はおのずから人を倫理に導く。逆に言えばあらゆる間柄の表現は、すなわち社会的な形成物は、ことごとく倫理の表現である。従って倫理学の方法は解釈学的方法たらざるを得ない。(『全集第九巻』一七五頁)

和辻はニーチェ解釈を通じて「生きた倫理」を探求する必要性を自覚した。また、『古寺巡礼』での日本古代の建築や仏像、文化様式を通じて、他文明からの影響ではない、文明固有の発達経路を探究する必要性に気づいた。そして、ディルタイの解釈学と出会うことを通じて、これらの必要性を学問的方法論へと昇華させることに成功したのである。このように見るならば、和辻倫理学とは、「生きた倫理」の探究と「文化史的、文明論的探究」のハイブリッドであると捉えることができる。そしてそれは、人間の普遍的で唯一あるべき生のあり方を導出しようとするものではなく、諸文明における多元的な生のあり方と「生きた倫理」の相互理解と共存を可能にする学なのである。

4　和辻倫理学および比較文明学の今日的意義

前節では、和辻が重視する「生きた倫理」の探究および「風土」への着目の淵源を探究した。その結果、和辻の初期の作品を通じて培われたこれらの発想が、ディルタイの解釈学を通じて、初めて学問的方法論として確立したこと、そして和辻倫理学が、「生きた倫理」の探究と「文化史的、文明論的探究」のハイブリッドとして解釈可能であることを示した。最後に本節では、和辻が倫理学の探究の際に必須とした「風土」あるいは「歴史的風土的構造」という事柄を考察し、和辻倫理学およびそれと共鳴する「比較文明学」の今日的意義を明らかにしてゆく。

人間存在を捉える際の不可欠の構造としての「風土」

これまでも繰り返し見てきたように、和辻が探究するのは「生きた倫理」であり、それは具体的な場所や時代のなかで展開されるものであった。したがって「生きた倫理」の探究には、歴史的・風土的構造すなわち「風土」の探究が不可欠なものとなる。ここで注意しておかなければならないことは、和辻が語る「風土」とは、客観的に捉えられた気候や地質といった自然環境とは異なるという点である。「風土」とは、何よりもそこに生きる複数の「人間」を「取り巻いて」いるものである。たとえば冬の寒さを感じるのは、独立した個人がそのように感じているというだけではない。通常、冬の寒さを体験するのは私一人だけではなく、そこに生きる集団＝「私たち」もともにそのように感じていることを前提にしている。それゆえ、「私たち」は共に寒さを体験することを前提に言葉を紡ぎ、寒さを防ぐための技術を展開してゆく。したがって、「風土」とは、個人を取り巻くものではなく、より適切には、間柄存在としての「私たち（人間）」を取り巻くものである。

さらに私たちは、そうした「風土」の中で生きるために、様々な建築物や技術、慣習、表現をつくりあげる。（個人ではなく）人間は、このようにして常に何らかの歴史的風土的構造を帯びて現れる。つまり、「風土」とは、たんなる自然環境を意味するものではなく、人間のあらゆる歴史的営為と不可分なものであり、人間存在を把握するのに不可欠な契機なのである。

和辻はこうした観点に基づいて、「時間」を軸に客観的で普遍的な人間像を描いてきた西洋の哲学による人間理解の限界を指摘する。和辻によれば、人間存在を把握するためには、時間性だけではなく、空間性を含む歴史的風土的構造を組み込んで考察しなければならない。こうした和辻の発想は、理想的で普遍的な文明のあり方の唯一解を探究するのではなく、個々の「風土」によって培われた人間の営み、すなわち人間の文化や技術、宗教や慣習といった「生きた倫理」を含む多元主義的な文明のモデルを探究する地平を開く試みであると言える。この試みは、特定の文明の絶対性・独善性を棄却し、諸文明を相互に比較・考察することを試みる「比較文明学」と軌を一にするのである。

「風土の型」という問題——比較文明学の使命

以上のような前提に基づき、和辻は地球上のいくつかの文明圏に対して、「風土の型」に基づいた文化類型論、比較文明論を試みている。具体的には、東アジア、南アジアを域とする「モンスーン」、アラビア、アフリカを域とする「沙漠」、西ヨーロッパを域とする「牧場」という「三つの類型」がその代表である。和辻はこうした類型に基づき、それぞれの地域で発達した宗教や慣習、技術や倫理、人々の気質の相違といった文明のタイプの相違を描きだしている。そしてこれは、和辻倫理学の具体的展開でもある。つまり、人間社会の「生きた倫理」とそれを生み出す人間存在の構造に対して、宗教学、社会学、考古学、民俗学、文化人類学、地理学、歴史学、政治学、哲学といったあらゆる人間知を総合して迫ろうとする倫理学的探究なのである。

だが、果たして今日、和辻のこのような文化類型論・比較文明学をどこまで前向きに評価できるだろうか。たとえ、和辻の文化類型論が環境決定論や特定の文明のあり方の優位性を主張するような自民族中心主義とは異なるものであることを強調したとしても、特定の地域圏における宗教や倫理、技術や慣習に対し、任意の類型を当てはめて、その特徴を解釈しようとする姿勢は、一種のレッテル貼りであり、どこまでもオリエンタリズム的観点が含まれてしまうものなのではないだろうか。これは和辻の文化類型論に対する批判であると同時に、「比較文明学」に対する根本的な批判でもある。

　この批判に対しては、和辻の次のような言明を一つの応答と見なすことができるかもしれない。和辻は、上述の「三つの類型」についての説明を終えた後で、この試みの意義について、次のように説明している。

> 風土の限定が諸国民をしてそれぞれに異なった方面に長所を持たしめたとすれば、ちょうどその点において我々はまた己れの短所を自覚せしめられ、互いに相学び得るに至るのである。またかくすることによって我々は風土的限定を超えて己れを育てて行くこともできるであろう。
> （全集第八巻　一一九頁、強調は原文のもの）

　つまり、和辻はこうした風土に基づいた文化類型論を他者および他文明を規定的に評価し、理解する尺度としているわけではないのだ。和辻のこの見解を積極的に受けとめるならば、和辻の思想はむしろ、互いの風土を理解することにより、自己の風土的限定を理解し、かつそれを超えてゆくという自己理解、自己変容の知として解釈することができる。すなわち、二一世紀の哲学的文脈に則していうならば、私たち自身の批判的存在論であり、私たちに課された歴史的限界の分析とその限界を突破する自己変容のための知を示すことが、和辻の文化類型論および比較文明学の今日的意義なのである。

さらに詳しく知るための参考文献

『和辻哲郎全集：第三次、増補改版』（全二七巻、岩波書店、一九八九〜一九九二）……和辻の著作、論文、エッセイ等を収録した全集。なお、代表作である『人間の学としての倫理学』や『風土』等は、岩波文庫でも入手可能である。ちなみに全集（第二次）第五巻の月報（一九七七年三月発行）では、湯浅泰雄によって、和辻の思想を比較文明論的に読むことの意義について述べられている。

子安宣邦『和辻倫理学を読む――もう一つの「近代の超克」』（青土社、二〇一〇）……和辻倫理学の中に伏在している「ヨーロッパ的近代の克服」および「昭和ナショナリズム」という思想的課題を取り出し、和辻倫理学の持つ意義と問題を鮮やかに描き出した一冊。

牧野英二『京都学派とディルタイ哲学――日本近代思想の忘却された水脈』（法政大学出版局、二〇二四）……『人間の学としての倫理学』で、和辻自身が述べているように、和辻の思想形成にディルタイ哲学という契機を欠くことはできなかった。本書は、和辻のみならず、西田幾多郎、田辺元、三木清といった京都学派の哲学者の根底に流れる、ディルタイ哲学からの影響・対決を解釈学的に再構成し、京都学派の思想の再評価を試みている。

中村元——比較思想から比較文明へ

保坂俊司

1　はじめに

「一番槍」としての比較思想研究

本小論で、比較文明学の先駆者として検討する中村元《なかむらはじめ》博士（一九一二～一九九九。以下敬称略）は、衆知のように、哲学者・思想家、特にインド思想研究の世界的権威であり、また日本を代表する仏教思想の研究者、そして何より比較思想という新しい学問分野を開拓し、その学問的な方法論の構築に生涯を捧げた世界的な思想家であると同時に、比較思想という視点から広範な学問領域にまたがり、厖大な業績を残した研究者としても広く世に知られている。その中村比較思想学の業績を、比較文明の先行研究として検討しようとするのが、本小論の試みである。

周知のように、中村の業績は広い学問領域に及び、またその量も膨大であり全貌を捉えることは難しい。それは中村が、日本の細分化され硬直化した思想領域の研究の現状を超克しようと、自ら「一番槍」と称してその傾向に挑戦した結果であった。中村は、その自伝的な『学問の開拓』（以下『学問』）、あるいは、敗戦直後に出版された『東洋人の思惟方法』（みすず書房）の冒頭において、比較思想学の重要性を論じている。その結果中村は、新たに比較思想の方法論を開拓し、その確立に心血を注いだ思想研究者である。中村は諸思想の比較を通じて、人類の知的営為の産物である思想の中に見いだせる普遍的な真理を明らかにする道の開拓、言い換えれば、真理追究の道を切り開こうとしたのである。さらに、中村にとって思想研究は、単なる知的好奇心を満たす目的で為されたものではなく「平和への門を開く」ことを目指すものという意味で、これは中村比較学の特長でもあったこの点で、中村比較思想の目的は「未来志向の学」としての比較文明に通底するのである。

中村は、思想研究に権威主義や独善性を排除し、真に「人々に受け入れられる思想研究」としての比較思想学の構築に勇猛果敢《ゆうもうかかん》に邁進した（『学問』二三頁以下）。これを中村は自ら新たな思想研究のための「一番槍」を果たすと称して、先頭切って膨大な業績を世に問うた。その業績は、各方面で高く評価された。ところが、この中村の業績の全体的な把握やその学問的な評価となると、いまだにその全体像、さらにはその位置づけは、端緒についたばかりである。例えば一般向けではあるが、『中村元の世界』（青土社、一九八五）、さらに生誕一〇〇周年を記念して出版された『河出道の手帖中村元』新装新版（河出書房新社、二〇一二）ともに、これを各領域の研究者が、それぞれの立場から検討したものであるが、個々の領域の位置づけは明瞭となっても、中村の思想研究の全体像の把握は、残念ながら不十分といわざるを得ない。なぜなら、前述のように、中村自身が従前の細分化された思想研究の限界を、あるいは弊害を超えるために、脱領域的研究を志向していたために、その評価には、新たな視点が必要であるが、その視点は未構築であった。しかも、その全体像を体系的に把握する視点は、後述するように中村自身にも明確化されているとは必ずしも言えない。

筆者は、それを可能にするのが、「多元的・全人類史」という枠組みを持つ比較文明学において、可能となると考える。それは、比較文明に関しての伊東俊太郎博士（以下敬称略）の文章により明らかである。伊東は比較文明学の入門書である『比較文明を学ぶ人のために（引用では比較文明学と表記）』世界思想社、一九九七、一三〜一四頁において「筆者（伊東）の比較文明的見地は、もちろん、前者のヨーロッパ中心の考え方（一元的な文明発展段階説＝引用者注）を否定し、文明の多元的発展を主張する点において、後者の「多文明圏説」（トインビーなどが主張した文明説。引用者）に与するものであるが、しかし、これらの文明圏を縦に並べて、それぞれを孤立させるのではなく、それらの文明の発展を全体的にみて横に比較し関係させる枠組みをも設定し、よってもって人類の地球上の文明の統一ある発展を明らかにしたい。その場合、その基準となるものはかつての「発展段階説」のような西欧中心の局地的見地に基づく単線的なものではなく、あくまでも世界大の文明の展開をすべて包含するグローバルな多元的・全人類史的なものでなくてはならない」と述べている。

中村元

この伊東の「多文明交流圏説」とも言える比較文明学によっては、中村比較思想の学問的位置づけも、またその膨大な業績の全人類史的な視点からの意義付けも明確化できると筆者は考える。なぜなら中村比較思想学は、前述したように伝統的な思想研究の枠を超えているがゆえに、広範囲な領域を射程に収める比較文明学からのアプローチが、その全体像を理解する上で非常に有効と筆者は考えるからである。

いずれにしても本小論は、中村比較思想学を比較文明学から検討するという新しい中村思想研究の試みである。

中村比較思想学が目指すもの

まず、中村の比較文明学者としての検討に入る前に、中村がその学問としての確立を主導した比較思想について、検討しておこう。なぜなら中村比較思想も、伊東が推進した比較文明も、どちらも多くの研究対象の比較を中心に思想研究を行うという点で、日本的な学問の伝統を共有している。つまり、両者の学問の中心に、比較を位置づけるのは、伊東が「早くから東洋の諸文明を咀嚼し、近代において西洋文明を受容したわが国は、文明の相対性というものを身をもって経験しており、諸文明の対話と融和を自己のなかに相当程度実現してきた」（『比較文明学』五頁）と指摘するように、比較研究というのは、思想研究でも、さらには文明領域においても、日本の思想伝統において特に強く意識されてきた視点でもある、ということができる。というのも、日本は古来東西文明の終着地点であり、それらの思想を比較し取捨選択してきた歴史があるからである。比較は、いわばその伝統の中で育まれた日本文明の知恵の根本を形成する知的営為の鋳型である。そして、中村が「比較」を、思想や文化、さらには文化、文明研究の中心に置き、学問的な方法論を確立したことは、日本の比較思想、比較文明両学問の大きな成果である。ただし当然であるが、中村の文化、文明の認識は用語も含めて、伝統的な領域の理解に止まり、比較文明学的な体系的な解釈はしていない。そのために、文化と文明の明瞭な区別に関しては、日本近代以降の一種の混乱、少なくとも未整理な部分が残っている。

もちろん、思想や文明の比較という学問的な方法論は、洋の東西を問わず見いだせるが、特に、戦争後の日本においては「歴史的にも地理的にも公平な文明比較を行いうる素地がつくられつつ」(『比較文明学』五頁)あり、この点をまず中村が思想面で実践し、さらに伊東がそれを文明のレベルで追究し、発展させたのである。ここにも両学問の連続性も見いだせるのである。この点は、比較文明学会創立四〇周年記念出版編集委員会編『人類と文明のゆくえ』(東海教育研究所、二〇二二)が詳しく扱っている。

以下では、中村の比較思想、さらには比較文明に関して、その特長を概観してみよう。

中村の比較思想研究は、日本における思想研究の中心である哲学研究の現状への危機意識から生まれたものである。つまり、日本の哲学研究が「「だれだれの思想について」といった固有名詞つきの思想研究、局面的な研究が多く、思想そのものを追究する気構えが弱いように見受けられる。」(『学問』二一頁)とその現状を批判的に分析する。その上で「思想そのものを問題とするには他の潮流における類似した思想と対決して、特殊的なもの、偶然的なものを洗い落して、本質的なものを取り出す必要がある。そのための手続きとして当然必要になるのが、世界の諸思想潮流との比較である」(同)と述べている。

中村は「「比較」という手法によって解明する学問の開拓に微々たる力を注いだが、それは自分にとっては大変大きな部分を占めるのである。」（同、二〇〇頁）と述べた上で、その方法論の構築に生涯を捧げたと云っても過言ではないが、その方法論の基本は、「人間の精神作用の奥にある迷い（無明）があるという、その一つ一つを取り上げると、これは東西のどの文化圏・思想圏でも問題にされていることである」（同、二〇二頁）として、人間精神の根本的な課題を「人間にとっての、普遍的な問題」（同）つまり共通の問題とするのである。その上で諸問題の共通の分母を取り出して座標軸を設定する。つまり「世界のもろもろの文化圏におけるもろもろの文化伝統において、平行的な発展段階を通じてみられる共通の問題の設定」（同）をし、これを基準に広く諸思想を比較すること、それは、特定の思想解釈における独善的な価値観からの解放を目指すものである。

つまり、比較思想研究は「もっと広い視野から考察する」（同、二〇三頁）ことが、人類にとって、特に現在のように文明の発達が地球を「「狭く」し、世界を一つの方向へ進めつつあり、われわれはその中から逃げることなく、そこに発生する諸問題と対処しながら、「いかに生きるべきか？」を自分自身で考えていかなければならない」（同、二〇七頁）時代においては、思想研究の使命である、と中村は考える。

こころを取り戻す――現代文明への危機感

この中村の意識は、比較文明学の目指す方向性と通底している。中村は「人間を最高のものとみなしていた近代的なものの考え方（思惟）は、現代には重大な危機に直面する」（同）との認識を示し、その一例として「人間が個性を失って平均化してしま」う結果を招いている、と中村は指摘する。そして、その原因は、近代西洋科学文明に支えられた技術の進歩により「人間のあらゆる側面を物量化し、測定し、そのあげくに、人間そのものを物量化」し、人間が「個性を失って平均化してしまった」（同）、つまり人間存在すらも物量化する近代文明の基本思想にある、という認識が基本にある。その結果、現在文明においては、「人間が人間でなくなる」（同）という深刻な事態となっている、という理解である。

そして、このような深刻な事態を招いた原因が、近代西洋文明を支える機械論的世界観と、それに支えられた唯物思想であると中村は考えている。つまり、あらゆるものを「物量的に測定されうる利害得失の損得計算をたえず考えなければならないから、人間の感情の豊かさ柔軟さが失われる恐れがある」（同、二〇七頁）近代西洋文明への批判的文明認識である（同）。そして、中村は、この「機械技術を駆使する物質的・経済的な側面と、それを使いこなす人間の精神面・心理的な側面とが乖離《かいり》」（同、二〇八頁）することの解決策として、思想の比較の必要性を説く。

というのも、唯物思想に支えられた近代文明においては、人間の精神世界は軽視され、その結果「エゴイズムに駆られがちな人間の我執を、ますます深くした」（同、二一〇頁）という情況が生まれたのであり、その結果として、現在我々が直面する環境問題、格差、差別の問題などの世界規模の諸問題が引き起こされている、と指摘している。特に、近代西洋文明が持つ独善性と、そこから生まれるエゴイズム、さらには偏狭なナショナリズムへの強い反省がある。この点を中村は、『宗教における思索と実践（以下『思索と実践』と略）』（毎日選書、一九四九、五一～五二頁）で、「西洋の哲学思想に何がしか冷たいものを感じた」と述べている。中村は直接西洋文明そのものへの批判的な視点は表現していないが、この「冷たい」という表現の真意は推測できる。中村は、近代西洋文明を支えていた啓蒙思想の表裏を冷静に観察していたのである。その点が、西洋中心主義のスタンスに無意識に立つ欧米、さらには日本の哲学者や思想研究者と異なる点であり、比較文明学の日本における先駆者の一人として位置づけられる理由である。

中村のこのような思想が形成された背景には、特に近代西洋文明への無批判で、過剰な適応を通じて形成された、偏狭で自己陶酔的な日本近代のナショナリズム、学問も結果的に例外ではなかったが、それらへの批判があった。それは自らが体験した、自国の民のみならず、東ユーラシアの諸地域に甚大な損害を与えた大東亜戦争へ導いた、日本の近代以降の知のあり方への深い思想的な反省から生じている（『思索と実践』五頁以下）。

そのために中村は、一九世紀以前の地球を覆う近代西洋文明が根底に持つ、西洋中心主義思想の限界を修正し、真に人類の幸福を目指す普遍思想を構築することが必要と考えていた。そしてそのための手段として諸思想の比較を主とする比較思想を開拓したのである。というのも、中村は自己中心的な西洋の思想と、特にインド思想との比較をつうじて、その偏狭な独善性や自己陶酔的なナショナリズムの克服が、人類の平和共存思想の構築に不可欠と考えていた。なぜなら、比較を行うことで、自己の相対化と他者への思いやり（慈悲）の思想が育まれる、と考えるからである。そしてその先に、寛容思想や共生の思想が生まれると考える（『学問』二〇六頁以下）。

この近代西洋文明が生み出した人間性喪失の思想からの解決策、つまり「人間回復」（同、二〇八頁）の学を中村比較思想学は目指しているのである。

以上のように中村比較思想学は、「文明の相対性というものを身をもって経験し」（『比較文明学』五頁）た日本文明の伝統に立脚しつつも、より現代的で普遍的な思想研究の学であり、何より優れた比較文明学と位置づけられると筆者は考える。

2 中村比較学の基本精神

中村比較思想と比較文明学との接点

以上のように中村比較思想は、優れた比較文明であるが、ではその比較に関して、中村自身の比較学の方法論の原点であり、中村の文明論とも云える『日本人の思惟方法』を例として、比較文明学から簡単に検討してみよう。

すでに概観したように、また比較文明的に周辺文明に属する日本文明においては、外部の文明の連続的な摂取を基本として、その文明を構築してきた。それ故に、新たな文明の受容に際しては、常に既存の文明、つまり自文明との比較検討が必然的に重要なテーマとなってきた。その意味で伊東のいうように日本文明においては、「歴史的にも地理的にも公平な文明比較を行いうる素地がつくられつつ」あったわけである（伊東俊太郎『比較文明学』五頁）。しかし、その方法論は、必ずしも明確化され得るものではなかったことも事実である。

例えば、近代以降に限ってみても、広い意味での日本文明論は厖大にあり、また多種多様な視点から提示されてきた。それは多様性というよりは無規定、あるいは主観的な日本論である。例えばその一部ともいえる日本人論に関しても、近代以降の代表的な日本人論をダイジェストしただけでも一冊の書物になるのである（南　博《みなみひろし》『日本人論――明治から今日まで』岩波書店、一九九四など参照）。この現象を生み出している背景には、典型的周辺文明であり、かつユーラシアの諸文明のターミナル的存在である日本文明の構造的な複雑さがある。つまり、ユーラシア全土に由来する諸文明の集合体、それも決して体系的とはいえないという意味で諸文明のコラージュとして成立しているのが日本文明であり、それゆえに豊かで多様、そして何より柔軟な文明の諸相を持つ一方で、その体系的な理解が難しい。そのために、日本の文明理解の振り子は、排外と拝外の両極端を常に揺れ動いてきた。そしてその大きな原因の一つが、自国の文明を大局的に把握する巨視的視点の欠落である。

この点で中村の日本論は、東洋の諸文明との比較を通じて為されている点で出色である。というのも中村の『日本人の思惟方法』は、『東洋人の思惟方法』の一部、つまりインドにはじまり中国、韓国、チベットなどの諸地域の論理構造の比較という統一基準を通じて為された極めて客観的な比較から生み出されたものだからである。中村はこの『東洋人の思惟方法』において、一つの基準で、諸々の文明を客観的に検討できる道を開いた。つまり、中村の日本文明論は、この客観性に裏打ちされた日本論、日本文明論なのである。ちなみに、中村は、『シナ人の思惟方法』の冒頭において詳説しているように学問的な研究の場合は、いわば政治的な意味合いが強い「中国」という言葉を避けて、「シナ」という言葉を用いた。この点も中村比較学のぶれない主張である。

中村はこの思想表現の構造、つまり論理の客観的な比較基準の確立のために、それぞれの民族や文明における思惟の言語表現の理論化を生涯にわたり研究し続けた(『学問』七六頁以下)。しかもここで中村が用いた方法は、論理の構造比較をより厳密にするために、当該地域に遍く共有されている「仏教思想」、より厳密には根本経典の翻訳により生じた思想表現の差異に着目し、その違いからそれぞれの文明の独自性を抽出し、これを比較することで、より実証的にその特長を明らかにするというものであった。この点を中村は「比較しただけでただ並べるだけであるならば、それは知的好奇心を満足させるだけで、新しいものを創造する力に欠ける恐れがある。我々は異質なるものの対立の基底にまで掘りこんで思惟方法における創意《そうい》の起る所以を解明し、構造的に理解する必要がある」と述べている(『論理の構造　上』青土社、二〇〇〇、一四〜一五頁)。ただし、注意すべき点は、比較には基準が不可欠である点である。『東洋人の思惟方法』における基準は、インドの仏典である。

このように中村比較学は、日本論一つを例にとっても多様な文明形態の比較を含めて行っている点で、ダイナミックな、つまり比較文明学的な視点を基礎とする。特にインドにはじまり、中国、日本、韓国、チベットを一律の基準で比較した大作『東洋人の思惟方法』は、『決定版中村元選集』の劈頭《へきとう》に収録されており、中村の多様な文化、否諸文明を背景とした地域の比較を可能にする前提として、仏教思想が統一基準として検討されている。この点で、当該地域での比較がなされており、その厳密性が担保されている。同時に、その限界もここにある。とはいえこの『東洋人の思惟方法』は、中村比較学の基礎が確立された作品であり、この中で展開された方法論、つまり各地域の論理構造という地域性と仏教という当該地域に共有された普遍性の上に、比較基準の統一性と一貫性を担保するという、厳密な思想比較の方法は、比較文明領域での研究の模範となる研究法なのである。

ただし、中村は決して東洋の一宗教としての仏教思想をもってそのまま普遍思想の基準としているのではない。後に述べるように、中村は仏教思想の中に、より普遍的な思想性を見出し、それを思想研究の基礎に据えたのである。また、後に検討するが中村の宗教美術における理想表現の検討を通じて、そこに現われる文明間交流の実例研究を行っている。

中村比較思想学のこのような実証研究を通じての文明移転や文明交流の検討は、比較文明学のさらなる発展のために、学ぶべき点は大きいであろう。

いずれにしても比較文明学は、比較思想学に比して歴史が浅く、さらに研究対象も広範であり、その意味で方法論的な議論の深まりが求められている分野である。ゆえに、中村が確立に生涯を費やした比較思想学の方法論から学ぶべきものは多いと筆者は考えている。

中村比較思想の基礎としての言葉の再検討

さて、前述のような中村の比較研究は、長大な時間、広大な領域においてなされているが、それらは言葉の研究という確かな基礎研究を通じて担保されている。つまり中村比較学の特長は、前述のような文明比較の領域における新視点の構築にあるが、それはいわば中村比較学のマクロの部分である。しかし、このマクロ的な研究の一方で、否それ故に、中村はあえて言葉そのものの構造に着目し、諸文明における論理構造を検討した。この点に関してはすでに触れたが、さらに中村は、その論理を支える言葉そのものへの周到な研究を行っている。それがミクロ的な方向ともいえる言葉そのものの意味形成の探求という方向である。

この点が中村の比較研究のすそ野の広さ、周到さを物語るものである。具体的には、日本語における学問用語の再検討である。というのも、その論理的な構造で形成される文章も、また思考も結果的に、単語・熟語を通じて表現されるのであり、この基本単位としての言葉に曖昧さがあれば、その思想研究には、いわゆる瑕疵《かし》が残る恐れがあるからである。この点の代表例が『佛教語大辞典』（東京書籍）であり、さらに『仏教美術事典』『図説佛教語大辞典』（東京書籍）のような浩瀚な事典である。

中村は比較思想学という新たな思想研究のために、思想表現の基本単位である言葉にまで、厳密な検討を加えたのである。今回は、この点は紙幅の都合で精説できないが、その一端を紹介しよう。

例えば、「宗教」という言葉に関しても、中村はその意味の変化の歴史を「宗教」という訳語（『学士院紀要』第四六巻第二号参照）において文献学的に明らかにしている。この論文で、中村は仏教用語として成立した「宗教」という言葉の歴史を、インドから中国、そして近代以前まで文献学的な厳密さをもって明確にした。なお、西洋語系のreligionの翻訳語として採用された「宗教」という言葉の意味の検討については、鈴木範久《すずきのりひさ》『明治宗教思潮の研究　宗教学事始』（東京大学出版会、一九七九）、磯前順一《いそまえじゅんいち》『近代日本の宗教言説とその系譜――宗教・国家・神道』（岩波書店、二〇〇三）などの研究がある。そして、両者の研究を簡単ではあるが総合した「宗教」という言葉の意味背景の検討は拙著『インド仏教はなぜ亡んだのか――イスラム史料からの考察』（北樹出版、二〇〇三）に詳しい。なお、現在の一般化している「宗教」という言葉には、第二次世界大戦後の米国的な用例も深く影響し、複雑な意味背景を形成する。しかし、中村は明治以降に関しては、深く言及はしていない。この点は、今後の検討課題であろう。

いずれにしても、現在我々が用いている言葉、特に学術用語は、その多くが近代以降の主に欧米語の翻訳語として不自然に制定されたものであり、その少なからずが、極めて恣意的な漢字の組み合わせで作られている。例えば、近代日本の法学領域の大家・穂積陳重《ほづみのぶしげ》は『法窓夜話《ほうそうやわ》』『続法窓夜話』で、この問題を扱っている。彼自身も法律用語を多数作り出したが、穂積は、翻訳語の決定に関して、「鋳造《ちゅうぞう》」（穂積陳重『法窓夜話』岩波文庫、一九八〇、一七〇頁）と表現している。明治以来のエリートたちは、翻訳に関してかなり恣意的に言葉を作り出していたのであり、故に翻訳語としての適切さ、正確さにはかなりの幅がある。それが現在の諸問題を生む原因の一つともなっている。

そして、その新語の鋳造の背景を「泰西の法律を我国に輸入するには、訳語を作るの困難があるのみならず、その作った訳語は、素《も》と彼にあって我にない事物を指すのであるから、どうせ我国民に取っては新語である。故に彼の語の発音をそのままに我に取る方が彼我《ひが》相通じてよいから、いっそ新字を製して直ちにこれに原音を発せしめて、原語と同視せしめる方がよいと考えられた」と述べている（穂積前掲書、一六六～一六七頁。文中は新漢字に改めた）。ここには、表意文字である漢字を用いて学術用語の翻訳を行うことの難しさ以上に、翻訳語を通じて構成されている学術用語、というよりも近代西洋文明化以降の日本文明が抱える諸矛盾を生じさせた大きな要因を見出すことができる。それは翻訳語として成立した近代の翻訳語が、いわば万葉仮名《まんようがな》形成と共通の思想に立脚していることも明確となる。この点は、さらに検討していく。

いずれにしても、ここでは既存の日本語、あえて言えば「やまとことば」、それは日本文明の心臓部ともいえる知的伝統の結晶であるが、それへの置き換え、つまり思想的な格闘を放棄し、新来の文明への性急な適応を優先する日本文明の基層の表出でもある。つまり、これは法律用語に限定されるものではなく、その他の学問領域でも事情は大きくは変わらない、ということである。

中村はこの明治以来の、というよりも日本文明の宿痾《しゅくあ》ともいえる言葉、特に学術用語の意味の曖昧さ、混乱を愁い、文明交流の検討をダイナミックに行う一方で、学問研究に不可欠である言葉の意味の再検討にも大きな労力を注いだのである。『仏教語大辞典』などもその一環である。ちなみに、西周《にしあまね》が考案した有名な「哲学」という言葉も、西は「東の儒学、西の哲学」という意味で考案したのである。それが現在のように広範囲の意味に用いられることとなり、そこに大きな混乱が生じているのである。中村が、哲学ではなく思想という言葉を採用したのは、このような混乱を避けるためでもあった（『学問』一四～一八頁）。

さらにいえば、比較文明学では最重要な言葉である「文化」も「文明」も同様に、本来の漢字の意味、日本における用例、そして翻訳語としての確定までの紆余曲折《うよきょくせつ》が、これらを用いる学問的定義のうえで大きな負担となっている。この点は、「憲法」という言葉を比較文明的な視点で考察した、拙論「憲法という翻訳語」（『政策文化研究』中央大学政策文化研究所、二〇二二）を参照されたい。

以上のような周到な準備の上で、中村はインドを中心として東西文明の交流に関して、文献や歴史資料を駆使しつつ、ダイナミックに考察できたわけである。

3　文明交流研究の重要性――人々が「平和への門を開く」ために

比較文明から見た中村における普遍思想史

中村の比較思想は前述のように思想を中心とする比較であるが、しかし、中村比較の特徴は、いわゆる哲学・思想領域に止まらない広さと深さを持っている。それは中村が、「思想」として、わたくしが言いたいことは、人の考えであって、それが各個人の行動を全体として指導する意義をもっているもの、人が生きていくための指針をいうことにする」(『学問』一六頁)との認識を持っているからである。もちろんそれは個々人の領域に止まるものではなく、個人の集まりであり社会や国家においても、同様にその集団の行動に影響を与える。それゆえに、中村が目指す思想研究は、人間の知的活動のすべてに関わるものとなっている。いわば中村の比較思想研究は、人類の知的営為である諸思想を一人の思想家が、その体系化を目指したものであった。そして、その成果が、『世界思想史』や『東洋人の思惟方法』など現在『中村元選集』(全四〇巻)に収録された厖大な業績である。中村のこの業績に関しては、比較文明学の泰斗《たいと》トインビー(一八八九〜一九七五)の『歴史の研究』二五巻との共通性を含めた比較研究も意義あるテーマではないだろうか。

このように中村は、人類の知的営為の総合的把握研究のために、比較思想を確立した。その理由の一つはすでに多少触れたが、現行の哲学、思想研究が、専門領域に細分化され、ナワバリ意識、「村意識」という閉鎖状態にあり、人類の知的営為を総合的に明らかに出来るような学問形態になっていないという現状認識からである。(『学問』一六〜一八頁)ところが、中村によればヨーロッパにおける哲学の伝統においては「哲学のあるプロフェッサーが、あるときには倫理学を講義し、あるときには美学を講義するというようなことは茶飯事である。……西洋の偉大な思想家は、例えば、カント(一七二四〜一八〇四)にしても、ヘーゲル(一七七〇〜一八三一)にしても、皆これらの諸分科を一手に扱う中から生まれたのである」(『学問』一七頁)であり、結果的に中村は、西欧流の真の思想研究を、日本において試みた思想家ということもできるのである。

ただし中村の視点は、ヨーロッパ中心の一元的な文明の「発展段階説」ではないことは、明記しておく必要がある。むしろ中村の比較思想学は、その思想的な根本にインド思想、特に仏教の縁起説（多元的関係論）とマンダラ的世界観、筆者はこれを、「多現的一元論」と呼んでいる。ここで用いた「多現的一元論」は筆者の造語である。これを抽象化すると「空」の思想となると、筆者は考えている。その意味は、一つの真理が多様に出現するのが現実の世界であり、その出現形態も多様であり、その世界では、中心と周辺という考えさえも相対化されるのである。つまり、ある条件下では中心であったものが、他の条件になれば周辺となるというようなインド思想特有の考え方である。しかし、西洋の伝統では、西洋の価値観が絶対であり、それを前提に文明も序列化されている。この点が中村比較思想や伊東の比較文明における比較とは根本的に異なる。つまり、両者に共通するのは、自他の価値や立場の相対化を前提とするということである。詳しくは、他の機会に論じることとする。

いずれにしても中村が目指したものは、「人類の思想史全体の見通し」（『学問』二二〇頁）であり、しかもそれは「比較による普遍的な思想史」（同）なのである。そして、その成果の象徴が、全二巻の『普遍思想』である。

中村の思想研究は、インド思想の探究からはじまったが、それはインド思想の歴史的な変遷研究、つまりインド思想史に止まらず、インド思想研究に周辺の諸思想との影響関係というベクトルを導入したことで、比較思想にとどまらず、優れた比較文明学的な研究成果を生み出した。そこで中村は、人類の思想史の構築というまさに比較文明学的なテーマにおいて、特に普遍思想史研究に注力した。実は、中村の普遍思想とは「主な諸文化圏において都市が成立し、やがて広域国家から世界国家が出現するに至った時代に現われた思想的諸問題」のことである（中村元『普遍思想』『世界思想史第二巻』春秋社、一九九五、ⅰ頁）。つまり、この時代は伊東のいう都市革命から精神革命の時代であり、ヤスパースのいう枢軸時代とも重なる人類史、特に精神史上、最重要の時代のことである。このように中村の比較思想研究は、先に引用した伊東の比較文明の定義になぞらえれば精神革命、つまり普遍思想領域の研究という位置づけができるのである。

衆知のように、この時代には、いわゆる普遍宗教や地域・民族を超えた帝国が成立し、現代文明の基礎が形成された。中村もその点を強く意識しており、その普遍思想の構築に関して、様々な方面から検討を加えている。その中でも特に注目すべき視点が、比較文明学でいう文明交流の視点である。この点を中村も、インドを中心に西方地域との思想交流を中心に考察する。具体的な検討は次節において行うが、中村がなぜインド思想史研究に、インドと西方地域、具体的にはギリシア・ローマ、さらにはペルシア、そしてイスラムの影響を考えるという比較文明学的視点を持つに至ったかを簡単に検討しておこう。

インド思想史研究においては、たとえ思想史と銘打っても時間的な変遷を明確にすることは、思想、特に循環思想のインド思想においては、非常に困難な作業である。しかし、そこに時間軸が明確に認められる他地域との交流という点を視野に入れると、従来混沌としていた思想の重なりが、ある程度明確となる。中村のインド思想史研究では、文化交流を通じての外来思想とインド思想の影響関係を、時間軸を設定し研究するという点に、独創性が認められていた。

中村はこの点に関して、第一高等学校以来、中村の広角的視野の形成に大きな影響を及ぼした亀井《かめい》高孝《たかよし》（一八八六〜一九七七）への言及で「亀井先生は最初から、世界地図を頭に置きながら、研究を進められた」（『学問』七八頁）とその学風を紹介し、続けて「亀井先生の広い視野に立った学風と学問への情熱をわたくしが感受していなかったなら、（『世界思想史』等の中村の思想研究は）完成しなかったであろう」と述べており（同、七九頁）、中村の思想研究の基本には、亀井の重視した、現代流にいえばグローバル・ヒストリー的な世界史認識がある。つまり中村はその学問形成において、比較文明学に通じる広い視野を当初から持っていたのである。

中村比較学の根本としての「慈悲の思想」

いずれにしても、中村は、インドの諸思想を中心に広範な世界思想史研究を生涯にわたり推進し続けたのである。この間、中村比較思想は、人類の諸思想の比較というマクロ的なテーマと、それぞれの思想を表現する言葉に関する研究というミクロ的な方向性の両極をインド思想的に言えば「梵我《ぼんが》一如《いちによ》」的に、融和統合しつつ真理探究の道を歩み続けたわけである。そこには、仏教の慈悲の精神を基調した平和的共存思想の構築に資する研究を目指す中村の使命感があった（『学問』二〇六頁以下）。

中村は前述のように、その比較研究において、客観的史料の検討を通じて、特殊領域から普遍性を見出す研究法を重視していた（『学問』一〇八頁）。そのために中村は、文献や碑文などの文字資料を中心に、厳密な実証研究を積み上げ文化交流の実態を明らかにしようとした。そのために、比較文明的なテーマである「東西の文化交流」に関する研究に対しても、厳密な実証研究を重視した。この点で、中村は当時の歴史学者の文化交流に関する研究実績に、「東西の文化交流に関する研究は近年非常に盛んになったものの、その多くは、いずれかの専門分野の研究者がたまたま他の領域と関係ある部分に注意して、それとの交渉・連絡を論究するという程度にとどまっている。」（『学問』二八頁）とかなり辛口の評価を下している。

というのもすでに触れたように中村比較思想学には、国家史や地域史偏重の歴史学やそこから生まれた戦前の国粋主義への反省があり、さらにその起源でもあるヨーロッパ中心の「発展段階説」的な世界観の修正という目標があった。というのも先に触れたように、思想は独善に陥りやすく、また熱狂的になりやすい。しかし、それは思想研究、さらには文明およびその研究においても同様であろう。つまり自己中心的な偏見に陥りやすく、自文化、自文明への過度な陶酔を防ぐには、それらを相対化できる視点と目的が不可欠である。そしてその解決法は「「わが説は真理であり、他人の説は虚妄《きょもう》である」という偏見を捨てて、人々が反省して互いに語り合うことが必要である」（『学問』二〇三頁）わけである。つまり、思想交流、文化交流、それらの総合としての文明交流という点を、文化、文明研究の重要な要素にする、ということである。そのためには比較という方法が不可欠となる。

そして、その背景には、人文科学に携わる者、特に哲学や思想の研究者の使命として、人類が内に抱える諸問題、特に「自分自身がどのように生きたらよいのか」（『学問』二〇六頁）という根源的な問いに関して、「教示することにつながらなければならない」（同）という考えが必要と、中村は述べている。

いずれにしても、中村の前述の批判は、東西文化、文明交流の研究という大きなテーマにおいても、それが単なる知的な好奇心を満たすためのテーマに止まってはならない、との中村比較学の基本スタンスなのである。さらにいえば、文化・文明交流に伴って生じる異質なるものとの共生共存、さらには平等且つ平和的な社会の構築には、異質なるもの同士の相互理解が不可欠であり、そのために比較思想学の構築に中村は生涯を捧げたということである。そして、その原動力となった思想が、他者への「寛容の精神」であり、自他平等の精神である。しかもその精神は、当然比較文明学にも求められる精神である。

中村は、この精神を「慈悲《いつくしみ》の精神」として、中村比較学の根本に置いた。この言葉自体は、仏教的な言葉であるが、中村自身はこの精神をキリスト教、儒教、イスラム教そして、日本文明下において検討している。まとまったものとしては『慈悲』（講談社学術文庫、二〇一〇）、その他中村の業績の中には、随所に平等かつ平和的な社会を構築するための思想的基盤として慈悲という言葉がキーワードとなっている。ちなみに、これをインド思想的な言葉でいえば梵我《ぼんが》一如《いちによ》となる。しかし、このバラモン教的な発想では、社会的な不平等が見落とされがちである。仏教はこの点を批判して自己同様に他者への尊重を説いた。これが仏教の根本思想であると中村が言う慈悲の思想と呼ばれるものであるが、筆者はこれを「自他同置（自分と他者を同じ基準に置く）」あるいは「自他同地（自分と他者を同じ地平、あるいは同じ基準に置く）」と表現している。どちらも、自分と他者との区別や差別を固定化しないという仏教の「空」の思想のより実践倫理的な表現である。因みに、聖徳太子における「和《やわらぎ》」の思想は、この慈悲の思想の日本的な展開であると考えていた（中村元『聖徳太子』『中村元選集〔決定版〕別巻6』春秋社、一九九八）。

以上のように、中村比較思想学には、その根本において仏教思想を見出すことができるが、これを中村は仏教思想に限定することなく、むしろ普遍的な真理が、慈悲という言葉で表わされたものであり、その精神はあらゆる宗教の教えの内に見出せると考える。そして、思想研究とは、この個別性や特殊性を捨象し、普遍的な真理を明らかにすることである、との考えを示している（『学問』一〇八頁）。この点でも、人類の共生共存文明構築に資する学問を目指す比較文明学との共通性は大きい。

中村の文明交流史観

中村は、思想研究に中心を於いて比較思想を構築したが、その一方で「インドの哲学思想の特徴をとらえるためには、当然、他の諸文明の哲学思想との比較を行なわねばならぬ」（『インドとギリシアとの思想交流』旧版『中村元選集第一六巻』一九六八、「はしがき」二頁）と述べている通り、限定付きであるが、諸文明間の思想の比較研究を通じて、個々の文明の特徴を明確化するという比較文明学的方法論と共通な視点を強く持っていた。

ここで中村はギリシアとインドと銘打っているが、その実は、ギリシア・ローマを含む地中海文明とインド文明の交流の全般的な領域に具体的に触れている。つまり、思想交流において扱う範囲を、思想を中核としつつも政治、経済さらには建築美術等と、比較を通じてその交流関係の考察は広がっている。具体的には、『インドとギリシアとの思想交流』において、「影響を可能にならしめた文明史的根拠、（インドとギリシア）両文明の経済的な結びつきの強さを経済史的な視点から考察し、その交流の密なるがゆえに精神面、就中《なかんずく》思想面での摂取需要関係に関して考察する。」（『インドとギリシア』二四二頁）と述べ、文明交流の検討に不可欠な政治経済領域への考察の必要性を強調する。このように中村の思想研究は人文科学領域のテーマに止まらず、広く社会科学、さらには各種の技術の伝播をもテーマとしている点で、その比較思想学は「東西文明交流史観」の先駆的な研究と位置づけられる。中村が、文明間の交流を重視した背景には、インド思想、特に仏教思想における縁起の思想、つまり「あらゆる存在は、孤立してあるものでは無く相互に関係している」という根本的な認識があるからである。これは日本的世界認識の根源レベルにおけるパターン（鋳型・形態）とも云えるものである、と筆者は考える。

この東西交流史観ともいえる視点から中村が明らかにしたのは、仏教とも関係の深かったマウリヤ王朝とセレウコス朝間の文明交流である。この時、現在のシリアから派遣されたギリシア人の大使メガステネスが書き残した『インド史』の断片が伝わっており、これをほぼ同時代の碑文や仏教文献との比較研究を行い、両文明の交流の実態を、客観資料を駆使して明らかにした。中村のこの研究は、洋の東西の文明交流史の貴重な研究である。この点は、紙幅の都合で今回は指摘にとどめるが、次節において事例を以て考察する。

中村は仏教聖典でもある『ミリンダ王問経《おうもんぎょう》』の検討により、紀元前二〜一世紀、西北インドを支配したギリシア人征服王であるミリンダ（メナンドロ）王と仏教僧ナーガセーナの対話に関しても仏教聖典である同経典を、インドとギリシアの文明間交流の成果と捉えて、思想交流の視点から分析している（『インドとギリシアとの思想交流』『中村元選集第一九巻』一九九八、一〇五頁以下。さらに詳しくは中村元ほか『ミリンダ王の問い1』平凡社、一九六三の解説など）。というのも、中村はインドへのギリシアからの影響のみをこれらの資料から読み取るのではなく、逆にインド文明からのギリシアをはじめとする地中海文明への影響もきちんと検討しているのである。つまり、中村は西洋中心の交流史観になりがちなインドとギリシアやローマなど西方文明の交流を、その相互性を重視した独自の文明交流史観を明確に持っていたのである（『中村元選集第一九巻』一一五頁以下）。ただし、これらの客観性を担保するのは、限られた文字史料であった。この研究の成果が前出の『インドとギリシアとの思想交流』である。

さらに、中村が新たな異文化間交流、つまり比較文明的には文明間交流のメルクマールとして着目したのが、抽象的な真理や、理想を具象化した美術・建築等の表現方法の比較研究である。

特に神像、さらには仏像に関する研究は、具体的な象徴表現や、表象形態に影響関係が明確に認められるという点で、文字史料を補強し、さらに具体的な説得力を持つという意味で、中村は非常に力を入れてこの点を研究した。その結果が久野健《くのたけし》との共同監修『仏教美術事典』（東京書籍。二〇〇二）、中村元編著『図説佛教語大辞典』（東京書籍、一九八八）である。

以上のように、中村は、文化、文明交流においても文献史料等の客観資料の収集とその分析という方法論を貫いている。特に、思想関係者の間では従来あまり重視されなかった美術・彫刻・建築等の具象領域の資料との関連に着目している。それはこれらの対象が、人間の理想を具体化したものであり、決して文字史料に劣らぬ意味を持っているからである。しかも、これらの研究から異なる文化、文明の個別性を捨象することで、両者に共有される普遍性を見出すことで、相互の理解を真に深めることのできる方法であると論じている。

4　むすびにかえて

中村比較学は、既存の学問方法に対する批判から出発し、普遍的な真理の究明という新基軸を設定し、それを確立しようとしたがゆえに、文献史料の厳密な検討を積み上げ論理的な整合性を貫徹し、結論に至るという帰納法的な研究成果を基礎とする比較研究となっている。加えて、中村比較思想の特徴は文献による思想研究という点で、いわゆる人文科学領域に止まらず、政治、経済などの社会科学、さらには自然科学領域にまでその検討は及ぶ。しかも、中村比較学の目的は、人間社会のいわば普遍的な理想ともいえる平和思想の構築に資することにある。この目的のために、中村比較思想は、人間の知的営為として生まれた文明の諸領域に広く言及した。この点で、比較文明学の先駆的な研究として位置づけることに異論はないであろう。

しかも、中村比較学の誕生時は、第二次世界大戦の末期からその後の社会的な大混乱の中であった。このような未曾有《みぞう》の大混乱の中で、比較思想研究を通じて人類の平和社会構築に資することに邁進した中村の意志は、現在のようにその行く手を悲観論が支配し、迷走気味の日本社会において大きく再評価されるべきであろう。なぜなら、日本から新たな世界像の構築を提案するという壮大で、強靭な精神性の回復こそが新たな発展を導く、おそらく唯一の道であるからである。その意味で、「失われた三〇年」などと経済的な停滞ばかりを嘆き、学問特に人文科学領域を軽視し、目先の金銭的な多寡に一喜一憂し、長期の目標やビジョンの乏しい現在の日本社会には、活力ある活動や創造的な働きは望むべくもない。ゆえに、この中村比較思想や比較文明から学ぶべき点は大いにあるはずである。

時あたかもGDP数値でドイツに抜かれ、世界四位になるとの報道があり、政治・経済領域の人々の悲痛な叫びが横溢している。たしかに、順位の下落は喜ぶべきことではない（二〇二四年五月現在）。しかし、さらに深刻な問題は、このような負のスパイラルから抜け出すための思想的な議論が、ほとんど聞こえないという点である。この精神の萎縮こそ、経済規模の縮小以上に憂うべきことではないだろうか。

敗戦後の荒廃した中から世界平和実現に資する研究を目指し、生涯それを発信し続けた中村比較思想、それにやや遅れつつも、思想を含めた文明全体を比較考察し、同じく人類の平和的共存共生社会の実現を目指す学としての比較文明の存在は、この困難な時代を切り開くために不可欠な高い理想と、解決のための具体的なヒントを提示しているのではないだろうか。

さらに詳しく知るための参考文献

一般的な入門書

中村元『学問の開拓』（ハーベスト出版、二〇一二）……一般の読者にも十分受け入れられるように書かれた、中村元先生の自伝的な学問論。佼成出版社刊（一九八六）の再編集版。

『河出道の手帖　中村元　仏教の教え　人生の知恵』新装新版（河出書房新社、二〇一二）……前著と同じく、生誕一〇〇周年を記念して再刊されたもの。

峰島旭雄他著『中村元の世界』（青土社、一九八五）……中村思想の全容を示す論集。

専門書

『決定版中村元選集（全三二巻＋別巻八巻）』（春秋社、一九八八～一九九九）……本格的に中村思想を学ぶための選集。本選集は1～4巻が『東洋人の思惟方法』、5～7巻はインドの歴史研究、8～10巻は仏教以前のインド思想関係。11～23巻は仏教思想関係。24～32巻は、仏教以外のインド思想・宗教関係。さらに別巻として、比較思想さらには比較文明学的な思想研究として、中村先生が自らの基準で人類思想を統一的に記述した「世界思想史」全四巻。さらに別巻として、日本思想関係の全四巻という構成となっている。

梅棹忠夫——文明の生態史観

中牧弘允

1　人生と学問

略歴

梅棹忠夫《うめさおただお》（一九二〇～二〇一〇）は京都に生まれ、京都帝国大学では主として動物学を専攻したが、生態学につよくひかれた。学術探検をとおしてモンゴルやアフガニスタン、さらにインドや東南アジアなどの諸民族や諸文明を調査し、一九五六年にベストセラーとなった『モゴール族探検記』（岩波新書）を刊行し、一九五七年には生態史観という独自の観点からユーラシアの文明を展望した。これが総合雑誌の論文「文明の生態史観序説」（『中央公論』一九五七年二月号）であり、論壇はもとより一般読者にも強烈なインパクトをあたえた。その後、アフリカやヨーロッパなどの現地調査にも従事し、他方でロングセラー『知的生産の技術』（岩波新書、一九六九）を刊行した。一九七〇年の大阪万博を機に世界各地の民族資料の収集を推進するとともに、一九七四年の国立民族学博物館（民博）の創設に尽力し、一九九三年まで初代館長をつとめた。研究面

梅棹忠夫（1980年、提供：千里文化財団）

では一九八〇年以降、「日本」をカードにいれた手法で文明学の構築に精力をそそいだ。しかし一九八六年、突然両眼の視力をうしない、不自由な研究生活を余儀なくされた。とはいえ、見えないなりの「知的生産」を継続し、口述筆記（口述ワープロ入力）をとおして著作集（全二二巻、別巻一）を刊行した。梅棹は研究・行政・教育の各方面にわたって国際化時代をむかえた日本の学界に多大な貢献をしたことが評価され、一九九一年に文化功労者として顕彰され、一九九四年に文化勲章を受章し、一九九九年には勲一等瑞宝章の栄誉をうけた。国際的には一九八八年にフランスから教育功労章コマンドゥールを授与されている。

表と裏の自伝

以上、梅棹の学問人生をごく簡略に記してみた。梅棹自身は日本経済新聞の連載コラム「私の履歴書」（一九九六年一月）に大幅な加筆をほどこし、『行為と妄想――わたしの履歴書』（日本経済新聞社、一九九七）をまとめている。その一方、『裏がえしの自伝』（講談社、一九九二）も刊行している。実はこちらのほうが先行していて、最初の二章は失明以前の一九八四年、一九八五年にそれぞれ執筆している。タイトルは「わたしは大工」「わたしは極地探検家」「わたしは芸術家」「わたしは映画製作者」「わたしはスポーツマン」「わたしはプレイボーイ」とつづき、現在の自分にはつながっていない、こういうものには「ならなかった」あるいは「なれなかった」話をまとめている。

双方の自伝はいわばオモテとウラの関係にある。それにくわえ、著作集の第一二巻は『人生と学問』と銘打たれ、『わたしの生きがい論——人生に目的があるか』（講談社、一九八一）を中心に梅棹の人生観や学問観が縦横につづられている。これら三冊の著作を繙《ひもと》けば、立体的に梅棹の人生と学問にせまることができよう。ここでは、しかし、いくつかの要点を指摘するにとどめたい。

梅棹は最晩年に出版した『山をたのしむ』（山と溪谷社、二〇〇九）において、終生、自分は登山家であったと述懐している。幼少時から山にしたしみ、青年時代には探検家をめざし、未踏《みとう》の山岳や知のフロンティアをたえず目標としたが、その根幹には登山家としての意識があった。著作集第一巻『探検の時代』では「探検の時代」に先立って「登山の時代」があったとふりかえり、登山こそが生涯の真の原点であったと回想している。

他方、著作集『人生と学問』においては、「人生に対しても、学問に対しても、いつも、ちょっと距離をおいてながめてきた」と述べ、「老荘の思想にゆるやかにもたれかかっている」と記している。「世相に対してはやや傍観者的な観察者であり、体験に対しては冷静な分析者であった」と自認している。そうした姿勢を「主体的な能動性をもった相対主義者」と表現することもあれば、自明なことから出発する「カルテジアン（デカルト主義者）」を自称することもあった。

しかし、根底には知をたのしむ「プレイボーイ」として、学問を「心の足し」とわきまえ、「最高の道楽」とみなす、けれんみのない態度があった。

知的生産としての造語

他人から見ると、梅棹はどのようにうつっていたのだろうか。たとえば「知の巨人」はしばしばつかわれた形容であるが、その先見性から「予言者」とみなされることもおおかった。大阪の没落、地球時代の到来、ソ連の崩壊、民族主義の台頭、等々の「予言」を的中させたからである。しかし「知の巨人」や「予言者」としての梅棹を論じることは本稿の目的ではない。あくまでも比較文明学者としての梅棹を紹介することが優先される。ただ、その前提として、梅棹が卓抜なる造語の名手でもあったことに言及しておきたい。梅棹の造語でひろく世間の話題になったものとしては、「生態史観」を筆頭に「知的生産」「情報産業論」「地球時代」など、いくつもあげることができる。それらはたんなる言葉あそびではない。梅棹の比喩には説得力があり、異彩をはなっていた。

次節では、梅棹による造語の先駆けであり、本稿の主題でもある「生態史観」に切り込んでゆくことにしよう。

2　生態史観という新機軸

『中央公論』の二論文

梅棹忠夫の文明研究はおおきく二段階にわかれる。第一段階は一九五七年二月に『中央公論』誌上に掲載された「文明の生態史観序説」に端を発している。つぎの第二段階は一九七八年の国立民族学博物館開館一周年記念の講演「二十一世紀の人類像」を皮切りに、一九八〇年代からの各種シンポジウムを機に展開した、民博時代の文明学である。

編集者がつけたという「序説」——本論に先行する序論ではない——では、ユーラシア大陸に展開した諸文明が生態学的基盤のうえに成立しており、第一地域と第二地域とに大別される地域にはそれぞれに特徴的な文明が形成され、文化要素のちがいにもかかわらず構成のしかたに平行現象がみられると指摘した。翌年八月にだした同誌論文「東南アジアの旅から」では梅棹自身が「序説」の議論を要約しているので、それに耳をかたむけてみよう。

まず、東洋とか西洋とかいうわけかたは、ナンセンスである。文化伝播の起源によってわける系譜論の立場をさって、共同体の生活様式のデザインを問題にする機能論の立場をとる。す

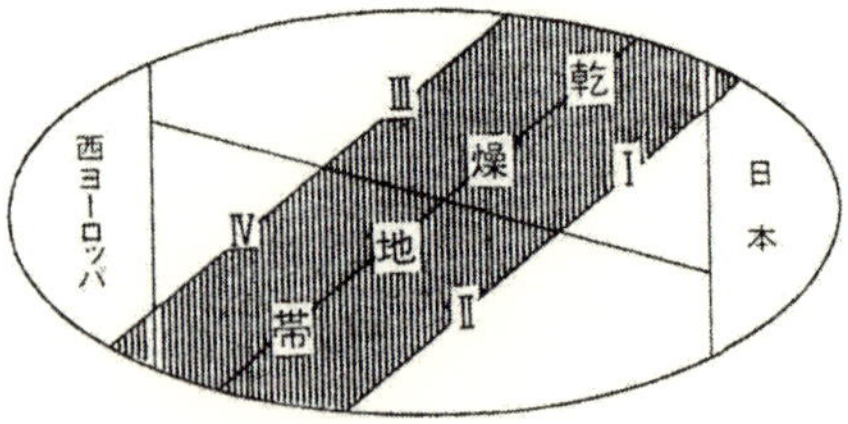

A図（『文明の生態史観』より）

ると、アジア、ヨーロッパ、北アフリカをふくむ全旧世界は、ふたつのカテゴリーにわけることができる。ひとつは、西ヨーロッパおよび日本をふくむところの、第一地域である。もうひとつは、そのあいだにはさまれた全大陸である。第一地域は、歴史の型からいえば、塞外野蛮の民としてスタートし、第二地域からの文明を導入し、のちに、封建制、絶対主義、ブルジョア革命をへて、現代は資本主義による高度の近代文明をもつ地域である。第二地域は、もともと古代文明はすべてこの地域に発生しながら、封建制を発展させることなく、その後巨大な専制帝国をつくり、その矛盾になやみ、おおくは第一地域諸国の植民地ないしは半植民地となり、最近にいたってようやく、数段階の革命をへながら、あたらしい近代化の道をたどろうとしている地域である。

このまえの論文ではとくに図をださなかったが、その趣旨を要約して、模式図にすると、A図のようにかくことができる。

A図のⅠ、Ⅱ、Ⅲ、Ⅳはそれぞれ中国世界、インド世界、ロシア世界、地中海・イスラーム世界をさしている。

第一地域は東西にわかれているが、中緯度温帯に位置する日本と西ヨーロッパがそれに相当する。地方分権・地方自治を特徴とする封建体制を確立し、そのうえにブルジョワ支配による資本主義体制がきづかれたところである。これに対し第二地域は、ななめに乾燥地帯がはしり、封建制はみかけだけで実質的には専制帝国が興亡をくりかえしたところである。第一地域では生態学でいうところのサクセッション（遷移《せんい》）が順序よくおこり、共同体内部からオートジェニック（自成的）に発展した歴史をもつ。他方、第二地域は破壊と征服の歴史がくりかえされるアロジェニック（他成的）なサクセッションを特徴としている。かくして、第一地域には封建制に立脚した資本主義体制が確立し、第二地域には封建制を経験しないまま社会主義体制が樹立された。

これが議論の概略である。

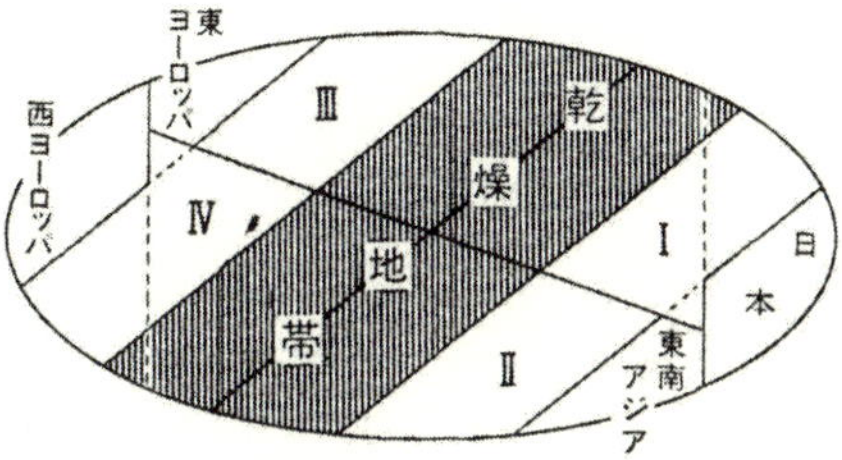

B図（『文明の生態史観』より）

右記論文を発表したあと、梅棹は勤務先の大阪市立大学が組織した探検隊の一員として、一九五七年一一月から翌年四月にかけて東南アジアの調査旅行に従事した。その知見をふまえて「東南アジアの旅から」を執筆し、のちに「文明の生態史観・つづき」という副題をつけた。そこにはA図を修正したB図が提示され、東南アジアと東ヨーロッパがあらたに位置づけられた。いずれも小国の集合であり、むかしから三つの世界――東南アジアはⅠとⅡと日本、東ヨーロッパはⅢとⅣと西ヨーロッパ――にとりかこまれた、一種の中間地帯である。第一次世界大戦はロシア、オーストリー・ハンガリー、トルコの三大帝国を崩壊させ、東ヨーロッパ諸国をつくった。他方、第二次世界大戦は、植民地の地位から解放された東南アジア諸国をうみだした。そうした文明史的な平行現象をふまえて東南アジアと東ヨーロッパを位置づけたのである。

挑戦と応答

梅棹は「文明の生態史観序説」の冒頭で、当時来日した文明研究の大家であるトインビーを引き合いにだし、その学説に感心はしたけど改宗はしなかったと述べている。またトインビーのことばを借りて「挑戦と応答」という節をもうけ、トインビー説を西欧からの挑戦とうけとり、自説を応答として提示するという格好をとっている。そしてトインビーの論はいかにも西洋人ふうのかんがえであり、日本文明を西洋文明への改宗者とみなす説に対して異をとなえている。むしろ、西ヨーロッパと日本は似たような平行的遷移をとげた文明ではないか、と主張したのである。

西ヨーロッパと日本を第一地域として対峙させる生態史観はきわめて大胆な仮説であった。論壇の主流派であった唯物史観を云々する論客たちは虚を突かれたにちがいない。マルクス史観と文明史観を対比して論じたのは上山春平《うえやましゅんぺい》や太田秀通《おおたひでみち》などであり、加藤周一《かとうしゅういち》や竹山道雄《たけやまみちお》、竹内好《たけうちよしみ》などの評論家もすぐに反応をしめしている。また京都大学人文科学研究所（京大人文研）でも社会人類学の共同研究班で徹底的な討論がなされた。学界や論壇では賛否両論の反響があり、そうした影響力のおおきさから「戦後日本を創った代表論文」のひとつとして『中央公論』（一九六四年一〇月号）に再録されたりもした。

のちに梅棹は右記二論文に加え、「文明の生態史観序説」に相前後して執筆した「新文明世界地図——比較文明論へのさぐり」「生態史観から見た日本」「『中洋』の国ぐに」「比較宗教論への方法論的おぼえがき」など計一一篇をまとめて『文明の生態史観』（中公叢書、一九六七）を刊行した。京大人文研の谷泰《たにゆたか》は中公叢書の文庫版（一九七四）でその解説を書き、「世界史理論に関して、戦後に提出された、もっとも重要なモデルの一つ」と評価した。さらに、戦後日本でマルクシズムの発展段階論が歴史解釈の下敷きとされていたことへの挑戦が「文明の生態史観」であったとも指摘している。末尾では、中公叢書が大阪市立大学在職中の論考をまとめたものであり、その文庫版が民博の館長となった年に刊行されたことをよろこびたいと記し、筆をおいた。近年、谷は文庫の増補新版（二〇二三）でも解説を執筆し、数ある歴史理論や文明史論のなかでも梅棹の生態史観は、「戦後」にかぎらず、特異な「世界史理論」のひとつであり、マルクスやダーウィンの理論とのさらなる比較検討をおこなっている。

3　文明学の構築

還暦記念シンポジウム「文明学の構築のために」

一九七〇年の大阪万博が終わり、「万博のあとに万博（＝民博）を」というスローガンのもと民博の設立推進運動が本格化した。梅棹は同年秋に急逝した東大の泉靖一《いずみせいいち》のあとをうけ、その先頭に立つ。民博は万博会場跡地に一九七四年に創設され、一九七七年には一般に公開された。民博が軌道に乗るまで、梅棹の研究活動は一時、棚上げにされた。

ようやく一九八〇年六月、梅棹の還暦を記念したシンポジウム「文明学の構築のために」が開催される。梅棹はみずから基調講演を担当し、生態系（人間＝自然系）から文明系（人間＝装置・制度系）へというテーゼを打ち出し、文明（システム）と文化（精神）のちがいを明確化した。このシンポジウムが契機となって一九八二年度から谷口国際シンポジウム「文明学部門」がひらかれるようになる。

谷口国際シンポジウム「文明学部門」

谷口国際シンポジウムとは正式には財団法人・谷口工業奨励会四十五周年記念財団（会長・谷《たに》口《ぐち》豊三郎《とよさぶろう》）の助成を受けた国際シンポジウムである。民博では一九七七年度から民族学部門のシンポジウムが毎年ひらかれていた。そこに文明学部門がくわわったのである。谷口国際シンポジウムの特徴はあまり陽の当たらない分野にたいする援助を目的とし、少人数、しかも若手を中心に、生涯の友人関係の構築をめざし、一週間にわたり寝食を共にするというものであった。

民族学部門と文明学部門とのおおきなちがいは、後者が「館長直営」とよばれていたことである。実行委員長は毎年交代したが、館長は毎回、基調講演をおこなった。もうひとつは、民族学部門が英語やスペイン語を使用言語としたのに対し、文明学部門は日本語だったことである。「近代世界における日本文明」が統一テーマであり、「日本」のカードを入れることで近代世界のありようを欧米とは異なる視点から考察することを目標としていた。さいわい、日本語を駆使する海外の日本研究者層はあつくなっていた。かれら／彼女らをまねき、日本語で自由闊達に議論できる場を確保し、その成果を内外に提供するという戦略がとられたことは、もっぱら梅棹の発想だった。まず日本語で出版し、ついで英語でも民博の刊行物（*Senri Ethnological Studies*）として公刊することをめざしたのである。

　第一回シンポジウムは「近代世界における日本文明——社会と生活」をテーマに一九八三年二月に開催された。実行委員長は石毛《いしげ》直道《なおみち》であり、第二回以降のテーマは「都市と都市化」（守屋《もりや》毅《たけし》）、「統治機構」（松原正毅《まつばらまさたけ》）、「経済機構」（端信行《はたのぶゆき》）、「知と教養」（栗田《くりた》靖之《やすゆき》）、「宗教」（中牧弘允《なかまきひろちか》）、「言語と文字」（小川了《おがわりょう》）、「家庭」（小山修三《こやましゅうぞう》）、「観光」（石森秀三《いしもりしゅうぞう》）、「技術」（杉田《すぎた》繁治《しげはる》）、「娯楽」（熊倉功夫《くまくらいさお》）、「社会倫理」（野《の》村雅一《むらまさいち》）、「交通」（秋道智彌《あきみちともや》）、「情報と通信」（久保《くぼ》正敏《まさとし》）、「酒」（吉田《よしだ》集而《しゅうじ》）、「国民国家」（栗本英世《くりもとえいせい》）、「コレクション」（吉田《よしだ》憲司《けんじ》）であった（カッコ内は実行委員長）。最終の第一七回は一九九八年だった。

　参加者は延べ二一一名をかぞえ、内訳は日本から一一二名、外国からは九九名だった。海外からはヨーロッパとアメリカの研究者がおおく、ラテンアメリカとアフリカからは皆無であった。特筆すべきは、意外にも、それまでヨーロッパとアメリカの研究者には大西洋という越えがたい障壁があり、本シンポジウムではじめて本格的な交流の機会をもったという点である。また、日本語を話す外国人参加者は日本について報告し、日本人が海外の事象をとりあげるというような役割分担が自然に定着していったことである。

とりわけ重要な役割を果たしたのはコーディネーターのヨーゼフ・クライナー（ボン大学）とハルミ・ベフ（スタンフォード大学）である。海外の報告者の人選にあたっては、クライナーがヨーロッパ、ベフがアメリカをおもに担当した。さらに、ふたりは一七回すべてのシンポジウムに参加し、総括討論においてコメントをおこなった。

もちろん、それぞれのシンポジウムでは実行委員長が中心的役割を果たした。テーマ設定、趣旨説明、人選、プログラム等、実行委員長の専門や人脈が重視された。ただし、梅棹文明学を前提とし、梅棹本人と相談しながら事をすすめていくというやりかたであった。

「日本」をカードに入れた文明論

この間、梅棹の基調講演だけを再録し、梅棹による解説を付した『近代世界における日本文明——比較文明学序説』が刊行された（中央公論新社、二〇〇〇）。その英訳本も梅棹の没後、ドイツのボンで出版された（Umesao, 2013）。

梅棹は還暦シンポジウムを契機に文明学の構築をめざし、谷口国際シンポジウムを主導して文明学の国際化に尽力した。それが国内外にどのような影響をあたえたかを検討してみたい。

梅棹による一連の基調講演は「『文明の生態史観』の各論篇」と位置づけられた。ねらいは「『文明学』という新領域の開拓、日本学ないし日本研究のあらたな展開」である。各論篇といっても第一回から第四回までは比較文明学の理論的枠組みと方法を提示しているので「理論篇」の性格がつよい。他方、五回以降は、全一七回のシンポジウムでとりあげたトピックを現代文明論ないし世相論の項目表としても利用可能であると述べ、「各論篇」へと重心をうつしてゆく。これと軌を一にするかのように、失明後（第五回シンポジウム以降）は梅棹と実行委員長との共同著作としての色合いをつよめていく。

日本文明は中国文明や西欧文明の模倣ではない

梅棹による文明研究の第二段階では、「文明あるところ文化あり、文化あるところ文明あり」という立場を前提としながらも、文化と文明を峻別して議論していることがひとつの特徴である。文明とは装置群と制度群をふくんだ人間の生活全体であり、文化とは文明のなかに生きている人間の側における、価値の体系であり、装置群、制度群の精神面へのプロジェクション（投影）である、とされる。そして谷口国際シンポジウムでは「生態系（人間＝自然系）から文明系（人間＝装置・制度系）へ」というテーゼを打ち出し、「宇宙的プロセスのなかで、現代文明をかんがえよう」と檄をとばした。中心のテーマとなったのが現代日本文明であり、律令国家以来の制度や巨大な科学技術を無視できないではないかと論じた。シンポジウムのテーマに「統治機構」や「国民国家」、あるいは「技術」「交通」や「情報と通信」がえらばれたのも「館長直営」であったからにほかならない。

文明学シンポジウムのもうひとつの特徴は、日本文明は第二地域の中国文明や第一地域の西欧文明の模倣ではないとする主張である。たしかに文化要素は貪欲に摂取したが、組み立ての構造は独自の統合原理によるとする立場にうらづけられていた。

べフとクライナーによる英訳本の序論でも「日本文明の梅棹理論」という節がもうけられ、およそ次のように説明されている。日本は中国文明なくして存在しえなかったとする通説に対し、梅棹は中国との類似性は文化的なものであり、文明的ではないとした点が独特である。とくに文に対する武の優位、親への孝よりも主君に対する忠、イエや親族集団が系譜よりも政治・経済的な組織である点などに注目した。「儒教社会」にプロテスタントの倫理をみようとしたマックス・ウェーバーの近代化論に疑問をいだき、ロバート・ベラーなどが日本の近代化を準備した徳川時代に注目したように、梅棹は近世、さらには安土桃山時代にまでさかのぼって日本文明を継続的にとらえ、西ヨーロッパ文明との平行性を主張した。そうした独自性はガリレオ・ガリレイの地動説にたとえることができる。科学的解釈は投票や民主主義、あるいは人気によっては判断されない、と。

JAWSの民博大会

もう一点、谷口国際シンポジウムについて梅棹自身が評価しているのがJAWS《ジョーズ》（**Japan Anthropology Workshop**）第一二回大会の民博開催である。梅棹は「このシンポジウムによってつちかわれた交流が実をむすんで、一九九九年三月には、その国際大会が日本の国立民族学博物館で開催された。これは谷口国際シンポジウム文明学部門ののこしたおおきな遺産であろう。」と述べている。JAWSは一九八四年にオックスフォードで設立された日本の人類学的研究に従事する研究者のあつまりである。当初は一五名ほどのメンバーでたちあがり、ヨーロッパが中心であった。クライナーやセップ・リンハルト（第一回、第一一回）、ヤン・ファン・ブレーメン（第六回）、ジョイ・ヘンドリー（第八回）などJAWSの中心メンバーが谷口国際シンポジウムに参加している。筆者はヤン・ファン・ブレーメンにまねかれ、ライデン大学でひらかれた一九九〇年の大会に出席し、その後、ロジャー・グッドマン（オックスフォード大学）と組んで民博大会の開催にこぎつけた。民博では一四〇名以上が参加し、JAWSの歴史のなかでは二〇〇五年の第一六回香港大会とならぶ最大規模の集会となった。

4 文明研究の方法論――比較と類比

梅棹は文明学をシステムの学ととらえ、方法論としてもっとも有力だとかんがえていたのは比較と類比である。比較が意味するのは、システムとしての文明の比較であり、文明を構成する諸要素の比較ではない。他方、類比は平行現象を発見するためのツールであり、文明を別のものにたとえることによって理解の促進をはかろうとした。

そもそも梅棹が「文明の生態史観序説」を執筆する契機となったのはインド体験である。アフガニスタンでのモゴール族調査を終え、カイバル峠を越えてインドにぬけたとき、インド文明が日本文明といかに異質であるかを実感したことが比較に道をひらいたのである。中国文明については、要素の共通性――漢字の使用、儒教の受容など――にもかかわらず、システムとしては日本文明といかに異質であるかという点に注目した。他方、西ヨーロッパ文明と日本文明は要素的には――キリスト教と仏教、騎士と武士など――おおきなちがいがあるけれども、システムとしては封建制を基盤に植民地国家として発展したという認識をもっていた。こうした比較が類比として表現されたとき、たとえば「クジラ文明論」が成立する。すなわち、クジラも魚も海をおよぐ動物であるが、哺乳類と魚類としての決定的なちがいがある。日本文明は西ヨーロッパ文明と一見似ていないが、およぐという機能に注目すると同類ということになる。すこし小型だからイルカかもしれない、と付言したのは梅棹の洒落っ気の発露《はつろ》である。

もうすこし学問的に類比をかんがえるとき、梅棹はよく言語をもちだした。なぜなら文明とは言語の要素である単語を統合する統辞論あるいは文法にたとえられるからである。文明学は単語の語源論や系譜論ではなく、単語を文章に構成するしかた、つまり統辞論にほかならない。文明は外来の要素を導入しながらも、諸要素の統合原理はそれぞれの文明に独特であるという見方をとる。その異同のうえで、ヨーロッパと日本は統合の原理においては、きわめてよく似ているというのが「文明の生態史観」以来の観点である。

言語論からは通時的（ダイアクロニック）と共時的（シンクロニック）という概念も援用される。文明学がめざすのは通史ではなく、諸文明の共時性である。文明間の対立や葛藤を通時的にではなく、共時的なシステムとして理解しようとする。文明の特徴、その統合形式、運動様式などを、システムの特徴として記述することが文明学の課題である。さらに、さまざまなモデルのシステムをつくりだして、シミュレーションをおこなうことによって、文明のうごきを予測することも不可能ではないと述べている。類比はそのモデル形成をささえる強力な武器である。

学術的な類比のなかで梅棹の立論にきわだっているのは、いうまでもなく生態学である。エコシステムをモデルにユーラシア大陸の諸文明を通時的・共時的にデッサンしたのが「文明の生態史観序説」にほかならない。歴史家とはまったくことなる手法で、生態学の遷移（サクセッション）や極相（クライマックス）の概念を援用して、ユーラシアに生起した諸文明の構図をえがいてみせたのである。

したがって、比較や類比に習熟することが文明学の方法論を身につけるためには不可欠となる。「たとえ」を有力なツールとして駆使することが必須である。比喩には直喩や隠喩、あるいは換喩などがある。たとえば日本文明クジラ論は隠喩法、すなわち「あるものを表すのに、これと属性の類似するもので代置する技法」（広辞苑）である。文明学にとっては隠喩法を自家薬籠中のものとすることが肝要であろう。

分析的考察から総合的洞察へ

文明学はシステムの学、関係の学、全体学、あるいは統合学であると梅棹は定義し、全体システムのあり方、関係の壁、統合の度あいなどの記述方法を開発する必要性を説いた。たとえば、入力と出力の関係にみられる効率、システムの安定性、他のシステムとの摩擦係数などがシステム学をモデルとして提起した。諸文明の定量的比較が可能かどうか、まで問うた。

二〇世紀後半における情報処理能力の進展を見越し、梅棹は検証可能な比較資料の蓄積とその処理法に期待をかけた。文明学が成立するとすれば、文明の原理を抽出し記述する科学的用語体系と発想法が不可欠であると指摘した。熱力学の概念であるエントロピーが情報科学に導入されたように、文明学に生態学の諸概念が有効であることは実証済みである。しかし、その陥穽は機械論や有機体説である。デカルトにはじまる分析的考察には決別しなくてはならない。めざすは総合的洞察である。その支援ツールとしてコンピューターがつかえるではないか、と主張した。

総合的洞察は過去を総括し、未来を先取りする。「生態系から文明系へ」というテーゼは文明学の原理ともいうべきグランド・セオリーである。進化論が現状の生物的世界の科学的記述でありながら、その背後にはおおきな歴史的展望をもつ理論であるように、文明学も「人間＝自然系」から「人間＝装置・制度系」へという文明史的展望をもっている。その移行は連続的であり、現代文明といえども多分に生態系的要素をのこしている。それを議論しようというのが、梅棹の発想であった。

5　比較文明学会と比較文明学研究

比較文明学会の設立

谷口国際シンポジウムの開始とほぼ時をおなじくして比較文明学会が設立された。比較文明学会のほうは一九八三年一二月に創立総会がひらかれ、梅棹が「比較文明論の課題」と題する記念講演をおこなった（『著作集』第五巻『比較文明学研究』）。

その講演で梅棹は「文明の生態史観」の誕生をふりかえるとともに、谷口国際シンポジウム文明学部門において日本文明を比較文明論的にみなおす作業に着手したと述べている。そして、比較文明論とは文明に関する総合的洞察のうえになりたつものであり、フィールド・ワークをともなう地域研究を横につらねることを有力な方法論として提示した。また文化人類学にとっては文明論への脱皮をくわだてるべき時期にきているとまで言い切っている。めざすべきは諸文明の相互関係におけるモデル形成であり、それをささえる論理はアナロジー（類比）であると強調した。その点で、日本はヨーロッパなどとくらべると、自己中心性を克服していて、文明の相対主義に立つ要件をそなえていると指摘した。最後に、日本の課題としては、中国と日本との比較文明論があげられるとむすんだ。

モデル形成については、コンピューターの活用を視野にいれていた。前出の記念講演でも文明をシステムとしてとらえるうえでコンピューターは欠かせないとかんがえ、民博のコンピューター民族学という部門を紹介している。その射程にはシミュレーションによる文明の未来予測がおさめられていた。

文明の未来予測

民博開館一周年を記念する一九七八年の講演「二十一世紀の人類像」において、梅棹は人類の未来についての将来予測をこころみることが学問の本来的な性質のひとつであると述べた。以下はその要約である。

二一世紀の人類像を予測するうえでは、まず二〇世紀とは何であったかをかんがえる必要がある。梅棹はそれを「デコボコならし」というたくみな表現をつかって総括した。二〇世紀に格差の是正による一様化、一体化の方向に人類の文明がすすみ、二一世紀においてもすくなくともその前半までは継続するとみていた。これを「地球時代」の到来とよんだ。その一方、二〇世紀は帝国が消滅し民族の自己主張による国民国家の時代になったとみなしていた。そのため民族問題、すなわち文化共同体の衝突がおおきな問題となってきた。民族問題は言語や宗教における伝統のほりおこしと自己主張とにつながり、さまざまな軋轢《あつれき》や葛藤をひきおこし、一元的、普遍的な解決が不能におちいる。そこで、文化という「相互不信の体系」をたがいに理解させることが必要となり、文化的翻訳者としての民族学、文化人類学の出番がくる。いよいよいそがしくなることを覚悟せよとむすんだのである。

二一世紀もすでに四半世紀がすぎようとしているが、民族問題は好転しないばかりか、ウクライナやガザ地区の戦乱を想起するまでもなく、ますます混迷の度を増すばかりである。民族問題に対する梅棹の処方箋は「相互不信の体系」である文化をたがいに理解しあうようにつとめることだった。その営為のひとつが梅棹の監修による『世界民族問題事典』（平凡社、一九九五）だった。この企画は梅棹が理事として関与していた政府系シンクタンクの総合研究開発機構（ＮＩＲＡ）が推進したものであり、「民族問題」をひろくとらえて、全世界を網羅した、おそらく世界で最初の事典であった。

人類の未来

　梅棹には構想だおれにおわった未刊の書がいくつかある。その代表が『人類の未来』である。それは河出書房新社の「世界の歴史」シリーズ全二五巻の最終巻をかざるはずだった。そのため梅棹は大阪万博の翌年の正月から京都のホテルに「かんづめ」にされ、「こざね」（小片のメモ。『知的生産の技術』参照）を駆使して目次の作成に着手した。目次は完成したが、多忙さゆえに書き下ろしにはいたらなかった。梅棹の没後、のこされた「こざね」をもとに小《こ》長《なが》谷《や》有《ゆ》紀《き》によって『梅棹忠夫の「人類の未来」――暗黒のかなたの光明』（勉誠出版、二〇一二）という一書がまとめられた。

　幻の著作は四部一二章という構成で、プロローグとエピローグが付いていた。文明については「第二章　文明との競走」があり、「子々孫々の消滅」や「情報の時代」という節がふくまれていた。文化については「第一一章　不信システムとしての文化」が用意されている。人類についても「第一二章　できのわるい動物」で「人間改造の可能性」や「宗教の終焉」がとりあげられている。エピローグでは最後に「暗黒のかなたの光明」というポジティブな文言がみられ、読者を絶望の淵から救済する意図が感じられる。

　梅棹は「未来に責任をもつ」ことがインテリの役割であるとしばしば口にしていた。それはバラ色の未来をかたることではなく、むしろ未来の不安を予測し、それを解消する方策をさぐることを意味していた。梅棹にとって文明学研究とは人類（できのわるい動物）をさまざまな危機から救済する知的営為でもあったのである。

さらに詳しく知るための参考文献

梅棹忠夫『文明の生態史観――増補新版』（中公文庫、二〇二三。初出は中公文庫、一九七四／中公叢書、一九六七）……『中央公論』の二論文、「文明の生態史観序説」と「東南アジアの旅から」を中心に、その前後に発表した論文やエッセイを収録した著作。増補新版には「海と文明」の章がくわわった。日本発の比較文明論の基本的文献。「海と文明」をふくむ完訳英語版は Umesao, Tadao *An Ecological View of History: Japanese Civilization in the World Context* Edited by Harumi Befu, Translated by Beth Cary 2003. Melbourne: Trans Pacific Press.

梅棹忠夫『近代世界における日本文明――比較文明学序説』（中央公論新社、二〇〇〇）……谷口国際シンポジウムの基調講演一七回分をまとめたもの。『文明の生態史観』の各論篇とみなしてもよいし、各年度の実行委員長との共同著作というべきかもしれないと著者は述べている。英語版には Introduction to the Life and Work of Umesao Tadao というベフ・ハルミとヨーゼフ・クライナーの共著による序論が付いている。Umesao, Tadao *Japanese Civilization in the Modern World: An Introduction to the Comparative Study of Civilizations* Edited by Harumi Befu, Josef Kreiner, and Hirochika Nakamaki, Trans. and comp. by Beth Cary 2013. Bonn: Bier'sche Verlagsanstalt.

梅棹忠夫『二十一世紀の人類像――民族問題を考える』（講談社学術文庫、一九九一、初出は講談社、一九八九）……国立民族学博物館の開館一周年記念講演「二十一世紀の人類像をさぐる」をはじめ一九七〇年代末から八〇年代にかけての講話を八篇おさめた講演集。とくに民族問題に焦点を当てている。「帝国」はすでに解体の過程にあり、主権国家がかかえる民族集団は分離主義的傾向をしめしているが、国家それ自体も解体への道をあゆみはじめているかもしれないと問題を提起している。

梅棹忠夫『比較文明学研究』（『梅棹忠夫著作集』第五巻、中央公論社、一九八九）……著作集の第一回配本。『文明の生態史観』をそのまま収録したのが第一部であり、第二部「比較文明論の展開」と第三部「文明学の課題と展望」では既刊の論考にくわえ、研究会などで口頭発表したものもあらたに収録されている。三〇年にわたる梅棹の比較文明学的考察の原視点であり、集大成ともいえる。

梅棹忠夫『行為と妄想――わたしの履歴書』(中公文庫、二〇〇二。初出は日本経済新聞社、一九九七)……日経本に大幅な加筆をおこなった一五章からなり、「幼年のころ」「山への目ざめ」「探検隊の見習士官」「モンゴル行」「戦後の生活」「比較文明論への旅だち」「アジアからアフリカへ」「京都大学にかえる」「ヨーロッパと万国博」「博物館づくり」「公私多忙」「文化開発のプランニング」「世界体験」「老年の波乱」「老後のくらし」という表題がついている。

＊付記　本稿では国立民族学博物館梅棹資料室の三原喜久子、明星恭子両氏の協力をえた。記して謝意を表したい。

田中正造・南方熊楠・石牟礼道子——文明批判と自然

小倉紀蔵

1　文明批判と近代批判

本項でとりあげるのは、「近代文明を否定ないし批判し、自然とともに生きる昔からの生活文化を肯定する」立場のひとびとである。

ただそれは単なる文明嫌いとか、老子の追随者などというものではまったくない。近代日本という特定の時空間において、特定の思想を帯びた「強い文明」によって具体的に生そのものが破壊されてしまった状況に対して、もっとも根源的な批判と否定を叫んだひとびとである。田中正造《たなかしょうぞう》（一八四一〜一九一三）と南方熊楠《みなかたくまぐす》（一八六七〜一九四一）と石牟《いしむ》礼《れ》道子《みちこ》（一九二七〜二〇一八）。

これら三人は、近代日本において根源的な文明批判をなしえた稀有な文明論者たちである。したがって、さきに「近代文明を否定ないし批判し、自然とともに生きる昔からの生活文化を肯定する」と筆者は述べたが、より正確には、「近代文明を否定ないし批判し、自然とともに生きる昔からの生活文化を肯定することによって、近代文明とは異なる別の文明を構築しようとした」

といったほうがよいであろう。

足尾《あしお》鉱毒《こうどく》事件に反対した田中正造は、近代の科学技術によって地域の自然や生活が破壊されてしまったことに強い抗議をした。また南方熊楠は、政府や地方権力の「統合的支配」という思想によって古来の多様な神社が統廃合され、その自然環境が破壊されることに抗議した。さらに水俣病《またびょう》を告発した石牟礼道子は、近代技術と資本が古来の漁村の生を完膚なきまでに破壊してゆく様子を、静かに劇しく克明に書ききった。

本項では、この三人を、生年の新しい順に、つまり石牟礼、南方、田中の順に紹介したい。その理由は、本項を読み進めていただければ、理解できると思う。

2　石牟礼道子——いびつ化する文体

「聖域」を書く

石牟礼道子の『苦海浄土《くがいじょうど》』こそ、現代日本においてもっとも「深き生」を語りきった作品だといってよいと思う。

石牟礼は一九二七年、熊本県天草郡《あまくさぐん》に生まれ、二〇一八年に死去した。水俣病事件をめぐる壮大な語りである『苦海浄土』は一九六九年に発表され、その後も書き続けられた。マグサイサイ賞（一九七三）、紫式部賞（一九九三）、朝日賞（二〇〇一）などを受賞。

『苦海浄土』は戦後日本における環境破壊や強欲な資本の暴力を描き切った長大なサーガであり、ノーベル文学賞にもふさわしいといわれた記念碑的な傑作である。この作品が奇跡的に生み出されたことは、戦後日本文学史における最大の収穫であったといってもよいのかもしれない。

この大サーガは、次のように始まる。


年に一度か二度、台風でもやって来ぬかぎり、波立つこともない小さな入江を囲んで、湯堂《ゆどう》部落がある。

湯堂湾は、こそばゆいまぶたのようなさざ波の上に、小さな舟や鰯籠《いわしかご》などを浮かべていた。子どもたちは真っ裸で、舟から舟へ飛び移ったり、海の中にどぼんと落ち込んでみたりして、遊ぶのだった。

夏は、そんな子どもたちのあげる声が、蜜柑《みかん》畑や、夾竹桃《きょうちくとう》や、ぐるぐるの瘤をもった大きな櫨《はぜ》の木や、石垣の間をのぼって、家々にきこえてくるのである。

村のいちばん低いところ、舟からあがればとっつきの段丘の根に、古い、大きな共同井戸――洗場《あらいば》がある。四角い広々とした井戸の、石の壁面には苔の蔭に小さなゾナ魚《め》や、赤く可憐なカニが遊んでいた。このようなカニの棲む井戸は、やわらかな味の岩清水が湧くにちがいなかった。

ここらあたりは、海の底にも、泉が湧くのである。

今は使わない水の底に、井戸のゴリが、椿の花や、舟釘の形をして累々と沈んでいた。(藤原書店版『苦海浄土　全三部』二〇一六、一一〜一二頁)

『苦海浄土』の冒頭のこの描写は、なにを示しているのか。人間が熊本の自然と完全に調和して、両者のあいだに少しの間隙もない世界を描いている。これはひとつの美しき「浄土(ピュア・ランド)」であるといってよい。極楽という別世界を想定する必要のない、太古から永遠に続くかのような、つまり時間や歴史のない、完全世界である。

このような現世の「浄土」を冒頭で描いて、石牟礼はなにを語ろうとするのか。石牟礼を賛美するひとたちは、作品の詩的宇宙に酔いしれて、それを破壊した現代文明を批判するのであろう。その意味で、石牟礼の戦略は大成功した。批評家や研究者たちは、騙《だま》されたのだ。公害を描き切った文学作品として最高峰である『苦海浄土』を批判することなど絶対にできないのだから、批評者や研究者はあらかじめ石牟礼の戦略につきあわざるをえないのだし、幸福な共作・共犯関係を維持しなくてはならないのだ。あらかじめ勝負は決まっていた、といってもよい。

石牟礼自身が、このことに関連して重要な告白をしている。島尾《しまお》ミホとの対談で、彼女はこう語る。

作品にいたしますとき、育ててもらった世界を相対化して作品化

石牟礼道子

していく過程では非常に、どの作品もそうですけど、美化してるわけじゃないんですけど、理想化して書いてる気持ちはございますね。あのう、そこでは哀憐ただならないという気持ちがございますね、作品の上では。

書いておりますうちに浄化作用のようなのが私の中で起きてきて、ある種の聖域のように、特に水俣病みたいなのがかぶさってきましたから、一種の聖域として書こうとしている気がいたします。もう失われた世界でございますけど。（島尾ミホ・石牟礼道子『ヤポネシアの海辺から』弦書房、二〇〇三、一三八〜一三九頁）

この対談では、対談者である島尾との波長がよく合ったためなのか、石牟礼はかなり多くの本音を吐露している。たとえば母の家を建てた大工に石牟礼が『椿の海の記』をさしあげたところ、それを読んだ彼から「道子さんのは、えらい暗かなあ」「まちっとようわかるとば、書いてはいよ」といわれたという（同右、一三七頁）。つまり、地元のふつうの生活をしているひとにとって、石牟礼の文学は、日々の暮らしから乖離している難解な表現だったのである。高踏的《こうとうてき》といってもよいかもしれない。

南方熊楠が地元の和歌山を描くのに、一切の理想化をせず、それを聖域とも認識せずに、その清濁・長短・高下・善悪を選ぶところなくくまなく記述したのとはまったく異なる表現であった。

それでは、文明を批判するうえで南方と石牟礼のどちらがより誠実で、有効な立場だといえるのか。石牟礼の表現には対象の理想化や聖域化があるので、南方の表現より劣っているのだろうか。

危うい「純度」

石牟礼はいう。

拙いこの（『苦海浄土』）三部作は、我が民族が受けた希有の受難史を少しばかり綴った書と受け止められるかも知れない。間違いではないが、私が描きたかったのは、海浜の民の生き方の純度と馥郁たる魂の香りである。生き残りのごく少数の人達と、今でもおつき合いをさせていただいている。まるで上古の牧歌の中に生きていた人々と出会うような感じである。

この列島の辺縁に生きていた漁民達は、日本の近代が一度も眼をくれたことがなかった、最も淳樸《じゅんぼく》で雄渾《ゆうこん》な、原初的資質を備えた人々だったのではなかろうか。残り少ないその遺民達とわたしは現《うつつ》に立ち混ざっている。（「あとがき――全集版完結に際して」藤原書店版『苦海浄土　全三部』一〇五八頁）

石牟礼は文学者であり、かつ記録者であった。文学者としての石牟礼は、かぎりなく美しい自然と人間を描きたかった。それだけでも文学作品は完結するだろう。つまりそこに登場しないもの〈近代〉を、表現の力で告発することは可能だろう。読者は美しい完全な牧歌的世界を追体験することによって、そこに登場しないがそれを破壊するもの〈近代〉を憎悪することができる。

もし石牟礼が生粋の文学者であったなら、そうしたかもしれない。

しかし石牟礼のもうひとつの側面は記録者であり、その衝動は「義」であった。

彼女はいう。

私の大好きな言葉に、本田啓吉《ほんだけいきち》先生の言われた「義によって助太刀《すけだち》いたす」があります。今から十二年前に『全集』のあとがきに引かせていただきました。

私は、この『苦海浄土』という作品を、まさにこれと同じ気持ちで、「義によって助太刀いたす」という思いで書きました。

当時の右とか左とかいうイデオロギーではなくて、その〝義〟によって、書いたのです。(同、一〇六九頁)

「義」とはなにか。石牟礼によれば、「義という言葉は字面の観念ではなく、生きながら殺されかかっている人々に対する捨て身の義士的行為を意味した。それは、当時高度成長を目指して浮わついていた拝金主義国家に対して、真っ向から挑戦した言葉でもあった」(「あとがき――全集版完結に際して」、藤原書店版『苦海浄土　全三部』一〇五五頁)。

危ういことばである。このことばを額面通り受け止めるなら、石牟礼は運動の二項対立的世界観に自己同一化して『苦海浄土』を書いたことになる。善悪二元論であり、善が悪を倒さずしては終わらぬ「春秋の筆法」に則っていたことになる。本田啓吉先生とは、一九六九年に熊本で発足した「水俣病を告発する会」の代表となった高校教師である。

もし石牟礼が、「告発」という行為をするために水俣の現実を理想化し聖域化したとするなら、それは虚偽に近い所業となり、結局は水俣の自然と人間を歪めてしまうことになる。義という道徳性が、「最も淳樸で雄渾な、原初的資質を備えた人々」の生にまとわりつくことになり、「海浜の民の生き方の純度と馥郁たる魂の香り」は素朴に実在するのではなく、義という道徳によって構成されて実在させられるものになる。「純度」ということばがことさらに痛々しい。チッソや資本主義や近代という悪を糾弾するために、水俣の「純度」は高められてしまったのではないか。もしそうであるなら、「海浜の民の生き方」はその悪に従属してしまう。悪が実在するから、それを打倒するための義を実践しなくてはならず、そのために漁民の生は「純度」が高くなくてはならない、という論理になってしまう。漁民の牧歌的な生はチッソや資本主義や近代という悪なしには存在しえないものになってしまう危うさが、ここにはあるのだ。

文化ロマン主義

このアポリアは、文明批判という行為をする際に、必ずといってよいほど巻きついてくる問題なのである。

なぜこのようなアポリアが生じるのか。

「自然や人間を破壊する文明」を批判するとき、その自然や人間というものが「文明以前」の「純度の高い」ものとして想定される場合がある。文明に汚されていない「零度の文化」を要請するのだ。この想定の背後には、「文明がなくても文化があれば生きていける」という「文化ロマン主義」とでも呼べる世界観が力強く横たわっている。この場合の文化とは、文明から切り離された「なにか」である。「一切の文明性のない文化」なるものがこの地上のどこかに実在するという妄想が、この「文化ロマン主義」を支えている。

だが事実としては、文明と縁のない「純粋な文化」というものは実在しないし、そういうものを想定すること自体が、「文化の敗北」を意味する。つまり、文化は本来純潔なものであると想定されればされるほど、その純潔度をめぐって優劣の争いが起き、「どちらがより純度の高い文化なのか」という尺度でしか文化を見ることができなくなる。そのような「原初的純潔文化絶対主義」においては、結局、「文化そのもの」を探す旅をいくら続けたとしても、それに出会うことはできない。この旅において文化はいつもすでに文明に従属した概念としてしか表象されなくなる。文明によって支配され、汚され、破壊された文化しか現実には実在しないからである。

近代への移行期や近代全盛期には、このような文化ロマン主義が横行した。ポストモダンの時代になると一斉に退潮になったので近年はあからさまな文化ロマン主義はアカデミアにおいては姿を消したが、大衆メディアなどではそのような表象はいまだに根強く残存している。一般大衆の純粋文化ロマンティシズムを大きく刺戟するのであろう。

逆にいうなら、文化ロマン主義による「原初的純潔文化絶対主義」が横行している時代や社会というのは、近代化が進行している時代や社会なのだといえる。近代化に魅力がなくなったりそれを脱したと自己認識されると、このような主義も急速に魅力を喪《うしな》ったり糾弾《きゅうだん》されたりするわけだ。

石牟礼の戦略

このアポリアを回避する、ないし克服する文明批判の道はいくつかある。

ひとつは、「原初的純潔文化と文明の切り離し」ではなく、「自然と人間の切り離し」という作業に移行することである。こちらのほうがよりラディカルな切り離しかもしれない。しかしデカルトを想起させるこの戦略は、今日、文明批判の方法論としてほぼ意味のないものとされるに違いない。

もうひとつは、まさに石牟礼が採った道なのである。彼女は実は、単に「原初的純潔文化と文明の切り離し」をしたのでは決してない。

そのことは『苦海浄土』のいびつな文体を見れば、一目瞭然である。この作品には、水俣の暮らしを描く高い純度と馥郁《ふくいく》たる香りの文体と同時に、それとは正反対の役所や企業の文書などが引用されてそのままふんだんに使われており、文章が均質でない。凸凹がありすぎて、これがひとつのまとまりのある文学作品なのか、という疑いを引き起こすほどだ。読者はそのことに容易に気づく。しかし、「この作品は道徳的に高潔なノーベル賞級の傑作である」という先入観が強いと、この作品のいびつさには気づかないか、気づかないふりをしなくてはならない。ほとんどの批評家や研究者たちも、この作品の文体が破綻していることを論わない。

もしこの作品が水俣病という「聖域」を描いたものでないのなら、読者はその文体の異常ともいえるいびつさを気軽に指摘し、批判することができたであろう。だが、逆なのだ。石牟礼は、水俣病という「聖域」を描いたからこそ、異常ともいえるいびつな文体でこの作品を描いたのだ。

ここにこそ、石牟礼の文明論がある。つまり馥郁たる純度の高い文化のみを描くのではなく、それとは決定的に異質な契約・賠償・交渉・要求・拒絶・利害・加害・被害などという行為にまつわる生《なま》の文章を全篇にちりばめることにより、文明というものの暴力性を赤裸々《せきらら》に表面化したのである。近代文明に侵されたわたしたちの生そのものが、そこに呈示されてある。それを如実に見せることにより、石牟礼は文明を告発したのである。

3　南方熊楠——反二分法の認識論

「わかりにくい」南方

南方熊楠は「知の巨人」などという惹句《じやつく》がよく似合う民俗学者であり生物学者であり博物学者であり比較宗教学者であった。

石牟礼道子は一九二七年生まれで、南方熊楠は一八六七年生まれである（死去は一九四一年、生没地はともに和歌山）。当然、本項における順番としては南方より石牟礼を後に置かなくてはならないかもしれない。しかし南方を後に置いたのは、理由があってのことである。

石牟礼の節で書いたことと、南方の世界観を比較してみるときに、まず石牟礼に対する理解を先にすべきだという理由である。

結論からいうならば、「文明　対　文化」の対立において後者にのみ価値を置く、という石牟礼のような態度を、南方はとらない。

そのことによって、南方文明論は石牟礼文明論よりもわかりにくくなっているのは、たしかである。石牟礼の場合は「なにが敵であるか」がきわめて明確でわかりやすいのだが、南方を読んでもそれは明快ではないのである。

ここに、南方文明論の特徴があると思われる。近代文明を擁護する福澤諭吉であれ、それを否定する田中正造や石牟礼道子であれ、立場のわかりやすさが個性となって、メッセージが受け手にきちんと受け取られている。しかし南方の場合は、その複雑性と不明快さによって、読者にきちんと全貌が受け取られているようには見えない。部分的に切り取られて評価されているように見える。

たとえば「南方曼荼羅《みなかたまんだら》」をきわめて高く評価する（というよりはそれに心酔する）鶴見《つるみ》和子《かずこ》は、クソオトコ・クソオンナや異常性交や手淫や男根女陰が足の裏や手の先にあったならどうなるか、などに関する南方の赤裸々すぎる「浄《じょう》のセクソロジー」（中沢新一《なかざわしんいち》による概念化）に対して、どう評価したのだろうか。まさか知らなかったとはいえまい。南方を高尚に理解しすぎて、その野卑で淫猥な側面

南方熊楠

を切り捨ててしまってはいなかったか。

また、南方の神社合祀反対に環境保護思想とその実践の先駆的姿を見て高く評価するひとびとは、その部分だけを切り取ることによっては、南方の全貌を理解したとはいえないはずだ。「清く正しい」部分だけを切り取って拡大して評価してしまうのではなく、その全貌を理解して文明論的に評価する必要があるのではないか。

南方熊楠を比較文明学者と規定するのは、さして間違っていないと考える。彼は一五年間の英米での生活の最中、つねに日本と西洋を比較して暮らしていたのであるし、彼の手になるすぐれた比較論が数多く残されている。たとえば世界の宗教に関する比較、民俗学の比較、性に関する比較などは質の違いはあれどどれも深い洞察を含んでいる。また重要な視点としては、ある対象に関する研究において、研究者の出身地によってアプローチや方法が異なるという着眼（「柳田《やなぎた》國男《くにお》宛書簡」）も非常に秀逸である。

彼はつねに日本人という立場を意識しつつさまざまな比較や考察をつづけたが、「日本と西洋」という比較の軸だけを重要視したのではない。福澤諭吉などとは異なる。南方には「自然と非自然」という比較の軸が強烈にあった。もちろん、「日本＝自然」「西洋＝非自然」という二分法ではない。日本にも自然と非自然があり、西洋にももちろん自然と非自然があった。どちらかに一方的に価値を置くということではない。

つまり南方熊楠は、表面的な近代主義者や反近代主義者が容易に理解できるような単純な思想家ではない。それらの「主義者」が用意した枠組みに都合よくすっぽりとはまってくれるような人物ではない。怪物的といえるような、まさに粘菌的《ねんきんてき》な生命力をねばねばと拡散しながらどこまでも浸透していく奇怪な知性そのものである。

南方だったら水俣をどう書いたか

だからわたしたちは、ここで思考実験をしてみたい誘惑に駆られるのである。もし熊楠が水俣か天草に生まれ、戦後の高度成長期に生き、『南方版・苦海浄土』を書いたとしたら、いったいどんな文体のどんな作品になっただろうか。そのことを想像してみたいのである。

そこに登場する水俣の人物は、石牟礼の『苦海浄土』に出てくる神話の登場人物のようなひとたちではなく、猥雑《わいざつ》でいびつで、嘘もつきひとをだましもし、近代や資本に憧れたりもし、ひとつの世界観ではとらえきれない過剰さをふんだんに持っている、まさに民衆であったかもしれない。「淳樸」で「馥郁たる魂」の持ち主というよりは、ずるくて抜け目のない魂であったかもしれない。

もしそうだったら、残念ながらわたしたち読者は、水俣の現実に対してさしたる関心を持たなかったかもしれない。石牟礼の渾身の「理想化」が介在したからこそ、『苦海浄土』は記念碑的な傑作となり、日本国民は水俣の現実に憤りと悲しみを強く感じえた。それをぶちこわすような南方の冷徹な態度、つまりなにものにも超越的な価値を与えず、あらゆるものごとを序列化せずにひとしなみに同列に並べて観察する「科学的」態度をもって水俣が書かれてしまったら、読者はとまどい、理解を拒絶し、無視しようとしたかもしれない。

それは残念なことだが、もしそうであるなら、「大切な文化」は「憎悪すべき邪悪な文明」とは異なる純粋で馥郁たるものでないと価値がなく、守るべきでもないのだろうか。それなら、文明と文化の関係は、いったいどうなるのか。

「邪悪な文明」と、それに汚染されていない「純粋な文化」という二分法を南方は採らない。それならば、すべてをひっくるめて認識するための方法論は、南方にあるのか。石牟礼が馥郁たる文化と悲惨なる現代文明を綴錦《つづれにしき》にして書き切ったような方法論が、南方にもあるのか。

南方マンダラ

南方の世界観には、強烈な方法論的な独自性があった。それはわたしたちの時代の比較文明学にとっても、きわめて重要な示唆を与えるものである。「不思議」「理」「萃点《すいてん》」「tact」などという概念を、ここでは紹介したい。これらは南方独自の概念として有名であるが、意外にきちんと理解されていないように思える。ここでは、わたしの解釈抜きに南方のことばを用いて説明してみたい。

不思議ということあり。事不思議あり。物不思議あり。心不思議あり。理不思議あり。大日如来の大不思議あり。予は、今日の科学は物不思議をばあらかた片づけ、その順序だけざっと立てならべ得たることと思う。（人は理由とか原理とかいう。しかし実際は原理にあらず。不思議を解剖して現像団《げんしょう》とせしまでなり。このこと、前書にいえり。故に省く。）心不思議は、心理学というものあれど、これは脳とか感覚諸器とかを離れずに研究中ゆえ、物不思議をはなれず。したがって、心ばかりの不思議の学というもの今はなし、またはいまだなし。

次に事不思議は、数学の一事、精微《せいび》を究めたり、また今も進行しおれり。（中略）さて物心事の上に理不思議がある。（中略）これらの諸不思議は、不思議と称するものの、大いに大日如来の大不思議と異にして、法則だに立たんには、必ず人智にて知りうるものと思考す。さて妙なことは、この世間宇宙は、天は理なりといえるごとく（理はすじみち）、図のごとく（図は

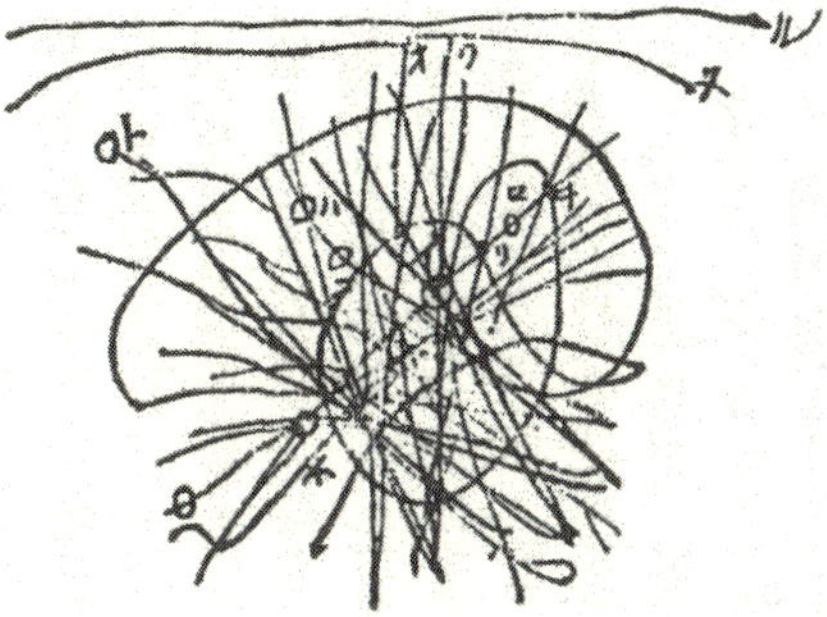

平面にしか画きえず。実は長《たけ》、幅の外に、厚さもある立体のものと見よ）、前後左右上下、いずれの方よりも事理が透徹して、この宇宙を成す。その数無尽なり。故にどこ一つとりても、それを敷衍《ふえん》追究するときは、いかなることをも見出だし、いかなることをもなしうるようになっておる。（「那智《なち》書簡」、中沢新一責任編集『南方熊楠コレクション　I　南方マンダラ』河出文庫、二九五～二九七頁）

この図において、（イ）が「諸事理の萃点《すいてん》」である。萃は「あつまる」の意。これを把握すると、「いろいろの理を見出だすに易くしてはやい」と南方はいう（以下、引用は右の書の二九七～三

○○頁より）。
この萃点というものに後世の注目が集まっているが、実は萃点よりももっと重要な南方の概念がある。それを見てみよう。南方のこの思考こそ、比較文明学の将来にとってきわめて重要な方法論である。

「図中の、あるいは遠く近き一切の理が、心、物、事、理の不思議にして、それの理を（動かすことはならぬが）道筋を追蹤しえたるだけが、理由（実は現像《げんしょう》の総概括）となりおるなり」。

さらに（ル）は、「一切の分かり、知りうべき性の理に対する理不思議」である。そして「すべて画にあらわれし外に何があるか、それこそ、大日、本体の大不思議」である。

理をどのように把握するのか。「今の器械的、数量的にあらずんば、必ずしも理は分からぬものにあらず」と南方はいう。その際にもっとも重要なのは、「tact」であると南方はいう。「石きりやが長く仕事をするときは、話しながら臼《うす》の目を正しく実用あるようにきるごとし。コンパスで斗り、筋ひいてきったりとて実用に立たぬものできる」が、これを「（日本語に）何と訳してよいか知れぬ」。「熟練」と訳するひとがいるが、「tact」は長年を費やして精力を傾けた果てに手に入れられるものではない。朱子学においては、理を把握するたゆまぬ鍛錬を続けると、あるとき突然「豁然貫通《かつぜんかんつう》」の瞬間がやってくるというが、「tact」は「豁然貫通」とも異なる。

南方は、「やりあて」という訳語がもっとも合っているという。「口筆にて伝えようにも、自分もそのことを知らぬゆえ（気がつかぬ）、何とも伝うることならぬなり。されども、伝うることならぬから、そのことなしとも、そのことの用なしともいいがたし」。

ここで彼は「こつ」のことをいっているようにも見えるが、「発見ということは、予期よりもやりあての方が多いなり（やりあて多くを一切概括して運ということ）」ともいっているので、これに関してはセレンディピティに近い概念であろう。

「何の気もなく、久しくやっておると、むちゃはむちゃながら事がすすむなり。これすなわち本論の主意なる、宇宙のことは、よき理にさえつかまえ中《あた》れば、知らぬながら、うまく行くようになっておるということなり」。「偶然といわんにも偶然にはあらず。偶然が幾千万つづくものにあらざればなり。故に、すじみちよいやつにやりあてて、はなさざりしという外なし」。

南方熊楠の場合、ディシプリンという概念よりももっと重要なのは、不思議、理、tact であった。ディシプリンごとに真理や認識が異なるのではない。もしそうなら、分野横断的な洞察は不可能になってしまう。植物や宗教や性風俗や社会など、どんな範疇の認識、いかなる対象に関しても、同じ接近方法でその理をつかもうとするとき、不思議は姿をあらわにするのである。

文明と文化の分離を前提とせず、文明批判をする際に文化を語る作法を変えることをしない。南方の世界認識の作法こそ、比較文明学が他のディシプリンを包摂して育っていくための画期的な方法論であった。

4　田中正造——万物の奴隷でもよろし

「真の文明は人を殺さず」

「真の文明は人を殺さず」。

このひとことによって、田中正造の名は永遠に記憶されるものとなった。

それはまだ「公害」や「環境破壊」などということばがない時代において、まさにその観念を自ら生み出した、先駆的な世界観であった。

田中正造は一八四一年、現在の栃木県佐野市に生まれ、一九一三年に死んだ。足尾銅山鉱毒事件で有名だが、彼の人生はそれがすべてではもちろんなかった。

以下、小松裕《こまつひろし》『田中正造　未来を紡ぐ思想人』（岩波現代文庫、二〇一三）を参考にして、正造についてまとめてみる。

地方議会議員として活躍した彼は、国会開設論の主張や自由民権運動家として名をなしていった。一八九〇年の第一回衆議院議員選挙で当選、その後一九〇一年に辞職するまですべての総選挙（六回）で当選し、「選挙の神様」という扱いをされた。

一八八四年か八五年ころから、渡良瀬川《わたらせがわ》の魚類に異変が見られはじめ、足尾銅山《あしおどうざん》近くの山林樹木が枯れはじめた。ただしこの当時はまだ、鉱毒が原因ということは正造にはわからなかった。正造が鉱毒問題に取り組みはじめたのは、九一年だった。その時点からの動きは素速かった。同年、帝国議会で初めて足尾銅山鉱毒問題を取り上げ、政府の責任を追及した。その後の動きや、正造の人権、自立、自治、憲法、治水、「谷中学《やなかがく》」などに関する思想については、小松の右の著作をぜひ読んでいただきたい。小松は正造の思想の根底に儒教的ヒューマニズムを看取している。

田中正造は強烈な文明批判者であったが、文明批判一辺倒ではなく、文明への信頼も強かった。「真の文明は人を殺さず」という語はそのことを表している。近代否定論者でもなく、土着の精神と外来の近代思想とを現場の生命感覚で強靭に結びつけえたのだ。

「真の文明は人を殺さず」のもとのことばは、「真の文明ハ山を荒さず、川を荒さず、村を破らず、人を殺さゞるべし」である。もうひとつの正造思想の絶頂として、「人ハ万物の霊でなくもよろし。万物の奴隷でもよし、万物の奉公人でもよし、小使《こづかい》でよし。人ハ只万事万物の中ニ居る

ものニて、人の尊きハ万事万物ニ反《そむ》きそこなわず、元気正しく孤立せざるにあり。（中略）正直なれバ馬でも鹿でもよろし。人ハ万物の中ニ雑居し明《めい》よく万事を写し、和して万事に反かず、其身のあやまちを改め、人の万事の罪をすくい、其身の元気を明《あきらか》ニしめして発（働）らき、誠を推《お》して孤立せず、即ち霊たるニ近《ち》かし」がある。

今後この平等思想の絶頂に対して、思想哲学的考究が進むべきと考える。

田中正造

主体化と序列化

正造の哲学には「いのちの序列化」への抵抗という思考があった、と語ったのは、先に挙げた小松裕である。すぐれた田中正造研究者であった小松は、その著書『「いのち」と帝国日本』（小学館、二〇〇九）において、近代日本のひとつの側面は無数のいのちの徹底的な消耗であったが、ただ単にいのちを大量消費したのではなく、いのちを序列化した上で、序列上位のいのちを優遇し、序列下位のいのちのみを無慈悲に夥しく踏みにじったという事実に焦点を合わせて語った。取り上げられたのは足尾銅山鉱毒事件だけでなく、日清・日露の戦争、大逆事件、デモクラシー、米騒動、アイヌ、沖縄、ハンセン病、女工、坑夫、娼妓《しょうぎ》、子供と青年、そして植民地支配、第一次世界大戦、関東大震災、山東出兵、抗日《こうにち》霧社《むしゃ》蜂起など多数にわたる。

小松によれば、日本近代の「文明化」は国家、性、資本、農業、健康などを中心的価値にして、その価値から見て下位に置かれる存在（植民地、アイヌ民族や台湾先住民族、「国益」や「公益」以外のもの、女性、健康でない人間など）を支配し、管理した。

小松から、筆者は田中正造に関して多くを教わった。小松は真に透徹した文明意識を持った歴史家であった。だがその対話のなかで、わたしは彼に次のような問いを投げかけもしたのだ。先の著書に対する書評で、次のようにわたしは指摘した。

いったい、なぜ序列化は可能だったのであろうか。つまり、そのような序列化によって下位に組み込まれた人間は、いのち自体を貶められたり安価に扱われたりし「公」によって奪われたりしたわけだが、なぜそのことを知っていながら、ひとびとはあるいは率先して、あるいは易々と、あるいは抵抗しつつも、序列化されたのだろうか。

それは、序列化が、主体化および普遍化とセットで進行したからだとわたしは考えている。近代日本で進行したのは「上からの主体化（すなわち客体化）」だけではなく、同時に「下からの主体化」でもあった。

ひとびとはいのちを失う危険性を熟知しながらも、普遍的な価値というめくるめく栄光を身体化しようと自ら進んで主体化し、序列化されたのである。

そのことは、併合植民地であった朝鮮においても見られた。最近の日本の朝鮮研究では、従来のような「抑圧する日本」対「抵抗する朝鮮」という二項対立式図式に少しずつ修正が加えられている。実際、韓国のナショナリズムの文法に完全に則った併合植民地時代観のみが支配するのは、誤りなのである。少数の朝鮮人が日本に抵抗したのは貴重な事実だが、それ以外の朝鮮人が非在となってしまってはならない。

多くの下位者は、上位者が打ち出す普遍的な価値に則って自ら主体化し、序列化される。その下位者たちをすべて歴史の闇に葬り去ろうとしても、歴史を正視したことにはならない。下位者はすべて抵抗者か犠牲者であったという人間観は誤謬である。

被抑圧者はすべて客体であると考えると、被抑圧者のゆたかな人間性は漂白されてしまう。魅力的な欲望を持った生身の人間こそが、日本人と接触しながら併合植民地の空間で生きていたのである。

序列化する日本人もいれば序列化される日本人もいる。同時に、序列化される朝鮮人もいれば、序列化する朝鮮人もいた。そしてその主体性もすべて何らかの客体性に彩られていた。この複雑で多重な主体－客体の関係性を丁寧に解きほぐすことが、これからの学問のなすべきことであろう。

歴史を生きる人間はつねに主体性と客体性のあざなえる縄のような生を生きねばならぬのであり、その錯綜した苦悩をきめ細かく解きほぐすことがこれからのわれわれに求められているのである。

民衆は全き客体性の存在などではない。強い欲望を持ち、常に道徳的でもなく、いのちを搾取する帝国側から見えるような無個性の人間たちでもない。

わたしは書評で、小松氏に右のように問うた。きわめて誠実に、彼は応答しようとした。だがその応答を聴く前に、この世を去ってしまった。

さらに詳しく知るための参考文献

田中正造

小松裕『田中正造──未来を紡ぐ思想人』（岩波現代文庫、二〇一三）……田中正造という思想人を知るための基本的な書である。「真の文明は人を殺さず」という思想が生まれた背景、谷中村の「豊かさ」を信じる「谷中学」とはなにか、など全般について広く深く学ぶことができる。著者の主張として、田中正造を二一世紀に輝かすための議論もしている。

小松裕『真の文明は人を殺さず──田中正造の言葉に学ぶ明日の日本』（小学館、二〇一一）……田中正造が発した価値あることばをたくさん紹介しつつ、平易な文体で一般向けに解説した入門書である。「最弱を以て最強に当たる」「水を清めよ」「我が日本まさに亡国とはなれり」「人は「万物の奴隷でもよし」」など。韓国語にも翻訳されて「東学党は文明的」ということばが共感を集めた。

南方熊楠

中沢新一責任編集『南方熊楠コレクションⅠ　南方マンダラ』『南方熊楠コレクションⅡ　南方民俗学』『南方熊楠コレクションⅢ　浄のセクソロジー』『南方熊楠コレクションⅣ　動と不動のコスモロジー』『南方熊楠コレクションⅤ　森の思想』（河出文庫、Ⅰ〜Ⅳ＝一九九一、Ⅴ＝一九九二）……南方熊楠に関しては、ぜひ熊楠本人の破天荒な文体をたのしんでいただきたい。このコレクションが、編集方針もわかりやすく、解説も丁寧で読みやすい。

石牟礼道子

石牟礼道子『苦海浄土　全三部』（藤原書店、二〇一六）……石牟礼道子に関しては、ぜひとも『苦海浄土』を読むことを強くお勧めする。全三部作を読破するなら、この本がよい。解説を含めて一一三〇ページを超える本だが、衝撃的な読書体験となるのは間違いない。

臼井隆一郎『『苦海浄土』論——同態復讐法の彼方』（藤原書店、二〇一四）……本文では紹介できなかったが、この本は、石牟礼の方法論を思想的に解釈し、「本質において損傷を受けた共同体の原状回復」として同態復讐法を超える立場を提示したものである。文明学にとっても重要な視座だ。

島尾ミホ・石牟礼道子『ヤポネシアの海辺から』（弦書房、二〇〇三）……石牟礼道子のものの考え方がよくわかるのは、島尾ミホとの対談である。島尾と波長が合ったのか、石牟礼はかなり率直に自分のことを語っている。

緒方貞子――「共生の文明」の実践者

佐藤壮広

1 はじめに

二〇一九年一〇月二二日、元・国連難民高等弁務官の緒方貞子《おがたさだこ》（一九二七～二〇一九）が亡くなった。享年九二歳。緒方は一九九一年に女性初の国連難民高等弁務官事務所（以下、UNHCR）のトップに就き、二〇〇〇年までの三期一〇年間その任務にあたった。二〇〇三年からは日本の国際協力機構（以下、JICA）の初代理事長として海外への協力事業を指揮し、二〇一二年に退任するまで精力的に活動を続けた。UNHCRでの人道支援活動は国際的に高く評価され、「ユネスコ平和賞」（一九九六年、主催は国連教育科学文化機構）や「マグサイサイ賞」（一九九七年、主催はフィリピンのラモン・マグサイサイ賞財団）、「ソウル平和賞」（二〇〇〇年、主催はソウル平和賞文化財団）、「2010グローバル・ウィメンズ・リーダーシップ・アワード」（二〇一〇年、主催団体はグローバル・サミット・オブ・ウィメン）などを受賞している。また国内においても、二〇〇一年に文化功労者として表彰され、二〇〇三年には文化勲章を授与されている。多くの功績を残した緒方の歩みは、いくつかの伝記・評伝としても紹介されている。

緒方の略歴は、メディアではおよそ次のように紹介されている。一九二七年に東京で生まれ、外交官の父の転勤に伴い二歳から六歳まで米国（サンフランシスコ、ポートランド）、七歳から一〇歳まで中国の広州、そして香港で生活した後、一〇歳から二三歳まで聖心女子学院で学ぶ。終戦時は一七歳で、戦後は聖心女子大学第一期生として英文学を学び、一九五一年に卒業する。同年、米国・ジョージタウン大学修士課程に留学し国際関係論を学ぶ。一度帰国ののち、一九五六年に米国・カリフォルニア大学バークレー校に留学し、一九六三年には博士論文「満州事変外交政策決定過程の研究」で政治学博士号を取得した。この間、一九六〇年に緒方四十郎《おがたしじゅうろう》と結婚し、四十郎の転勤先のロンドンでも生活をする。一九六五年からは、日本の大学で教鞭をとった。一九七四年には国際基督教大学《こくさいキリストきょうだいがく》准教授、一九八〇年には上智大学外国語学部教授となる。この間、一九七六年に日本人女性初の国連公使となり、国連人権委員会日本政府代表など歴任。一九九〇年の国連総会で第八代国連難民高等弁務官（ＵＮＨＣＲのトップ）に選ばれ、二〇〇〇年までその任務にあたった。ＵＮＨＣＲ退任後も人道支援の活動を続け、二〇〇一年にはアフガニスタン支援政府特別代表、人間の安全保障委員会共同議長、国連有識者ハイレベル委員会委員、人間の安全保障諮問委員会委員長などを歴任。二〇〇三年からは日本の独立行政法人国際協力機構（ＪＩＣＡ）の理事長、二〇一二年からは同機構特別顧問として引き続き国際協力の仕事に携わった。二〇一九年一〇月二二日死去（享年九二）。

緒方貞子

以上にみる緒方貞子のグローバルな歩みと功績はそれ自体、次世代への大きな贈りものである。ここではその贈りものの中から三つ取り出し、その意義を述べてみたい。三つの贈りものとは、第一に難民救済・支援で緒方が発揮した現場重視の実行力、第二に「人間の安全保障」という人間の命と尊厳を包括的に保護する理念の提示、そして第三にサダコオガタという名前がアフリカの子供たちに継承されたことである。

2 連帯と巧みな活動の実践

二〇一九年の緒方の訃報に際し、国連はもとより国際的な組織・団体がその死を悼み、声明を発表した。国連のアントニオ・グテーレス事務総長（当時）は一〇月二九日に追悼メッセージを発信し、「緒方氏による連帯と難民の利益に資する巧みな活動のおかげで、何百万もの人々の生活と機会が改善している」と、その功績を讃えた。メッセージの中でグテーレスは、“**solidarity and skillful work on their behalf**”という言葉で緒方を評している。**solidarity** ＝連帯と **skillful work** ＝巧みな活動という語は、緒方の足跡を辿るキーワードである。国際機関ではまず各国や各機関との実務的な連携が必須であり、その活動理念として地球に生きる人類としての連帯が求められるからである。また実務面での連携のためには、当然のことながら巧みな交渉力と実行力が必要となる。グテーレスによる追悼の言葉は、緒方による「連帯」と「巧みな活動」によって多くの難民の生命が救われたことを讃えるものだったといえよう。

緒方は、ＵＮＨＣＲの弁務官として難民救援・支援に力を注いだ。それらは、体力と知力はもちろんのこと、状況についての的確で迅速な判断、現場のリソースを最大限に活かす実行力があればこそ、なしえたことだった。

緒方貞子を支えた体力と交渉・戦略の力

緒方は小学校時代から始めたテニスで、その体力を培ってきた。聖心女子大学に入学するとテニス部を創設し、勉学はもちろんのことテニスの練習にも精を出した。またＵＮＨＣＲ時代も、国連の本部があるジュネーブで仕事をする際には、昼休みや週末にテニスを楽しんだという。聖心女子大学が開設しているＷｅｂサイト「展示　緒方貞子さんと聖心の教育」には、テニス部で活躍する緒方の写真と解説が掲載されている。テニスの腕前は相当なもので、大学三年生の時には、全日本選手権のシングルスでベスト8に入るほどだったという。スポーツは体力づくりの基本だが、緒方がＵＮＨＣＲで激務をこなすことができた要因の一つとして、テニスの習慣があった。興味深いことに緒方は、戦略を立てて実行する術をテニスを通して身につけたとも語っている。相手のコートに隙を見つけてショットを打ち、球のラリー（交渉）を通して相手の手を読むのがテニスであり、そのような力が身についたのはテニスのおかげだったというのである。

現場主義と政策決定・実務実行力

緒方がＵＮＨＣＲのトップについたのは、湾岸戦争さなかの一九九二年二月だった。イラク軍によるクウェート侵攻で始まった湾岸戦争は、アメリカ合衆国を中心とした多国籍軍とイラク軍との戦闘へと進展した。この時、イラク国内で迫害されていた少数民族のクルド人たちおよそ一七〇万人余が隣国のトルコやイランへ出国しようと、国境付近の山間部へ避難した。緒方は同年四月に軍用ヘリコプターに乗り込み避難キャンプへと飛び、クルド人たちの現状を視察している。「現場を見ないことにはどうするかも見えてきませんから」というのが、視察の理由である。ＵＮＨＣＲの弁務官が難民キャンプを現地訪問するのは異例だった。周囲のスタッフは驚いたが、緒方にとっては自身のポリシー「現場主義」からの当たり前の行動だった。緒方はＵＮＨＣＲでは現場主義を通し、難民救済・支援活動においてはまず現地の視察とそこでの情報収集を基本としていた。ものごとを分析する際に現場、現実、現象を重視するのは社会科学の専門家として当然だからである。緒方の現場主義の重要な点は、このような現地視察をふまえた救援・支援の実行にある。

ＵＮＨＣＲはイラン政府と交渉の末、イランへ流れてくる難民への水や食べ物の供給と、テントや毛布などの生活必需品などの支援を取りつけた。クルド人への援助物資は九〇〇〇トンにもなった。ところがまだ国境付近のイラク国内にとどまらざるを得ず、生命の危機に晒されているクルド人たちが四〇万人ほどいた。彼らも間違いなく救援の対象だった。しかしイラク国内に留まっている彼らはイラク国籍のクルド人であり、国境や国籍の問題がＵＮＨＣＲの活動の前に立ちはだかった。一九五四年発効の「難民の地位に関する条約」では、「難民」とは「国籍国の外にいる者」と定義されている。この定義に沿うならば、イラク国内のクルド人たちに対してＵＮＨＣＲは救援活動ができない。

膠着状態が続く中、多国籍軍が避難民のための「安全地帯（セキュリティー・ゾーン）」をイラク国内に設けると発表した。緒方はこれを受け、ＵＮＨＣＲのスタッフと状況打開策を検討し、最終的に避難しているクルド人たちへの救済・支援を行うと決断した。これは緒方にとり苦渋に満ちた選択だったという。イラクの領土内に設けられた「安全地帯」に居る人たちを「難民」と定義し、イラク国民であるその「難民」を保護するというのは、難民条約で定められた「難民」の定義を大きく踏み越えることだったからである。これは、国家主権を前提とした国際難民保護体制の枠組みから大きく出ることを意味した。だが緒方はイラク国内で難民化する人びとへの「人道的介入」を是として、救援活動に踏み切ったのである。この人道に基づく難民・避難民への支援は、その後のＵＮＨＣＲの基本姿勢となった。

この時に、緒方の大きな交渉・実行力が発揮された出来事があった。それは、人道的介入をサポートする役を多国籍軍に依頼したことである。クルド人避難民への救援の道筋が整い出した頃、避難キャンプに駐留していた多国籍軍が撤退の準備を始めた。イラク軍と対峙しつつ「安全地帯」を警護している多国籍軍がいなくなれば、帰還したクルド人を狙ってイラク軍が攻撃してくる可能性がある。だが救援の現場が再び戦禍に見舞われることは、何としても避けなければならない。そこで緒方は、ある行動に出た。アメリカ合衆国大統領ジョージ・H・W・ブッシュ（当時）への直談判である。ワシントンDCへと飛び、難民保護のために米軍の駐留を延長するようお願いしたのである。この時、チェイニー国防長官（当時）やパウエル統合参謀本部議長（当時）とも会見し、UNHCRと多国籍軍との連携について話し合った。国連難民高等弁務官が軍隊に連携を依頼するということは、前例がなかった。そのためこの動きは、軍民連携・軍民協調の新しい形として注目された。ところが緒方はこの件については、「協力しなくてはならない人たち同士が協力すればいいという程度のことです。前例ばかり考えていると、物事は解決できないこともあるのです」と述べ、軍隊との関わりはあくまでもケース・バイ・ケースであると語っている。ともあれ、緒方とUNHCRの活動によって、山岳地帯のクルド人は無事に自分たちの家へ帰還することができたのである。

こうした一連の活動を通し、国内にあっても生命の危機に晒されている人たちを「国内避難民」と認定し保護の対象とするという新しい考え方が、難民支援において定着していった。国連UNHCR協会のサイトには現在、国内避難民とは「国境を越えていないことから、国際条約で難民として保護されない人々のことです。（中略）現在、世界に約六八三〇万人の国内避難民がいます。」と説明がある。

クルド人避難民の救援のあと、UNHCRは旧ユーゴスラビアで難民支援を行うことになった。一九九二年に旧ユーゴスラビアで独立をめぐる民族紛争が起こり、首都サラエボに住むイスラム系住民四〇万人が、対立するセルビア系勢力によって包囲されるという事態が生じた。ボスニア・ヘルツェゴビナの中心都市サラエボに住むイスラム系住民の水や食べ物が不足する中、緒方は自らの現場主義に基づいて、ヘルメットと防弾チョッキを身につけてサラエボに乗り込んだ。セルビア系勢力の民兵に狙撃される危険もある中での視察だった。この現地視察のあと、UNHCRは国連軍と共同で空輸と陸輸の両面からサラエボへの救援物資の支給を実行した。陸路での救援物資の輸送には、道路事情に精通した現地のトラック・ドライバーたちに協力を仰いだ。輸送作戦は一九九五年に紛争が終わるまで続けられた。

その後も緒方とUNHCRによる難民救済活動は休みなく続いた。一九九四年に勃発したアフリカのルワンダでの紛争では、二〇〇万人余の難民が周辺国へと避難した。多数派フツ族と少数派ツチ族との間で虐殺の応酬が続き、難民キャンプの中にもフツ族の兵士が紛れこみキャンプ内でも暴力的振る舞いが頻発した。難民キャンプに武装勢力がいるという状況では、難民支援が人道援助にストレートにはつながらない。そのため各国からの支援も鈍いものとなった。難民たちが安全な場所を求めてジャングル、山林地帯をさまようという状況のなか、UNHCRはその難民たちを探し出しルワンダへ帰還させる救出活動を続けた。その後ルワンダではツチ族による新政権が誕生したが、UNHCRは帰還したツチ族とフツ族の双方に対して復興支援を行った。

UNHCRのオペレーションは難民救済であり、その基礎にあるのは人道的支援である。緒方が語る人権や人道支援は、その人権の保護や人道支援をどこにどのように働きかけて実効性あるものにできるのかというプラグマティズムの発想をもとにしたものである。それを端的に示す緒方の言葉がある。

国連では何度も人権問題を担当してきたが、私は「人権屋」ではない。人権の見地に立つと権力に対峙して人権を守ろうという発想になるが、人道援助の場合は、権力側をいわば取り込むことによって人間の生命や尊厳を守ることに努めなければならない。（『私の仕事 国連難民高等弁務官の10年と平和の構築』）

この言葉は、人間を守ろうとする際には、時として権力側を取り込むという実際的行動も必要であり、それがすなわち生命と尊厳を守ることであるという意味に解釈することができる。緒方は国際機関の基本指針をそのように考えていた。緒方がＵＮＨＣＲで難民救済・支援の方針を立て、実務として遂行できたのは、彼女が、政治家や外交官でなく政治学者だったことが幸いしてのことである。

緒方の博士論文は「満州事変外交政策決定過程の研究」であり、国内外の様々なアクターがせめぎ合う中での政策決定過程の分析だった。一九三一年に満州事変が起こり、関東軍、陸軍中央部、そして政府指導者という三者のせめぎ合いの中で「満州新国家建設」という政策が実施されていった。緒方はその過程を分析した。緒方はのちに「政策がどのようにして形成されるのかを勉強しないと、政策そのものがよく理解できないのです。」と述べている。ＵＮＨＣＲが行う難民救済・支援活動では、どのアクターにどのように働きかけて活動を実のあるものにするかが重要となる。その交渉や実務において、研究で培《つちか》った学知が生かされたのである。

3　人間の安全保障――共生の文明へ向けた思想・実践

ＵＮＨＣＲの実務家として緒方が取り組んだのは、「人間の生命や尊厳を守ること」だった。緒方は「制度や法よりも前に、まずは人間を大事にしないといけない。耐えられない状況に人間を放置しておくということに、どうして耐えられるのでしょうか。」と述べ、それが「人間としての普通の感覚なのではないでしょうか」とも語っている。この人間第一主義を概念として表現したのが「人間の安全保障（Human Security）」である。以下、この「人間の安全保障」についてみていく。

国家の安全保障と人間の安全保障

「人間の安全保障」は、国連開発計画（ＵＮＤＰ）が一九九四年に出した『人間開発報告書１９９４』の第２章で提唱された概念である。これはノーベル経済学賞受賞者のアマルティア・センの理論を下敷きにして、グローバル化が進む世界の中で人類が共通に取り組む課題として提唱されたものである。日本の外務省の政府開発援助（ＯＤＡ）を紹介するページには「人間の安全保障」が次のように記されている。

人間の安全保障とは、人間一人ひとりに着目し、生存・生活・尊厳に対する広範かつ深刻な脅威から人々を守り、それぞれの持つ豊かな可能性を実現するために、保護と能力強化を通じて持続可能な個人の自立と社会づくりを促す考え方です。(「ODA(政府開発援助)人間の安全保障　分野をめぐる国際潮流」より)

グローバル化が進む前の「安全保障」についての考え方は、およそ次のようなものだった。まず主権を持った国家を一つの単位とし、複数の主権国家が集まった社会を「国際社会」と位置づけ、その国際社会で共有される規則や原則を「国際秩序」とし、その国際秩序の中で国際法を遵守しまた国家間の条約や同盟などを結びつつ、お互いの安全を保障し合う。主権国家を前提としたこのような国際社会の形成は、一六四八年のウェストファリア条約(当時のヨーロッパを二分した「三十年戦争」の終結時に締結された条約)に遡ることができる。それ以後現在まで、「安全保障」といえば多くの場合は国家間の問題として扱われ、安全は主権国家の領土に居住する国民を対象として保障されるものだった。しかし二〇世紀になってからは、人、物、お金、情報などが国家を跨いで流通するようになり、多国籍企業が増え、労働者もグローバルに移動するようになり、国境の持つ意味が大きく変化してきた。

UNHCRによる難民救済・支援も、現代では一国の領土や制度の枠組みでは対処しきれず、多方面との交渉と複雑なオペレーションを要するものとなっている。経済、政治、軍事、文化の再編が波のように押し寄せるグローバル化の力学は、当然のことながら従来の「安全保障」の考え方についても再考を迫ってきたのである。

人間の保護と能力育成

戦争・紛争などの暴力やテロリズムの脅威のグローバル化にどう対処していくのかということは、緒方が最も憂慮した安全保障上の課題だった。UNHCRの活動それ自体が、グローバル化する世界の中でいかにして人間の生命の安全を守れるかという課題と向き合う現場だったといえよう。

UNHCRを退任した翌年の二〇〇一年九月一一日、緒方はニューヨークにいた。そこで、世界貿易センタービルが崩壊するのを目撃することになった。「この攻撃は、安全保障に対する基本的な前提を見直す転機となりました。」と、緒方は当時を振り返っている。グローバル化した世界では、もはや一国の政府の力や軍事力ではテロの攻撃に対抗できず、「国家だけではなく、人間の安全保障を強化する困難な仕事に取り組む」ことが国際社会の重要な課題だとあらためて考えることになったのである。二〇〇一年に国連と日本政府の発議により「人間の安全保障委員会」が設置され、緒方はアマルティア・センとともに同委員会の共同議長を務めた。二〇〇三年には同委員会の報告書をまとめ、人間の安全保障の実務的な実現に向けての提言を世界に向けて発信している。

人間の安全保障委員会の基本方針を、緒方は二つ挙げている。一つは社会的に疎外された人間や集団の安全に焦点をあてること、もう一つは人間の保護と能力育成（エンパワーメント）である。

「人間の安全保障」のこれら二つの基本方針をより細かく理解するために、この概念の提唱者であるセンの考えも概観しておこう。センは「人間の安全保障」と人権一般とを区別する。そして次の四つの要素が「人間の安全保障」において重要だとしている。1　個々の人間の生活にしっかり重点をおく、2　社会的取り決めの果たす役割を重視する、3　全般的な自由の拡大よりも人間の生活が不利益をこうむるリスクに焦点を絞る、4　「より基本的な」人権を強調し「不利益」に特に関心を向ける（アマルティア・セン『人間の安全保障』集英社新書、二〇〇六）。これら四つが示しているのは、生活者としての人間という観点から「人間の安全保障」を考えるという指針である。緒方がUNHCRで活動する際に大切にしていたのも、「人間を大事にするという価値」だった。また原則としたのは「人の命を助けること」だった。これらは緒方が指揮をとってきたUNHCRの基本方針と重なる。二〇〇〇年にUNHCRを退任した後も、緒方はこの「人間の安全保障」の国際的な仕組みづくりに取り組んだ。

対話と共生を志向する人間観──「文明の衝突」論を越えて

緒方がUNHCRで取り組んできた難民救済・支援は、まさに「人間の安全保障」を実現する取り組みである。ここには、国境という人為的な区切りの中で暮らす「国民」であるよりも先に、生命の安全と尊厳を保障される存在がすなわち「人間」であるという人間観を明瞭にみてとることができる。この人間観の現代的意義を、再びセンの「人間の安全保障」論を参照しつつ考えてみよう。

一九九六年に米国の政治学者サミュエル・ハンチントンが、冷戦後の世界秩序の危機と再創造のプロセスを分析する研究として『文明の衝突』を刊行した。ハンチントンは、冷戦の後には、国家間の政治的・経済的な衝突ではなく、文明と文明との間の衝突が主となると主張した。アマルティア・センは、この「文明の衝突」論を批判する。センが批判したのは、ハンチントンが行った文明という線引き、カテゴリー設定に対してである。センは、「人々を狭義のカテゴリーに押し込め、「文明ごとに」はっきりと引かれた境界線を挟んで対峙」させるハンチントンの分析を批判した。センが育ったインドは、ハンチントンによれば「ヒンドゥー文明」に分類される。しかしセンは、中東地域のイスラム諸国よりも実のところ多くのイスラム教徒を抱えるインドを、西洋の知識人たちが「ヒンドゥー文明」として描くことに疑義を呈したのである。

また国際政治学者・武者小路公秀《むしゃこうじきんひで》も、ハンチントンの「文明の衝突」論を批判し、「文明の対話」を提唱している。武者小路が主張する「対話」は、国家単位での対話ではなく、小さな共同体やコミュニティ内で少数者や弱者を排除することのない対話を指している。武者小路は、この対話の過程では「排除され差別されているマイノリティの発言の機会を特に大切にする必要がある」と述べている（『人間安全保障論序説』より）。

「文明の衝突」論に対するセンと武者小路による批判は、国境や人種、国籍・居住域、男女などのカテゴリーで区分けすることへの批判であると同時に、そのような区分を乗り越えるための作業概念としての「人間の安全保障」へとつながっているのである。このように考えるならば、UNHCRで緒方が取り組んだ難民救援・支援は、いがみ合う部族や国家間での対話を促し、共に生きる方策を探り実現するプロジェクトとして大きな意義のあるものだと言えるのである。先に述べたように二〇〇一年には、アマルティア・センと緒方が共同議長を務める「人間の安全保障委員会」が組織され、同時に「人間の安全保障基金」も設立された。これにより理念としての「人間の安全保障」が具体的支援プロジェクトとしても動き出すことになったのである。

4 アフリカのサダコオガタたち――生き続ける緒方貞子のこころ

JICAには現在、JICA緒方貞子平和研究所（JICA緒方研究所）が設けられ、緒方の功績の記録と公開を行っている。また開発協力事業に関するシンポジウムの開催や研究にも積極的に取り組んでおり、緒方の遺産《レガシー》を受け継ごうという意思が、JICA全体に共有されている。JICAでは、緒方貞子に関するいくつかの動画も公開している。その中に、緒方貞子が遺したことばを紹介した動画がある。動画は、「アフリカ各地にある難民キャンプには「サダコオガタ」という名前の子どもがたくさんいると言われています」というナレーションで始まる。ルワンダの難民キャンプで暮らす女性が、一九九八年に女の子を産み、その子にサダコオガタと名前を付けた。またほかにも同様の命名をする人たちが出てきた。一九九四年にルワンダで起きた民族間での大量虐殺《ジェノサイド》事件の際、UNHCRは国外へ逃れたルワンダ難民に対し人道支援を行った。緒方はUNHCRのトップとして、当時のルワンダの難民キャンプを視察し、彼らの声を聴いて回った。水道を整備し、学校を作り医療支援を行ったＵＮＨＣＲと緒方は、現地の難民から多大なる感謝を受けた。現在もＪＩＣＡを中心とした各団体が、ルワンダでの農業、人材育成などの支援を継続している。二〇〇〇年には、ルワンダのカガメ大統領（当時）が緒方に対し**Friend of Rwanda**勲章を授与し、最大の感謝の意を表している。

このように、ＵＮＨＣＲと緒方による難民への人道支援活動は、心情的にも実務的にも各方面から大きな評価を受けている。注目すべきは、アフリカの新しい世代に緒方貞子の〝名前〟が受け継がれていることである。人の生命や尊厳を守ることを活動の指針とした緒方の思想が、施設や制度や基金などにとどまらず、アフリカの生身の人々に〝名前〟として刻まれている。これは素晴らしい出来事である。偉人の名前の一文字を冠して、その威徳《いとく》・遺徳を継ごうとする倣いは少なくない。しかし日本から遠く離れたアフリカ大陸で、今日も多くのサダコオガタが暮らしていると想像すると、緒方貞子が遺したもののスケールの大きさにあらためて驚かされる。同時に、国や地域を越えて人と人が助け合うことがいかに大切かということも、このような緒方の人的交流の厚みを通してあらためて気付かされる。ジョン・レノンの「イマジン」に倣い、「想像してごらん、サダコオガタが今日を平和に生きていることを」と口ずさみたくなるほどである。

5　おわりに

「人間の安全保障」の概念に示されているように、緒方は人間存在そのものを尊重するという立場を貫いた。クルド難民に対する救済活動の際も、難民条約の規定の遵守《じゅんしゅ》よりもまず難民の命を救うことを最優先としたことは、先にも述べた通りである。半生を振り返りながら緒方はその時のことを次のように述べている。

私は人間を助けるということが何より大事であると考えました。本能的な常識といえますが、どんなに条約を守っても、そこにいる人々の半数が殺されたのでは何にもならない。このような判断ができるのは当時、私しかいなかったのです。(「ルールに縛られず　人間を助ける――人生の贈りもの　わたしの半生1」『朝日新聞』東京本社版、二〇一六年一〇月三日付夕刊)

ここで緒方は、「本能的な常識」という語でそのポリシーを述べている。本能と常識とがどこまで接合可能なのかどうかは、議論の余地がある。しかし緒方の思考と行動を貫く原理が「人を助けるということ」であったということは、緒方が「人間の安全保障」の実効に取り組んだということからも明らかである。この「人間の安全保障」を各所で実現するには、実務としての交渉力や実行力が必要となる。緒方貞子の歩みと功績は、グローバルな共生社会を創る実践のモデルであり、また後世への大きな贈りものである。

さらに詳しく知るための参考文献

緒方貞子『私の仕事――国連難民高等弁務官の10年と平和の構築』(草思社、二〇〇二/朝日文庫、二〇一七)……UNHCR(国連難民高等弁務官事務所)での活動日誌、エッセイ、対談録をまとめたもの。ジュネーブ、ニューヨーク、アフリカ、イラン、ミャンマーなど世界各地を会議や視察で駆け回る緒方が、その時そのときで何を考えていたのかが分かる。難民支援や日本の外交をめぐる対談も収録されている。

野林健・納家政嗣編『聞き書　緒方貞子回顧録』(岩波書店、二〇一五/岩波現代文庫、二〇二〇)……子供時代、学究生活、UNHCRでの活動、JICAの運営などについてクロニクルに語った回顧録。UNHCRで緒方のもとで仕事をしていた中満泉(国連事務次長・軍縮担当上級代表)の文庫版での解説からは、自伝・評伝とはひと味ちがう人間・緒方貞子をうかがい知ることができる。

小手鞠るい『波乱に満ちておもしろい! ストーリーで楽しむ伝記10　緒方貞子』(岩崎書店、二〇二二)……児童向けに緒方貞子の生涯を紹介した伝記。一人ひとりの人間を大切にするという緒方のポリシーは、幼少期から青年期にかけての異文化体験によって形づくられた。そのことが読みやすいストーリーで語られている。成人も一読に値する良書。

小田実――世界を駆けた比較文明学の実践者

加藤久典

1　『何でも見てやろう』の精神――知と行動の巨人

小田実とは何者か?

小田実《おだまこと》(一九三二~二〇〇七)を紹介するときに、どのような肩書きが最も適当なのだろうか。彼が小説、評論、エッセイを書く文筆家であったことは確かだ。しかしながら、小田実は平和や人権問題に深く関わった市民運動家でもあった。人間や社会、政治についてその生涯にわたって考え続け、また実際に行動を起こした。その意味では、日本のジャン＝ポール・サルトルということもできるだろう。だが、このフランスの哲学者と小田実が異なるのは、前者の始まりがその書斎における思索であったのに対し、後者の小田実の原点は自ら旅をして実際に見た世界での体験ということにあるのではないだろうか。

小田実を世間に知らしめたのはその活動の初期に執筆した小説ではなく、世界各国を貧乏旅行した記録である『何でも見てやろう』だ。その文体は極めてインフォーマルでアカデミズムに重きを置くものは、単なるユーモアエッセイと感じるかもしれない。しかしながら、この『何でも見てやろう』によって小田実は第二次世界大戦後の世界を注意深く観察し、近代化や西欧と東洋の距離、伝統的な価値観など多岐にわたって分析している。旅を通して異なった価値観、様々な文化の様相、人々の行動様式に直に触れ、日本人である小田実は、それらと真摯に向き合うことで人類の方向性を見出そうとしたように思える。そこには、文明を比較し新たな未来を作ろうとする意思が溢れていた。

　その意味で筆者は『何でも見てやろう』は比較文明学にとって有益な一冊だと感じている。本項において、作家、市民活動家として膨大な仕事を残した小田実の全体を論じることなど不可能であるし、筆者自身にその資質がないことも認めなければならない。しかしながら、小田実の持つ旅人の心、新たなものを自らの目で確かめようとするフィールドを重んずる姿勢は、筆者の態度と大いに重なり、共感することが多い。本章を通じて、小田実がどのように文明を理解しそこから何を求めたのかを探求してみたい。

小田実

　小田実は一九三二年に大阪で生まれた。敗戦を伝える玉音《ぎょくおん》放送の前日、八月一四日に大阪は大空襲を受け甚大な被害を受けた。小田実は、多くの友人知人をこの空襲のみならず戦争時代に失った。戦争が終わると、それまでの価値観が否定され日本は民主的な国家として再出発する。態度を正反対に変えて平然としている人々の偽善性や国民を戦争という災難に直面させた政府に対して、小田実は大きな怒りを覚えた。そしてそれが彼の数多くの仕事の原動力になったともいえる。戦争時代に失われた多くの命、それらの死は華々しく散ったのではなく、意味なく国家によってもたらされたと小田実は考えた。それを「難死《なんし》」と呼んだ。小田実は自身の言葉で次のように説明している。

「難死」は私の胸に突き刺さる。戦後二十年のあいだ、私はその意味を問いつづけ、その問いかけの上に自分の世界をかたちづくって来たと言える。(『難死の思想』八頁)

小田実が抱いたこの思いは、多くの思想や宗教、行動様式が複雑に絡み合う世界をどのように捉えるのかという問いに直接つながってくる。つまり、人間は何に価値を見出し、何を求めて生きるのかということ。この世界に「難死」を退ける普遍的な価値は果たして存在するのかという問い、『何でも見てやろう』はそれらについての探求の記録ともいえる。それは、文明を比較するということによってのみ見つけることができるのではないか。自文化中心主義にとらわれていては、普遍的な文明の視点は生まれない。小田実は戦前の日本の軍国主義からも、アメリカの進駐軍がもたらした自由からも離れて、世界に飛び出した。『何でも見てやろう』の内容を検証するに先立って、まず小田実の人生をまとめてみたい。

小田実の歩んだ道

小田実の出身地は大阪の下町である福島だ。一三才で終戦を迎えたが、当時は軍国少年であったという。高校時代には早くも小説を書き始めた。その後、東京大学に入学し大学院まで進み、ギリシャ古典学を学んだ。この選択について小田自身は、他の人がやらないことをやりたいということに加えて、「この文明が西洋文明なら、ひとつその根本のところを調べてやれ」(『何でも見てやろう』四〇七頁、以下すべて講談社文庫より引用)と思ったと述懐している。

二五歳になった一九五八年にフルブライト奨学生としてアメリカにわたり、その後、数カ月かけて世界を旅し『何でも見てやろう』を執筆した。帰国後は大学や予備校で教えながら、評論や小説を発表する。一九六五年、三三才のときにベトナム反戦運動の一環として「ベトナムに平和を！」市民連合の結成に携わった。それはまさに「難死」を世界から失くしたいという思いから始まった運動だった。こういった小田実の世界とのかかわり方は、左翼的ということもできるだろう。しかし、『何でも見てやろう』が出版されたころは、小田実を新しい右翼とみるものもあったという。しかし、小田実はこういったイデオロギーにとらわれることなく、「正しいと思ったことを実践する」という姿勢を生涯にわたって貫いた。

小田実は戦争によってもたらされる悲惨のみならず、市民が自然災害によって被る悲惨についても目を向けた。一九九五年に発生した阪神淡路大震災を契機に自然災害で被災した市民の救済のための運動を始め、三年後の「被災者生活再建支援法」の成立に尽力したのだ。この法律は、支援の内容が不十分であったが「市民」と「議員」の協力のもとで成立したことに大きな意味があったと共産党の志位《しい》和夫《かずお》は回想している。こういった政治、社会的実践活動と並行して小田実は世界を旅して各地の市民、知識人と対話をし「難死」を否定する普遍的な価値を求め続けた。

それは未知なるものに対する好奇心と世界をよりよき場所にしたいという強い思いに支えられていた。国会議員になる前の若い辻元清美《つじもときよみ》を「勉強せえ」と叱ったという。小田実は、歴史の事実を見極め、情報を集めそれを分析することの重要さを常に感じていたのだろう。

しかし、「何でも見よう」と世界を飛び回り「よりよきもの」を作り出そうとするその途中で小田実は病に倒れた。二〇〇七年、恒久民族民衆法廷の審判員として訪れたオランダやトルコから帰国後、五月に入院し七月の終わりに七五年の生涯を閉じた。作家の吉岡忍《よしおかしのぶ》は小田実の人生とその生き方、そして彼がもたらしたことについて的確に評している。

小田さんは一方的に書くだけの作家ではなかった。みずから見聞きし、体験し、考えたことを書いて、公表する、という行為は、それだけで終わらない。他者に働きかけ、動かすことがある。(『われわれの小田実』九二頁)

小田実はまさにフィールドワーカーとして世界の文明に接し、アカデミックな分析にとどまらず、その先にある普遍的な人類の価値の創造を目指したともいえるのではないだろうか。

2 人への興味とやさしさ――現代文明の根源にある「西洋」

西洋とは何か

私たちは「西洋文明」を明確に理解しているだろうか。一般的に「西洋文明」はヨーロッパや北米の国々の生活様態や思考、宗教などを指していることが多い。しかし、小田実は注意深く「西洋」を観察した。西洋は一つではない、ということに気づく。先に述べたように小田実は、フルブライト奨学生としてまずアメリカ合衆国に渡り、その後にヨーロッパへ赴く。そこで、フランスのようなヨーロッパとアメリカ合衆国が決して重なり合うわけではなく、両者の間にはむしろ深い溝があると感じるようになる。フランスのバルビゾンを訪れた際に、地元の老人がアメリカ人は経済的に裕福だが、知的ではないという趣旨のことを話す場面に遭遇《そうぐう》する。ヨーロッパ人が「アメリカ的なもの一切をバカにする」(『何でも見てやろう』二三一頁)という現実を知るのだ。

このことは、筆者がインドネシアやオーストラリアに住んだ時に感じたことでもあった。インドネシアで出会ったヨーロッパ人は、ほぼ例外なく「アメリカ的」なことを否定していたように思う。教育のシステムからアメリカ人が好むスポーツにいたるまで、「私たちはアメリカ人とは違う」という態度だった。イギリスの影響を強く受けているオーストラリアでは、アメリカ的な英語の発音やフレーズを聞くと「それはアメリカの言葉!」といわれることが多かった。「トォメイトオゥケチャップ」はアメリカの言葉であって、「トマートソース」というのが本当の英語だというのだ。日本で生まれ育ち、学校でアメリカ英語を学び、アメリカの文化が最も優れているという雰囲気の中で育った筆者は、アメリカが世界の中心ではないのだ、という驚きにも似た気持ちを持ったのを覚えている。

小田実は、同じ西洋でありながらヨーロッパとアメリカが同じ枠でとらえられないということをわかりやすい比喩で説明している。ヨーロッパは三〇〇〇年という歴史に支えられた「老舗」であって、一方アメリカは「名店街の支店」にすぎないという。世界のあり方を包括的に理解するために、小田実はどうしてもヨーロッパに赴かざるを得なかった。彼自身の言葉を借りると「本店へ出かけて、われわれの日本文化が始まる数世紀前にすでに確固として存在した文化、われわれの属する歴史とは無縁に、無縁であることによって成立した異質の歴史に、いわば自分をぶっつけてみる必要があった。」(『何でも見てやろう』二三五頁) ヨーロッパとアメリカに違いがあると考えさせる根本的な理由は何なのだろうか。それはヨーロッパが長い歴史の流れの中で培ってきた伝統を背景に成り立っているということに大いに関係しているのではないか。

ヨーロッパには、文学や絵画、音楽といった芸術から建築様式にいたるまで、豊かで荘厳《そうごん》な文化が溢れている。それは、アメリカを含むヨーロッパ以外の人間にとっては憧れの的となる。かつて人気を博した日本の漫画に、フランスに「お」をつけて話すキャラクターが登場したことがあった。日本人が極端に媚《こ》びへつらうという意味でも滑稽ではあるのだが、それほど日本人がフランスに対して過剰なほどの敬意と憧れを持っていることをこの漫画の作者は感じたのだと思う。小田実もそれを鋭く感じ取り、以下のように述べている。

私、そして私たち日本人もまたこの「純真さ《ナイビテ》」を「西洋」に対して持っている。子供のように率直にぶつかり、おどろき、ぶったまげ、そしてそこからひたむきに何かをとらえようとする。われわれはそういう態度を明治以来「西洋」に対して持ちつづけてきたし、今もたぶんそれを失っていないであろう。（中略）しかし、この態度は往々にして、はがゆい腹立たしいもの――つまり劣等感にまでなり下がる。（『何でも見てやろう』二二七～二二八頁）

ヨーロッパが歴史に支えられたその偉大さによって素晴らしい文化を生み出したことは事実だが、その「偉大さ」はアジアやアフリカなど他の地域を支配、搾取する植民地主義の源ともなった。そのヨーロッパ諸国の振る舞いは、ユーロセントリズム（ヨーロッパ中心主義）に支えられ、近現代の世界で起きた悲惨を彼ら自身は正当化していった。植民地主義が近代化に貢献したという見解もあるが、少なくとも植民地主義で辛苦《しんく》を舐めた原住民たちにとって、その経験は小田実のいう「難死」に等しかったのではないだろうか。小田実は『何でも見てやろう』の中で、ヨーロッパの植民地支配を直接的に批判はしていない。むしろ淡々とヨーロッパを客観的に理解しようという姿勢を感じることができる。つまり『何でも見てやろう』は、彼のその後の人生における活動の準備期間だったのだと思う。世界では人々がどのように暮らし、何を考え、何に価値を持っているのかを注意深く見たからこそ、小田実はあれほどまでに情熱と確信をもってその後の活動を続けることができたのだろう。

『何でも見てやろう』に書かれているのは、論理としてのイデオロギーではなく彼自身が世界をどう理解し、人間をどのように観察したかという記録だと思う。そこには、小田実の人間に対する思いを読み取ることができる。フランスにやって来た「支店」出身のアメリカ人たちの態度に思いを寄せる言葉がある。「子供のように率直にパリにぶつかり、おどろき、ぶったまげ、そしてそこからひたむきに何かを捉えようとする。私は彼らが好きであった。」（『何でも見てやろう』二三七頁）と語る小田実は、アメリカ人に対しても、日本人に対しても、世界のどこの国の人間に対しても同じ気持ちを持つのだと思う。

文明について考えるとき、歴史を知り、理論を理解する能力も必要だが、それ以上に大切なのは人間に対する興味とやさしさなのだ、と『何でも見てやろう』を読むと改めて感じる。作家の瀬戸内寂聴は小田実を「繊細な優しさをたたえている」と評しているが、小田実の根本には人間を慈しむ心があるように思う。いいかえれば妥協のないヒューマニズムだ。文明を比較するということが仮に、世界をよりよくするための一つの方法だとすれば小田実が持つヒューマニズムは欠くことのできない要素だろう。

現代文明と世界

『何でも見てやろう』の旅はとにかく金欠の日々だったという。宿はほぼドミトリー形式のユースホステルなどだったが、時には駅や街頭で夜を明かすこともあった。しかし小田実はそのような困窮には「積極的な効用」が三つあることに気づく。まず、各地域の生活の水準を身をもって知ることができること。寝具であったり、食事であったりまたトイレの状況を見ることによって各国のその時の現状を理解した。それは、人類学や社会学で用いられる参与観察という手法による分析だ。

効用の第二は「人の親切」が身に染みることだという。小田実はこの貧乏旅を通して、「人間が本来もっている良さ」を感じた。さまざまな場所で困難に出会うのだが、その度ごとに地元の人間が何とか手を差し伸べ助ける様子がユーモアと感謝の気持ちをもって記されている。そして資金的に苦しい旅の三つ目の効用は、その国の「国民性がよく判ること」。つまり、小田実自身が金銭的な優位性をまったく持たないため、その土地の人間がただ単なるみすぼらしい旅人である彼にどのように接するかを知ることができるのだ。そこからその国や国民性に関して何かしらの「知識」を得ることができると感じた。

この「貧乏旅行」の途中でヨーロッパとアメリカを比較しながら、その差異だけではなく、小田実は更に重要なことに気づく。一九五〇年代の終わりにその両者を包括的に包み込んで厳然と小田実や日本人の前に立ちはだかっていたもの、それは「西欧文化」ではなく「現代文明」であったということだ。アメリカのフルブライト奨学金に応募した時の動機、そして『何でも見てやろう』の旅を始めた理由について、小田実はアメリカの摩天楼《まてんろう》を見たかったからだと書いている。その高層ビル群が象徴的に示していたのは、その当時の世界の現実であり、人間社会が秘めていた可能性だった。

摩天楼は、同じ人間がつくりあげたものだといっても、エジプトやメキシコのピラミッドやアテネのパルテノンではない。大きく言えば、われわれの文明が二十世紀になって行きついた（行きづまったと見るのも自由だが）極限のかたちを最も端的に象徴するものであろう。（中略）二十世紀のわれわれの文明が、われわれの手に負えないほどに巨大な、ばかでかいものになっている、あるいは、そうなりつつあるなら、そのばかでかさというものに、ひとつ直面したい。（中略）自分の存在を確かめたい。（『何でも見てやろう』一二頁）

小田実の旅は、まさに現代文明と対峙する時間であったともいえる。この現代文明とは何か、そしてその現代文明の状況に対する問いを『何でも見てやろう』の節々に読み取ることができる。しかし、それに対する明確な答えを小田実自身が提出しているわけではない。それは、各時代の読者に委ねられているように思う。その意味で、『何でも見てやろう』は極めて現代的意味をもっているのではないだろうか。

ヨーロッパとアメリカを比べたときに「老舗」と「支店」という区分けがされているが、小田実はそれだけで世界を理解しなかった。ヨーロッパであろうがアメリカであろうが、それらをすべて包括してその〝老舗性〟や〝支店性〟を凌駕している「現代文明」がこの世界を支配し始めていた、ということを悟ったのだ。それは圧倒的な物質主義の台頭ともいえるだろう。その一つの象徴がアメリカの摩天楼だ。一九五〇年代終わりから一九六〇年代にかけて、アメリカが現代文明のフロントランナーとして世界に君臨していたともいうことができる。だからこそ、文明の本家と自認するヨーロッパは自らを追い越して文明を誇示するアメリカに対して、伝統という彼らの価値をもって自らのコンプレックスを克服しようとしていたとはいえないだろうか。その当時、日本もその「現代文明」を自らのものにし、「文明国」になるための準備を始め、その歩みを進めようとしていた。

「現代文明」が地域的なものではなく全世界的な規模で発展するものだとしても、小田実は現代文明の根源は西洋にあると考えていた。小田実は「われわれの属する歴史とは無縁に、無縁であることによって成立した異質の歴史」に自ら対峙するために世界を巡ったのだ。そのとき、小田実は異邦人だった。そして、その歴史の異質性が生み出す優劣、差別を感じ取っていた。それに憤慨する気持ちも芽生えたにちがいない。その思いが彼の生涯の活動につながっていったのではないかと思う。小田実は、ヨーロッパ人にヨーロッパ訪問の理由を尋ねられるたびに「あんたがたが、どれほどわれわれに、われわれの文化に冷淡であるか、あり得るか、を見に来たのだ」(『何でも見てやろう』二三五頁)と答えたという。

その一方で、小田実は旅を続ける中で多くのヨーロッパ人に出会い、助けられた。彼が生涯を通して偏狭な正義感とセクト主義に支配されることがなかったのは、こういった経験があったからではないだろうか。人間に対する信頼を失わずにいた。西洋文明にも、また伝統を掲げて自らの優位性を示すヨーロッパ人にも、ヨーロッパに憧れつつ物質主義を推し進めるアメリカ人にも「人間らしいなあ」という気持ちを持っていたのではないか。その態度は、実は平和の構築には大変重要だ。相手の存在を真っ向から否定するのではなく、現実として、事実としてまず受け入れること。このことが異なったものとの対話を可能にする。異なった考え方や態度の根源を探ることによって、相手をよりよく理解し、怒りや侮蔑の気持ちがあったとしても「話し合おう」という気持ちを持つという態度が重要になるのではないだろうか。しかし、そのように異なったものに対するのは極めて難しい。それをどのように可能にするのか、小田実がもし今生きているならば、筆者はそのことをぜひ直接聞いてみたいと思うのだ。

3　〝現代文明クラブ〟に潜む闇――グローバル社会を見据えて

文明とヒューマニズム

一九五〇年代終わりの世界を旅した記録である『何でも見てやろう』が書かれてから半世紀以上がすぎた。当時の日本は、先に述べたように経済大国でもなく技術立国でもなかった。戦後の復興期を経て新たな国づくりが始まり、所得倍増計画などによって日本が新たな歩みを始めた時だった。その後日本は、経済的にも大きな成功を収め、世界の「先進国」として大きな飛躍を遂げる。もし〝現代文明クラブ〟があるとすれば、日本はその重要メンバーになり、国際的な認知度も大いに上がった。

ヨーロッパも同じで〝現代文明クラブ〟に参加できるように大いに努力を続けた。その意味で、日本と西洋は同じ方向性をもっていると理解してもいいだろう。実際、小田実は日本と西洋は、アジアや中東よりも根本の思想で共通するものがあると感じていた。日本が明治維新後、極めて急速に西洋文化を受け入れ同化していったことからもそれは明らかだという。小田自身は以下のように説明している。

共通の基礎というものは、やはり、それは「ヒューマニズム」というものであろう。すくなくとも、思想なり感情なりがオバケのものでなく、人間のものであること――（『何でも見てやろう』三二〇頁）

貧乏旅行を通してヨーロッパやアメリカという「西洋」を見て、日本と同じように人間を大切にする態度や思想がある、と小田実は考えた。それは、例えば当時のインドのように貧困のあまり人々が道端で暮らさなければならないような状況とは異なる、という意味でもある。清潔なシーツやあたたかな毛布が手に入り、栄養のある食事をとることができるという意味では、小田実の観察は当たっているだろう。そしてヨーロッパと日本がヒューマニズムの伝統を持っているという考えも否定できない。しかし、例えばヨーロッパ諸国がかつて植民地支配した現実はどう説明することができるのだろう。それは日本にもいえることだ。ヨーロッパ諸国は数百年にわたり、他の地域の人間を同等に扱わなかった。時に搾取《さくしゅ》し、人間を人間として扱わなかった。アメリカにおいても、奴隷を売買し、黒人差別は現代でも問題にされることがある。これらの行為は人間を大切にするヒューマニズムとはかけ離れた行為ではないのか。

現代の西洋社会において自由や平等、人権が何よりも重要な価値として強調されていることも事実だ。しかし、歴史を見ると「同じもの」に対しては極めてヒューマニスティックに接するが、ひとたび「自分とは異なるもの」と対した場合にはそのヒューマニズムが消えてしまうことがあるのではないか。少なくとも植民地支配の歴史ではそうだった。自分と異なった皮膚の色をしている人間、異なった言葉を話す人間を同じ仲間として扱うことはしなかった。こういった自文化中心主義は歴史を通して常に西洋に存在していた。

日本においても、戦国時代後期から江戸時代の最初にかけて見られたキリスト教の弾圧、また逆にキリスト教徒の仏教徒に対する迫害もあった。現代の日本社会を見て私たちは「思想なり感情が人間のもの」であるか考えてみる必要があるだろう。例えば、二〇二〇年に始まった新型コロナウイルス感染症拡大による社会の混乱はどうだっただろう。交通手段が発達した現代社会で、人々は移動を強制的に止められた。このことは、ある意味で文明の危機でもあったが、同時にヒューマニズムの危機でもあったのではないだろうか。

コロナウイルスに感染することが社会悪のように見做《みな》され、罹患《りかん》したものは現代文明の利器であるSNSを通じて社会的批判を浴びた。日本における自粛警察《じしゅくけいさつ》の出現は、お互いに助け合おうという態度よりも相手を否定し、排除する論理に支えられていた。このことを私たちは記憶しておくべきだろう。

もちろん、小田実が実践的に感じた西洋と日本に共通するヒューマニズムの価値観は確かに存在する。しかし、それはインヒューマン（非人道的）な思想や態度が文明において皆無であるということ意味しない。言葉を換えていえば、西洋であれ、日本であれ、東南アジアであれ、南インドであれ、中東であれどの文明にもヒューマンな部分とインヒューマンな部分は等しく存在するということだ。

文明は西洋のものなのか？

ヒューマニズムと社会について考えてみよう。例えば、筆者が専門とするインドネシアは、その文化的、宗教的、民族的多様性のゆえ、軋轢《あつれき》や衝突という悲惨な歴史を経験している。共産主義者に対する迫害と虐殺、宗教・民族的少数派に対する非人道的な暴力などがあったことも事実だ。しかしこういった社会の悲惨は、時に政治的な意味合いを持っていることが多い。むしろ、市井の人々は概して自然に異なる他者を排斥することなく暮らしてきたといっていいと思う。先に述べたコロナ禍において、インドネシアの人々はお互いに助け合う、という理念と態度を失うことがなかった。近所に罹患したものがあれば、必要な食糧などをその家のドアノブに隣人が掛けておくということが当たり前だった。行政のサポートよりも先に、まず自分たちで行動を起こした。コロナ禍で仕事を失い、食事もままならない人に対しては、町内会やモスク（イスラームの礼拝所）が無料の食糧や食事を提供することは決して珍しいことではなかった。

その他にも、イスラームでは禁忌とされている同性愛者などの性的少数派に対してもインドネシアではコーラン学者がその宗教的妥当性を主張する論考を発表している。それに共鳴する人々も多く存在する。彼らの根本にあるのは「同じ人間」（sesama manusia）という概念だ。誰もが神によって創造され祝福されているという考え方だ。小田実は『何でも見てやろう』の旅で、エジプトやシリア、イランなどの国を訪ねているが、イスラームに対する深い観察は示されていない。むしろ、ステレオタイプにもとづいてイスラームを理解していたようにさえ思える。シリアのモスクへ赴いた小田実は、礼拝をするムスリム（イスラーム教徒）を見て「異教徒はなぐり倒される恐れもある」と考えた。しかし、イスラームに異教徒を無差別に攻撃をするという教えはない。彼らの礼拝や宗教的行為を妨害したり攻撃したりした際に反撃は許されているが、それをもってイスラームは暴力的であると考えるのは性急だろう。

イスラームにおいて最も大切にされる教えの一つは「赦《ゆる》し」である。筆者が研究課題としているテロを犯したムスリムたちのその後を見ると、そのことがより明確になる。インドネシアでテロ事件を起こし、逮捕されたムスリムたちが社会に復帰するために多くの人々が手を差し伸べている。罪を犯した事実は消えないが、それを再度起こさないためにかつての罪人を赦し、援助するという理念や態度をインドネシア社会に見ることができる。それは、よりよい世界構築のために有効なメカニズムということができるのではないだろうか。

小田実は『何でも見てやろう』の旅において、東南アジアを訪れることがなかった。旅の終盤にタイのバンコクに立ち寄ったが、その時の記述はほとんどない。筆者がインドネシアを専門としていることもあるが、小田実があの時にインドネシアを訪れていたら、一体どのような思いを持っただろうかと興味深く考えることがある。東南アジアにもそしてインドネシアにも見るべき文明がある。伝統的に「知恵」として存在している理念や人々の関係性、そして自然と人間の調和、神なるものへの理解は、現代社会においても大きな意味を持つ文明的叡智《えいち》だといえるのではないか。小田実が資金不足とはいえ、東南アジアを訪れなかったことは、筆者としては大変残念である。

4　文明と世界のこれから――小田実が問いかけるもの

　小田実は、『何でも見てやろう』の後半で日本の留学生のあり方を三世代に区別して説明している。初代は恐らく明治のころ、必死になって洋行し西洋風のエチケットや言葉を習得する。しかし、本質的に西洋を理解したわけではなく、内面には日本の伝統的思想を維持したままである。二代目は、父親と同じように洋行するが、この外部である「西洋」と自らの根本である「日本」との矛盾に苦しみつつ現実の壁に阻まれ、封建的な日本へ帰ることになる。三代目は、既に西洋的なものが自らの理解の範疇にあり、ある程度西洋と日本を同じ目線でみることができる。それゆえに、西洋が直面する問題にも日本は等しく向き合わねばならない。この三代目が一九六〇年代に生きた若者たち、つまり小田実自身だ。

　小田実はこの三代目に続く世代は、西洋を理解するためには「それをいわば自分のものとして捉えないかぎり不可能」であると考えている（『何でも見てやろう』四〇六頁）。一九六〇年代に小田実が投げかけたこの言葉は、西洋に同化するということではなく、現存する文明を乗り越えるための準備の必要性を訴えているように思えてならない。『何でも見てやろう』の執筆後の活動を見ればわかるように、小田実は現状を乗り越え、新たなよりよきものを求めることに大きな価値を見出していた。つまり、すべての文明を見極めた上で、それを乗り越える新たな価値観、新たな時代を作ることを目指した。究極的には「難死」をもたらさない世界を作りたい、と小田実は考えていた。そのためには、この世界を席巻《せっけん》している西洋文明、そして物質主義でもある現代文明とどのように向き合いどのような態度をとっていくかと常に自問自答する必要があった。『何でも見てやろう』が書かれてから半世紀以上が経った今、私たちはいったい何をすべきなのか。小田実に続く世代としてどのように振る舞えばいいのだろうか。

　世界は、ますます機械化、ＩＴ化、情報化が進み、現代文明は社会生活に「便利さ」をもたらした。その恩恵をもはや捨てることはできない。だが、もしそこに人間を大切にしない態度や考え方があるならば、世界がよりよき場所になることはない。人と人とのコミュニケーションが阻害され、人々の感情が無視され、便利さや効率だけが重視される文明と共に人間は生きていけるだろうか。そこには無味乾燥な社会が生まれるのではないだろうか。小田実が『何でも見てやろう』で示したのは、今まで述べてきたような文明に対する分析であり、観察である。しかし同時に彼が意識的、無意識的にかかわらず、示してくれたのは実践的に行動することの大切さ、現場で生身の人間と対話を繰り返すことの重要性にほかならない。小田実は、その意味で偉大なるフィールドワーカーであったと思う。彼が『何でも見てやろう』を通して現代に生きるものへ残したメッセージは「何でもしてみよう」という挑戦的な言葉だったように思えてならない。

さらに詳しく知るための参考文献

小田実『何でも見てやろう』（河出書房新社、一九六一／講談社文庫、一九七九）……フルブライト留学生として滞在したアメリカを皮切りに世界二二か国を貧乏旅行した記録。

小田実『「難死」の思想』（岩波同時代ライブラリー、一九九一　岩波現代文庫、二〇〇八）……国家が個人に強いる「死」を批判した小田実の思想の根本を知ることができる本。

藤原書店編集部編『われわれの小田実』（藤原書店、二〇一三）……小田実の友人・知人が彼の死後、その活動の意義や重要性、個人的な思い出などを綴った追悼集。

伊東俊太郎――比較文明学を確立した統合の知の巨人

服部英二

1 はじめに

日本に比較文明学を確立した統合の知の巨人

二〇二三年九月二〇日に永眠された比較文明学会名誉会長、伊東俊太郎《いとうしゅんたろう》先生（一九三〇～二〇二三。本論考では必ずしも以下敬称略とする）は、世界を総覧した学者であり、「統合の知」の巨人であった。理系と文系の最先端の知見をこれほど見事に収斂させた学者を筆者は知らない。

日本では永らく特定の専門内での研究を重視した蛸壺型《たこつぼがた》の学風が支配してきたので、学問とは「狭く深く」であった。旧帝国大学でも他学科の領域に立ち入ることはタブーとされる風潮があった。例えば一九七〇年代初頭、梅原猛が聖徳太子の鎮魂の寺としての法隆寺論を発表すると喧々諤々《けんけんがくがく》の非難が寄せられたが、それは『隠された十字架』の内容にではなく、彼が哲学科出身であり歴史学科の出ではなかったからである。

そのような学界の風潮の中にあって、伊東俊太郎の学問は科学から歴史・哲学・宗教に至るまで、「広く深く」を追求するものであった。筆者との対談でも、学問は湖のようなものであり一定の広さがなければ深さは生まれない、との思いを分かちあっている。東大での科学史から出発した伊東俊太郎はそれに物足りなく哲学に赴くのだが、筆者はここに本来のギリシャの哲学者の姿をみる。古典的ギリシャにおいては物理学と哲学の区別はなかった。ピュタゴラスは天体の動きに音楽を聴き、アリストテレスは物理学**Physica**に併せて形而上学**Metaphysica**を書いている。比較文化・文明研究を深め、比較文明学と銘打つ学問領域を日本で確立したのが伊東俊太郎であった。それは人類の知的歩みを正しく総覧《そうらん》する視座を持つ。それは単に日本文明をその他と比較するものではなかった。

伊東俊太郎（提供：吉澤五郎氏）

明治以来、文化・文明の比較に取り組んだ学者は数々輩出しているが、そのほとんどの論調にこの日本のアイデンティティーは何か、その卓越性は何か、という心情的基調音が潜んでいる。その意味では国学の産みの親である本居宣長《もとおりのりなが》や近くは『武士道』を書いた新渡戸稲造の心情が複製されていると言ってよい。

永らく中華文明を思慕してきた日本が中華大陸から「離陸」し自立する江戸時代を経て、明治から昭和にかけては、世界を席巻しつつあった近代文明すなわち西欧文明への対抗意識が働くことになる。「和魂洋才《わこんようさい》」から「東西」という言葉が生まれ、西の技術に対する東の精神的優位が説かれることも多かった。

そのなかにあって昭和を生き抜いた伊東俊太郎の目は世界に均等に注がれていた。地球儀を俯瞰するような目があった。それこそが稀なことである。

一九八三年に発足した日本の比較文明学会の初代会長にこの人が選出されたのは、正解であったと思う。

比較文明学会の誕生

日本の比較文明学会は、国際比較文明学会（ＩＳＣＳＣ）の成立に触発されたものである。一九六一年、ザルツブルクに集まった歴史学者達がいた。アーノルド・トインビー（Arnold J. Toynbee）も参加して居る。そこでComparative Study of Civilizationsという言葉が生まれた。初代会長にはトインビーではなくピティリム・ソローキン（Pitirim Sorokin）が就任した。この新しい学を求める集会はヨーロッパで数回繰り返されたが、一九七〇年に本拠がアメリカに移る。キャロル・クイグリー（Carroll Quigley）、ダヴィッド・ウィルキンソン（David Wilkinson）、マイケル・パレンシア＝ロス（Michael Palencia-Roth）、マチュウ・メルコ（Matthew Melko）等の歴代会長がこの学会を活気づけてきた。

日本ではこの国際学会の存在に気がつき、一九八三年、当時の歴史学者、文明研究者が集まり、比較文明学会を設立することになった。この時初代会長の候補として名が挙がったのは京大の逸材梅棹忠夫と東大科学史の伊東俊太郎であった。当時梅棹の『文明の生態史観』は国中を沸かし、新しい学のあり方の規範となっていたのだが、学会の本拠は東京に置きたいとの多数派の希望から、伊東俊太郎が初代会長に就任したのである。顧問には、梅棹忠夫、江上波夫《えがみなみお》、桑原武夫《くわばらたけお》をはじめ八名が任命された。

2　類まれなる知性――世界を旅して

伊東俊太郎の生涯

伊東俊太郎は一九三〇年、東京で生まれた。四歳の時結核性の関節炎にかかり、右足切断も勧められるほどだったが、母親の必死の介護により生き延びる。およそ国民教育がすでに軍事教育となっていた当時の日本で義足をつけたままの就学は容易ではなかった。しかしその聡明さ、特に数学と語学の才能が進学の各段階で指導教員を動かし、この秀才は数々の難関を突破して東京大学教養学部理科一類に入学する。そこで専攻したのが科学史であったが、科学のみならず存在論・認識論を含む文明論に心惹かれ、文学部哲学科に進学する。東大大学院人文科学研究科で修士学位を取得、同博士課程在学中に、駒場の教養学部科学史の助手に任命される。一七世紀のガリレオ、デカルト、ニュートンの科学革命期が主な関心事であったが、『中世における力学』を発表したウィスコンシン大学のマーシャル・クラーゲット教授の精緻なテキスト・クリティークに魅せられ、教授に直接手紙を書いたところ、何とその助手としての留学が実現する。

この留学が伊東の未来を形作る。なんと正味二年の短時間で博士コースの単位を取得、博士論文「ユークリッド与件の中世ラテン語訳について」を完成している。またその褒美としてヨーロッパでの写本研究旅費も支給された。それに中東六カ国の訪問を追加したことが、ラテン語のみならずアラビア語での研究を深めることになる。この欧州・中東訪問は伊東俊太郎のその後の研究に大きな影響を与えている。ロンドン・パリを初めとする主要大学の研究所、教授達との密接な関係、訪問先での秘められた写本との出会いがあった。

伊東俊太郎はこの時を含め約四〇の国と地域を訪れているが、中でもシチリアでは諸文明の交流の場としての深い印象を受けている。およそギリシャ、ローマ、カルタゴ、ヴァンダル、ノルマン、アラブ、フランス等の諸民族が紀元前から入り交じり主権の闘争を繰り広げてきた地中海のこの島では、衝突の中に文化の共存と融合が見られる。フリードリヒ二世の統治下では文化の相互受容の寛容さも見られた。後に発表される伊東俊太郎の「文明交流圏」の考え、すなわち「文明の交流史観」は、この訪問時に発芽したと筆者は見ている。

留学を終え帰国した伊東俊太郎は、一九六六年に東大教養学部の助教授、次いで教授となり、大学院も含め科学史及び比較文学・比較文化を講じることとなる。

一九八九年には梅原猛《うめはらたけし》率いる京都の国立国際日本文化研究センター教授、一九九五年には麗澤大学に新設された比較文明研究センター所長に就任することとなるが、同じく一九九五年、アメリカに本拠を置く国際比較文明学会（ＩＳＣＳＣ）会長に選出され、四年後、その任期終了とともに同学会の終身名誉会長に任じられている。

二〇〇六年には、伊東が提唱した人類五大革命説に続く第六の革命、環境革命の必要性を認識した学者達が集まった麗澤大学《れいたくだいがく》での大会において地球システム・倫理学会が設立され、その初代会長に選出された。その没年まで、比較文明学会と共に、地球システム・倫理学会の名誉会長となり、危機に瀕《ひん》する地球と人類のあるべき方向性を示唆する発信を続け、二〇二〇年には日本政府により文化功労者に叙せられている。

以下、筆者が出会った伊東文明論の骨子を総括し、最後にこの碩学の想い出の言葉を付記することにしたい。

人類の五大革命説

伊東俊太郎が広く比較文明学の存在を知らしめたのが、『文明の誕生』で展開した人類の五大革命説である。これは日本ではおよそ比較文明研究を志す者の一つの基礎概念となった。人類が霊長類の類人猿から分岐して現在の文明社会を築くまでには五つの大きな革命があったとする。ただし年代に関しては順次変更もあったので、ここでは『比較文明』（二〇一三）と最後の書『人類史の精神革命』（二〇二二）に記された年代を前後に併記する。

①人類革命（約二〇〇万年前〜七〇〇万年前）……アフリカで森から平原にでた人類の祖が独特の生活をはじめる。東部アフリカを最有力の起源とする。その契機としては二足歩行、火の発見

等があるが、伊東は道具の発明を最大の契機としている。

②農業革命（約一万年前〜一万二〇〇〇年前）……狩猟採集の生活様式を取っていた人類が、土地を耕して種をまくという生産様式を学び、定住を可能にしたとき。メソポタミアを中心とする「肥沃な三日月地帯」がその起源とされてきたが、晩年ではそれに準じる、あるいは遡《さかのぼ》る長江文明での農業革命も認知した。またニジェール川流域の西アフリカの雑穀栽培、東南アジアでのイモ類の栽培、中南米でもトウモロコシ栽培も年代特定の要はあるが、列挙される。

③都市革命（約三五〇〇年前〜五五〇〇年前）……都市の出現は農業革命が進行し、貯蓄と余裕が生まれ直接農業に関わらない階級が生まれたことによる。貯蔵物を奪おうとする外敵からコミュニティを保護するための兵士が生まれ、防壁が築かれる。市民と農民を統治する権力者が生まれる。最初の都市が出現するのはシュメール文明のメソポタミア、次いでナイル河畔のエジプトであった。少し後インダス河（モヘンジョダロ等）と黄河流域（殷《いん》）に都市文明が築かれたとする。この認知は西欧で説かれたティグリス・ユーフラテス、ナイル、インダス、黄河の四大大河文明説に準じている。農業を拡大した灌漑《かんがい》と治水には強力な統率者が必要であった。呪術を行う神官、城壁の建築技師、侵略者を防ぐ兵士、商業市民等が階級社会を造ることになる。文明（**Civilisation**）という語が内包する「都市化」という意味で、この諸制度の成立が文明の発端にあったとする。ただし神殿都市と城塞都市の区別は明確にはなされていない。

④精神革命（前六世紀から四世紀〜のちに西暦一世紀まで）……カール・ヤスパース（**Karl T. Jaspers**）が『歴史の起源と目標』（*Vom Ursprung und Ziel der Geschichte*, 1949）で説いた「枢軸《すうじく》の

	ギリシア	中国	インド	イスラエル
始原	ホメロス	尚書	ヴェーダ	モーセ五書
	↓	↓	↓	↓
多様化	ソクラテス以前の哲学者たち	諸子百家	六師外道	預言者たち
	↓	↓	↓	↓
師祖	ソクラテス	孔子	ゴータマ・ブッダ	イエス・キリスト
	↓	↓	↓	↓
祖述・発展	プラトン	孟子	マハーカーシャパ	パウロ
	↓	↓	↓	↓
世界国家	ヘレニズム王朝（アレクサンドロス大王）	漢帝国（武帝）	マウリヤ王朝（アショーカ王）	ローマ帝国（テオドシウス帝）

精神革命の過程の比較（『人類史の精神革命』中公選書より）

時代」（Achsenzeit）を精神革命の時代とする。その年代にユーラシア各地に同時多発的に精神的指導者が現れる。中でもソクラテス、イエス・キリスト、ブッダ、孔子《こうし》は、人類の精神の中に普遍的価値を教示した。ギリシャではロゴス、インドではダルマ、中国では道、ヘブライでは律法という違いはあっても、いずれも人間精神の高みを示したものである。善・愛・慈悲・仁は深みにおいて通底する。そしてそれらの賢者は都市革命を形成した各地に出現したこと、またそれに先立つ精神的伝統に立脚していたことを明示した。

なぜこのような精神的指導者が同時的に現れ、このような革命が起こったのか、ということについては前八世紀から六世紀にかけて、ヨーロッパから北シナに至るまで、安田《やすだ》喜憲《よしのり》が指摘した気候変動による騎馬民族の大移動があったことに注目している。

ここで取り上げられた四人の精神指導者についての伊東の研究は『人類史の精神革命』（二〇二二）において集大成を迎えるが、その内容はヤスパースより遙かに深い。それはギリシャ哲学、キリスト教、仏教、儒教の諸教義を論じるものではなく、この四人の人間像をその歴史的文脈と地政学的風土から描き出した書である。この四人の生い立ちと思想の成り立ちを原典に基づき原語に遡って追求したこの書は、世界的に見ても出色の書となった。

⑤科学革命（一七世紀）……ルネ・デカルト（**René Descartes**）、フランシス・ベーコン（**Francis Bacon**）に象徴される科学の勃興が決定的に世界を変える。それはそれまでの四つの革命のように同時多発的ではなく、西ヨーロッパという一地域のみに起こった。それが人類の近代文明となり、世界を制覇するものとなる。ギリシャの観想（テオリア）ではなく、実験と実証を伴う「力としての知」が世界を変えた。これより文明は存在ではなく、所有と力の文明となる。

従来重要な文明の転機とされたルネサンスと宗教改革に関しては、それらが西欧文明のみに関わるもので世界的ではないと伊東は考える。それらと異なり世界を動かすに至った科学革命はむしろギリシャ・ローマ文明からの転換であったとするのである。天動説が地動説に変わるその転換の契機はコペルニクス、ガリレオに遡るが、根本的な転換はデカルトの**Cogito ergo sum**（我思う、故に我あり）が規定した二元論すなわち「自然の客体化・非生命化」およびベーコンの**Scientia Potentia est**（知は力なり）すなわち知の技術への応用にあったと見る。以来ヨーロッパでは神々すなわち大自然との交信が消える。客体となった自然は資源と見なされることになる。理性が神となり自然を支配し簒奪《さんだつ》する文明形態が産まれた。

理性を神とした一八世紀の啓蒙思想はデカルトの、また同じく一八世紀末からの産業革命と二〇世紀の情報革命はベーコンの思想の延長線上に捉えられる。

伊東俊太郎が五大革命のうちで最も力を入れて解説しているのが第四の精神革命と第五の科学革命であることは明瞭である。そして世界文明を変貌させた科学革命が、筆者のいう「自然との離婚」に至り、人類は本当の意味での神、すなわち宇宙的一者、サムシング・グレイトを喪失した。それが母なる地球に壊滅的打撃を与えた原因であるという結論に達する。

そこで晩年の伊東が説いたのが第六の革命、環境革命の必要性であった。それは近代文明の機械論的存在論によって失われた「こころとものの統合」を取り戻すもの、すなわち認識の革命としての人間革命であると言ってよい。

これは優れて倫理の問題でもある。人と人の関係性のみではなく、人と自然の関係性が見直されなければならない。人は自然の所有者なのではなく、自然の一部であると認識し直さなければならない。そこで筆者の提言も含めて選ばれた言葉が「地球倫理」（**Global Ethics**）である。この表現はチューービンゲン大学の神学者ハンス・キュングも行っていたが、キュングが諸宗教に通底する黄金律の倫理を追究したのに対し、「いのち」という神秘に真摯に向き合い、文明の多様性を尊重しつつ、自然の一部としての人間の深層に通底する倫理を見出そうとするものである。

伊東俊太郎が比較文明学会に次いで初代会長を務めた「地球システム・倫理学会」（**Japan Society fou Global System and Ethics**）は、まさしくこの問題に取り組む学会であり、その国際的発信を旨としている。

3　人々は交流し、高めあう――文明論の新たな視点

文明の交流史観――文明交流圏CCS(cross cultural sphere)

文明一元説が当然のように説かれた時代があった。それはドイツが急成長を遂げた一八世紀に産まれたもので、ヘーゲル、マルクス、ランケ等がゲルマン民族の優越感に浸っていた時であった。中でも有名なのはマルクスの歴史観で、文明は原始的なアジア的生産様式、ギリシャにみる古代的奴隷制度、ヨーロッパ中世の封建制度、近世の資本主義制度と順次発展してきたが、将来はプロレタリアによる平等な社会主義制度に移行する、とするものであった。この論調には、ヘーゲルとともに、すべての欧州民族ではなくゲルマン民族をその精華とするきらいがあった。

これに対し、その西欧にはやがて文明の多元説を説く者が現れる。『西洋の没落』を書いたシュペングラー(**Oswald Arnold Gottfried Spengler**)、『歴史の研究』のトインビー(**Arnold Joseph Toynbee**)である。シュペングラーはエジプト、バビロニア、インド、シナ、ギリシャ＝ローマ、アラビア、メキシコ、西欧の八つの高度文明を認め、そのそれぞれに幼年・青年・熟年・老年を経て消滅に至る姿が見られるとした。西欧もまた落日を迎える地(**Der Untergang des**

Abendlandes）という。これに啓発されたトインビーは二一の文明圏を認め、同じくその春夏秋冬、すなわち発生・成長・挫折・解体の変遷を見るとともに、そこに「哲学的同時性」synchronicityの存在を見ている。西欧も多数の中の一つの文明に過ぎないとするこの二人の認識は、実は一九世紀から二〇世紀にかけての植民地主義と急速な交通手段の発達によるところが大きい。ただ彼らが諸文明を独立した単体として扱ったのに対し、伊東俊太郎が立てたのが文明交流史観である。彼が認めた一七の文明圏は独自にではなく、交流しつつ成長したという。筆者がユネスコにおいて提唱し、二〇〇一年の国際年にまでなった「文明間の対話」の存在を、日本にあって伊東はその卓越した眼力で読み取っていたのであった。

ここで、伊東俊太郎が設定した一七の文明の交流図を挙げておきたい（次頁）。この図で注意すべきは諸文明の間に引かれた横線である。トインビーは限られた文明の親族関係には言及するが、このような交流の横線に相当する記述はない。

一二世紀ルネサンス

文明間交流の最たる産物としてルネサンスがある。普通、それは一四世紀末から一五世紀、フィレンツェを中心とする北部イタリアに起こった「文芸復興」あるいは古典ギリシャの「人本主義」の復活とされてきた。しかしそれがなぜ、いかなる経路で惹起されたのかという記述は意外なほど乏しい。西欧中心主義の教科書では、文明はまるで地中海の泡から産まれたヴィーナスのようにギリシャで生まれ、ローマがキリスト教を受け入れ、イタリアのルネサンスを経てフラン

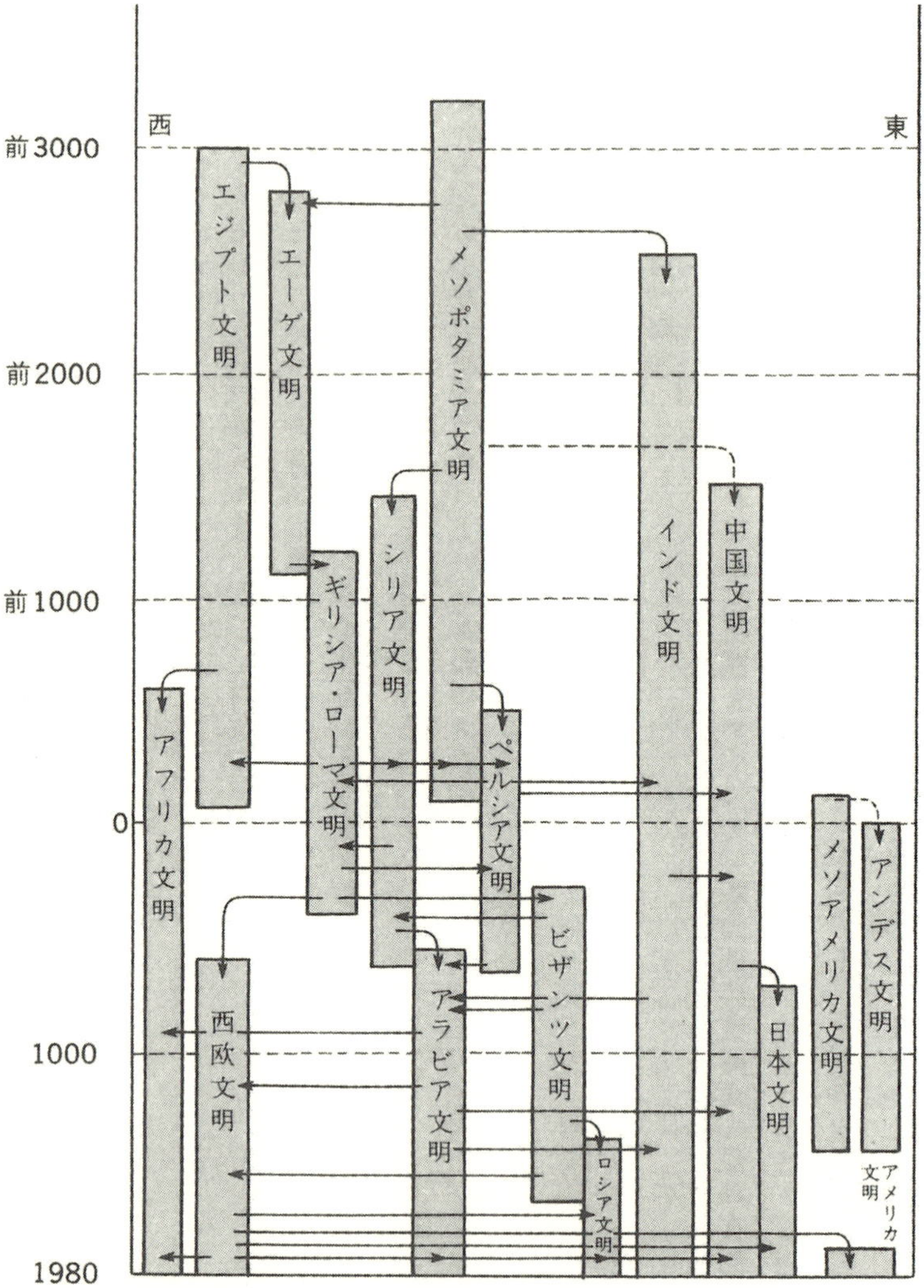

17の文明の交流図（『新装版 比較文明』東京大学出版会より）

スに入りヨーロッパ文明として結実した、というような歴史記述がなされていた。

それに対し、一二世紀にすでにルネサンスと言うべきものが存在した、と説いたのがハスキンズ（Charles H. Haskins）であった。彼は一九二七年、『十二世紀ルネサンス』という書で、古典文化がイスラーム及びビザンツを経由してヨーロッパに伝えられたことを明らかにした。この説は伊東が地中海文明圏を訪問して会得したものと一致する。そこで伊東は二〇〇六年、『十二世紀ルネサンス――西欧世界へのアラビア文明の影響』を執筆して世に問うことになる。

この時の伊東の探求には、シチリアで見た文明の共存と融合の姿があったに違いない。ハスキンズがイスラーム世界の影響に触れながら、あくまでも西欧の視点に立っているのと比べ、伊東の比較はアッバース朝におけるギリシャ古典のアラブ語翻訳にまで遡って、マウリア王朝の西進、アレキサンドリア・コンスタンチノープル・シチリア・アンダルシアの果たした大きな役割を公平に見る世界的俯瞰の視座をもつものであり、イスラーム世界はこれによりその地位を大きく高めたといえる。

ユネスコにおける「シルクロード：対話の道総合調査」において従来の歴史書におけるイスラーム世界の貢献の抹殺を実感していた筆者は、特にヨーロッパ思想における知と信の融合とも言えるスコラ哲学が、一二世紀、トレドの図書館のみに保管されていたアラビア語版アリストテレス全集のラテン語への翻訳事業に大きく依存していたことに注目していた。およそ著作が手書き写本のみであった当時、アリストテレスの原本は散逸していて、全集としてはそのアラビア語版のみがトレドに残っていたのであった。そこにロマンことキリスト教徒、モロことムーア人（八世紀モロッコから渡来したアラブ人）および世界に散逸しながら最も語学に長けたユダヤ人の三者の共働作業があったことをユネスコは突き止めていた。すでにスペイン北部でレコンキスタが始まっていたこの時、膨大な知的作業を要するこの翻訳事業の場では、人種の差を越えた共働作業が行われていたことに深い感慨を覚える。その知的連帯意識と使命感がなかったら、一三世紀パリの神学校ソルボンヌでトマス・アクィナス（**Thomas Aquinas**）がラテン語版のアリストテレスの物理学と形而上学を導入して、後に黄金の知と呼ばれることになる『神学大全《しんがくたいぜん》』（***Summa Theologiae***）を書くことはできなかったのだ。筆者との対話でもこの作業の意義を伊東俊太郎は深く肯定している。

トレドの丘のキリスト教教会の建設をユダヤ教徒が助け、イスラーム教徒のモロの家をレコンキスタ以後も大切に保存する気遣い、すなわち互敬が美しいモサラベ芸術を産んだ精神なのだ。西欧がこの時期、数学・医学・錬金術等をイスラーム世界から学んだことが来るべき近代を準備した。化学（**chemistry**）という語は錬金術（**Alchemy**）から生まれたとも話している。

この一二世紀の文明間の対話を見直すことは現代の民族間闘争の解決のヒントとなるであろう。特に伊東俊太郎が公平な目で、ヨーロッパで蔑視されてきたイスラーム世界、取り分けアラブ民族の世界文明への貢献を顕彰したことは、高く評価できる。

4　科学的思考がもたらしたもの——宇宙論から場所論へ

創発自己組織系としての自然

伊東俊太郎の知識が凡《およ》そ他の文明研究者の及ばない自然科学の領域にまで達することを痛感させるのが、科学史を専門としたその宇宙論である。

一三七億年前と今は特定されたガモフのビッグバンから現代の人新世に至るまでの宇宙史が、まるで蝶のような形で描かれる。

ハッブルによる「宇宙の膨張」の発見、「インフレーション」という気の遠くなるようなものすごい早さの膨張、「ダークマター」「対称性の自発的破れ」「ゆらぎ」等の宇宙物理学の神秘的な言葉が、まるで目前の碁盤にあるかのように語られる。そしてやがて生命の誕生とその進化に至る。四六億年の地球の歴史、三八億年の生命の歴史では海すなわち水の中に生命が生まれる。その生命は「囲われ」、福岡伸一《ふくおかしんいち》のいう「動的平衡《どうてきへいこう》」の流れの中で「自己維持」を行う。そして「自己増殖」を行い、「進化」すなわち「多様化」する。

伊東俊太郎の科学的知見は文系の人間の遠く及ばないものであるが、比較文明研究者に対するその提言ははっきりしている。それは「自然」をデカルト以来の機械論的自然に代り、創発自己

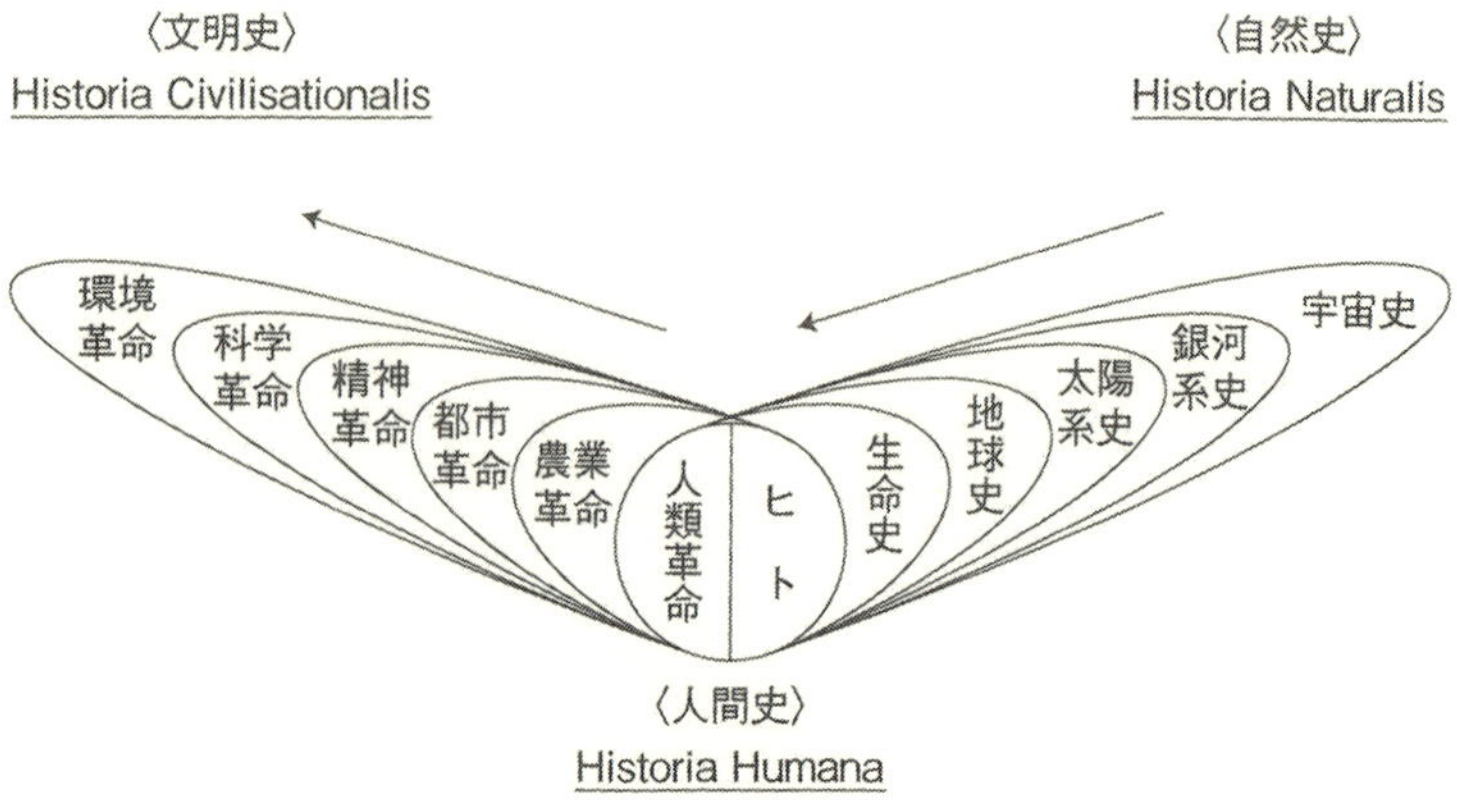

創発の生成史（『変容の時代』麗澤大学出版会より）

組織系（the emergent self-organizing system）として把握すべきというものである。デカルトにより客体化され、非生命化され、単なる「延長」（extension）とされた自然は、実は生成する生きた自然である。それは主観から切り離された客体とはなりえない。同じことを筆者はオートポイエーシス autopoiesis（自己創出系）と表現している。

ただ伊東俊太郎のまことに優れたこの自然論でも触れられていないものがあることを指摘すべきであろう。それは自然と超越神との関係すなわち内在（immanence）と超越（transcendence）の問題である。これが機械論的自然に対する生成する自然とは別次元の問題としてあるのではないか？　ヘブライ・キリスト教の根底にある創造神の存在は単なる幻想なのか？　超越的創造神と被造物との関係がこの主題の核心にあるべきではないのか？　世界 Welt という語が円盤から球形にさらに宇宙へと拡大されたときも、言葉（logos）によって光と闇を分け、大地と生物を造り、最後に自らの現し身（Imago）として人間を造ったという神は、超越的存在すなわち「世界外存在（Aus-der-Welt-Sein）」でなければならない。それは神話に過ぎないとしても、大宇宙が何故生まれたのか、ビッグバンは何故起こったのか、ビッグバンの前にはなにがあったのか、は今もって誰も知らないのである。

縦への超越と横への超越

Transcendence（超越）という言葉が伊東俊太郎から語られるのは、この超越神についてではなく、果てしない戦乱の続く全人類の運命、そして生態系の壊滅に瀕するこの地球との共生の可能性に関してである。

ホッブズの「万人の万人に対する闘い」という人間社会論から「万人の万人に対する助けあい」が可能であるはずだ。それは最近の脳科学が発見したミラーニューロンによる「共感力」の存在によって可能なはずであるという。そこに「横の超越」が生まれる。それは神・仏・道祖・サムシング・グレイトに対する「縦の超越」と相まって、人類に幸せをもたらすものとなる。この場合の共感とは、相手の中に自己と同じものを見出すSympathyではなくて、他者の中に自己とは違ったものを見出しながらそれに呼応するEmpathyである。文化の多様性の尊重はそのような共感から生まれるとする。

未来の学——場所論

哲学は存在論から認識論へと進化してきたが、いまは場所論に開かれなければならない、と晩年の伊東俊太郎は述べている。

①存在論（Ontology）の時代。古代ギリシャに始まる哲学は「存在とはなにか？」を問うものであった。そのために初期の哲学者は万物の始原アルケーを問うた。ミレトス学派のタレスは水、アナクシメネスは空気、ヘラクレスは火をアルケーとした。地水火風という四元素の交わりも確認されている。ここには自然を生成とする存在論があった。しかし生成する存在論はゼノンに代表されるエレア学派の論理によって否定される。あるものはあり、ないものは無い、という論理である。動きの存在をどう説明すべきか？　それに対する答えの一例はシチリアのエンペドクレスで、火・空気・水・地という万有の四つの根が「愛」と「争」によって結合と分離を繰り返す、とした。

ギリシャの哲人たちが求めていたのは自然（ピュシス）の真相であり、アリストテレスにおいても存在すなわちピュシスは生成である。

存在とは何か、を問うこの姿勢は、実は中世のスコラ哲学にまで続いた。

②認識論（Epistemology）の時代。一七世紀のデカルトによる理性的主体の成立、すなわち主客

の峻別が大きく哲学を変えた。啓蒙思想はデカルト的思考の産物に他ならない。

ここで確立された理性的主体は果たして客体である存在を認識できるのか？　という問いが起こる。この立場こそが二元論であり、それがカントの純粋理性批判の主題ともなった。「ものそのもの」（Ding an sich）が認識できるのか、と。この問いは実はカント後も延々と続き、フッサールがついにそれを問わず「エポケー」（思考停止）とするまで続く。

筆者は一五年前、東大での講演で、カントの認識論の詳細を問う前に、カントのような哲学者がおよそギリシャの哲学者が問わなかったそのような問いをなぜ問わなければならなかったのかを問うべきである、と述べたが、伊東俊太郎の哲学の歴史的進化論はそれに対する明確な答えになっている。その問いはCogitoの発見による主客二項対立により、デカルトから始まっていたと。

そして伊東俊太郎がその晩年、未来の哲学の赴くべき方向として示したのが「場所論」である（『モラロジー研究』八六）。

③場所論（Chorology）とは何か、を考えるヒントになるのは、一九九四年、伊東がフランスの社会科学高等研究院（Ehess）で「認識論の変遷と場の概念」と題して行った講義である。

この講演で「場」という日本語に当てられた仏語はLieuであった。西田幾多郎の場所論が念頭にあったことは明瞭である。「純粋経験」は主客を分離しない。そしてこの高等学院でオーギュスタン・ベルクに出会ったことも大きい。ベルクは和辻哲郎の「風土」に本質的な人間存在論を読み取り、自らMésologie（風土学）という学問を立ちあげた人である。

それは自然を「じねん」と読む思想に通じるものであった。およそ生物界がそうであるように人間において主体と環境の分離は不可能なのだ。風土的存在として自己はある。

アリストテレスのトポス（**Topos**）は空間的場所で、そこに置かれたものが無くなっても存在する。それに対しプラトンのコーラー（**Chōra**）は画に対するキャンバスのようなもので、それがなければ画は存在しない。トポスが都市とすればコーラーはそれを囲む田園であり、そこで育まれた農作物によって都市に住む人が生きる糧《かて》を得ている。トポスは人がそこに在る（オン）場所、コーラーは人がそこでなる（ゲネーシス）場所である。コーラーは生成の乳母《うば》であるとプラトンは『ティマイオス』で述べている。主体と客体は切り離せない。その相関関係をベルクは「通態」（**Trajection**）と呼んだ。この存在把握を伊東は分かち合っている。

ベルクがメソロジーと名付けたものを伊東はコーロロジーと呼んだが、それはプラトンが神話でしか語れないとしたものに惹かれたからであろう。客体化された自然が人類に壊滅的打撃を及ぼす可能性が目前に迫っている今、世界的に場所論としての哲学が開かれなければならない、という訴えは重く受け取らなければならない。

5　おわりに——知の巨人・伊東俊太郎との対話

終わりに今は亡き伊東俊太郎先生と筆者が交わした無数の対話のうち、ほんのわずかな例を書き留めておきたい。

服部「パリで先生がおっしゃったことで、大変感服したことがあります。「知る」Connaître は、〈倶に生まれる〉Co-naître だ、という指摘です。」

伊東「生成（Genesis）の本来の意味は再生つまり生まれるということなのです。知も他者との出遭いから生まれるのです。倶に生まれるのが Connaissance ですね。」

服部「先生の文明と文化の定義は大変参考になりました。文明という日本語はやはり福澤諭吉でしょうか？　文化の方は？」

伊東「Culture という言葉は近世までなかった。Agriculture はあったのですね。土地を耕すことです。一八世紀のドイツで Kultur という語が出てきた。」

服部「Cultura というラテン語も実は Kultur から作られた新語だ、とミシェル・セールが言っています。そのころ急速に生長したドイツが物質文明ではフランス等に遅れているが精神文明では負けていないと国民を鼓舞したきらいがありますね。フランス語では culture は civilisation に含まれています。」

伊東「Jihad という言葉を〈聖戦〉と訳しているが、本当は違いますね。〈務め〉と訳すべきだった。」

服部「ムハンマドが自分の町メッカを奪還したときに使った言葉ですね。彼は最初の務め（ジハード）は終わった。だがもっと大きなジハードが残っている、と言いました。」

服部「ネグリとハートの『帝国論』には最後にMultitudeというのが出てきますね。抵抗勢力。あれをどう思われますか？」

伊東「あれはやはりマルクスですね。プロレタリアートの変形です。」

服部「そのように固まって居るとは思えません。私は〝有象無象〟と訳したい程です。一強に従いながら密かに反発しているもの。グローバル・サウスもそうかもしれません。」

伊東「ベルクさんは私のパリでの良き同僚でした。メソロジーという彼の人間存在論は人類の未来の存在論です。」

服部「私も彼に注目して、UNESCO本部で開いたシンポジウム『文化の多様性と通底の価値』に招いたのです。先生がドクター・ストップで来られなかったのが残念です。」

伊東「通態（Trajection）と言うとき彼は主語と述語の関係を主に考えている。私は主体と客体の交信を考える。それだけが微妙な違いかな。」

服部「将来の哲学は場所論、我が意を得た思いです。横への超越にもつながります。ただ私は、単に間人または共生という観念ではなく、確固たる自己と確固たる他者の間に光るものが生まれることがある、と言いたい。他者の存在のおかげで私はいる。二〇〇一年のユネスコの『文化の多様性に関する世界宣言』はそのことを語っています。

伊東「あれは一九九五年の国連大学でのクストーの発言が基になっていますね。」

服部「そうです。ユネスコ創立五〇周年祈念シンポジウムの基調講演にクストーを招きましたが、そのときの発言です。「自然界に生物多様性が必要なように、人類には文化の多様性が不可欠である」とこの世界宣言の第一条に明記されました。それから二〇〇五年ユネスコ創立六〇周年式典でのレヴィ＝ストロースの発言が衝撃的でした。かれは「生物多様性と文化の多様性は単なる類似ではない。それは有機的に結びついている」と明言したのです。**organiquement** ですよ。私は驚きました。」

伊東「重要なことですね。」

服部「私はベルクが **Médiance**（風土的存在）というところにさらに「間」の観念を加えたい。主体である自己の中に風土が入り込んでいるのではなく、ガブリエル・マルセルの言葉では **Intersubjectivité**「相互主体性」、客体がもはや客体ではなく共に主体になるとき、その間にいのちの美が湧き出す瞬間がある。「間に光あり」です。」

服部「ハイデガーの **In-der-Welt-sein** を世界内存在と訳していますがあの **Welt** は「世界」ではありませんね。」

伊東「そうです。あれは「世間」です。」

服部「北方の詩人ゲーテはイタリア紀行のあとで変わりますね。さんざめく陽光と海に命の存在を、中村雄二郎《なかむらゆうじろう》のいう〈南方の知〉を見たのでしょうか？　女性的なものに目覚めたのでしょうか？」

伊東「『ファウスト』の最後を見てください。永遠なるもの、それは女性的なものだ、と言っています。」

服部「たおやめぶりの文学を持つ日本から発信したいものと通底しますね。」

伊東「そうです。先生（服部）は通底 **Transversal** という語を定着させましたが、僕は多様性に向かう **Multiversal** という言葉も可能かと思いますよ。先生と一緒にこの年月を過ごせたことを嬉しく思っています。」

服部「先生から学んだことはこれからも自分の糧とします。本当にありがとうございました。」

以上、万巻の原書の森を渉猟《しょうりょう》し、数学的な明確さをもって文明の生成の姿を描いた伊東俊太郎先生のご冥福を祈りつつこの項を終えたい。

さらに詳しく知るための参考文献

伊東俊太郎『人類史の精神革命——ソクラテス、孔子、ブッダ、イエスの生涯と思想』（中公選書、二〇二二）……四人の精神指導者を歴史的文脈と地政学的風土から描き出す研究の集大成。

伊東俊太郎『伊東俊太郎先著作集 第11巻 対談・エッセー・著作目録』（麗澤大学出版会、二〇一〇）……江上波夫、井筒俊彦、大野晋との対談が秀逸。

伊東俊太郎『十二世紀ルネサンス』（講談社学術文庫、二〇〇六）……「十二世紀ルネサンス」を唱えたハスキンズから比較の視野をさらに世界的に広げ、イスラーム世界の地位を高めた。

伊東俊太郎『文明の誕生』（講談社学術文庫、一九八八）……人類の五大革命説を紹介し、比較文明学の存在を知らしめた名著。

伊東俊太郎『自然（一語の辞典）』（三省堂、一九九九）……東西の「自然」概念の比較を通じて、日本語の「自然」のもつ多彩な意味とその意義を探る。

伊東俊太郎『変容の時代――科学・自然・倫理・公共』（麗澤大学出版会、二〇一三）……「創発自己組織系としての自然」「道徳の起源」「『公共』とは何か」など、転換期に当たる現在の諸問題を鋭く論じた講演集。

Ⅱ

法然――菩提心をめぐる通底性の拡大

小倉紀蔵

日本仏教史を比較文明学の視座から眺めてみると、いろいろな発見がある。空海《くうかい》も重要だし、最澄《さいちょう》や栄西《えいさい》ももちろん重要である。だがわたしの関心は、「通底哲学」という観点から東アジア仏教史を考察することである。

「通底哲学＝transversal philosophy」というのは、服部英二《はっとりえいじ》が「transversal」という語を「通底」と日本語に訳したことを踏まえて（ただしその解釈を少し変えて）、筆者（小倉）が提唱しているものである。服部は「universal（普遍的）」という概念を強く批判する。これは「uni（一つに）verso（向かう）」という意味であり、この場合の「一つ」とは、「論理的・男性的・西欧的」という内実を持っている。Universal概念には、西洋中心主義的な啓蒙思想がその土台にある。「普遍」ということばでは人類の明るい未来は開けない、と服部は考えた。そこで到達したのが、「通底（transversal）」ということばだった。「transversal」はふつう、「横断的」とか「越境的」などと訳される語だが、服部は「universal」との対比において、「まず他なるものの存在価値を認めることに始まる。異なるものを異なるままに尊び、しかもその底に響き合うものを認めること」だとする（服部英二『地球倫理への旅路　力の文明から命の文明へ』北海道大学出版会、二〇二〇、四五頁）。

服部は「通底哲学」という語は使っていないが、わたしの提唱する「通底哲学」の「通底」とは、まさに服部がtransversalという概念を日本語訳したことに土台を置いている。通底哲学は、「低い哲学」である。支配力の高さを競う哲学ではなく、低い場所でできるだけ多数多様な世界観を包容する哲学である。

このように考えると、大乗仏教の歴史においては、中観《ちゅうがん》や華厳や唯識《ゆいしき》や禅などというそれぞれの世界観を特化させたグループが存在したのと同時に、折りにふれて間欠泉《かんけつせん》のように、それらの壁を乗り越えようとする著作や人物も現れる。それは「教えの優劣」の序列化に傾きがちな教判《きょうはん》（教相判釈《きょうそうはんじゃく》）ではなく、どの世界観をも生かしながら違いを乗り越えようとする営みである。たとえば法華経《ほけきょう》は、自らの境地こそが全大乗仏教を包摂して最高の高みに達した究極的な経典だとするのであるが、これは通底哲学ではない。自らを最高の位置に置くことによって、全大乗仏教を包摂していると標榜《ひょうぼう》するのだが、この立場からするとほかの経典はそれぞれ欠点を抱えているのである。したがって法華経のみを信仰することが肝要なのであって、ほかの経典も法華経と同等に価値があるとは考えていない。これでは通底はできないのである。

通底哲学としてもっとも重要なのは、テクストとしては『大乗起信論《だいじょうきしんろん》』であり、人物としては新羅《しらぎ》の元暁《がんぎょう》であろう。前者はきわめて簡潔な叙述のなかで、大乗仏教のほぼ全体のエッセンスを体系化して示した画期的な書物である。後者は「会通《えつう》」という概念を打ち出して、さまざまな宗派の違いはあれど、同じ仏教としての通底性があるのだから、互いに通ずる、とした哲学である。

具体的には、元暁は三論《さんろん》（中観）と法相《ほっそう》（唯識）の会通を詳しく論じているが、そのほか華厳、浄土、禅なども視野にはいっている。この会通という概念はきわめて重要であり、表層レベルでまったく異なる相貌を見せても、結局は通じ合うのだという思想は、単なる折衷主義（シンクレティズム）や合一主義（三教合一《さんきょうごういつ》など）と同じではない。放っておけば分裂の方向性に走りがちな理論的認識を、いかにして包摂しうるのかという実践性に満ちたものなのである。

日本で元暁を尊崇《そんすう》した僧としては、明恵《みようえ》が有名である。明恵は華厳の立場から、新羅の元暁や義湘《ぎしよう》を追慕し、その教説を高く評価した。当然、会通の思想も受け容れたに違いない。

だが明恵は法然《ほうねん》（一一三三〜一二一二）の『選択本願念仏集《せんちゃくほんがんねんぶつしゅう》』を一読するやただちに激烈な反論を提示した。『摧邪輪《ざいじゃりん》』である。ここでは明恵が徹底的に攻撃的になって、法然の考えを否定している。

明恵はもともとは法然の理解者であった。それならなぜ、『選択本願念仏集』を徹底的に嫌ったのであろうか。ポイントは、菩提心《ぼだいしん》の否定である。法然は、念仏を唱えれば往生できるとして菩提心を重要視しなかった。明恵はこれを許しがたいと考えた。菩提心を否定するのであれば、それはもはや仏教ではない。

明恵にとって、菩提心を否定する『選択本願念仏集』はもはや会通できない反仏教の邪悪な思想でしかなかった。つまり、会通という思想の通底性にも、限界があったのである。その境界線は、菩提心の有無であった。

だが法然は違った。菩提心を捨てても彼は自分を仏教の枠内の宗教家と考えた。仏教とは、悟りに到達してこの自己と世界には実体がないことを体得し、そのことによって苦から解放される宗教である。そうであるなら、悟りに到達したいと希う菩提心を捨てたら、そもそも仏教ではなくなる。

ここは、「仏教文明」というものをどう考えるかという分岐点である。もちろん法然には「仏教文明」などという概念はないが、彼が考えていたことはまさに「仏教文明」であった。すなわち、この教えを真に民衆に解放するためには、これまでの会通（通底性）の範囲内にとどまっていてはならないと考えたのだった。会通による仏教の通底哲学は、あくまでも菩提心という土台を前提としている。その土台を撤去してみないかぎり、すなわち通底性から逸脱してみないかぎり、仏教文明の生命は真に輝かない、と法然は大胆にも考えた。

法然の弟子から親鸞《しんらん》、証空《しょうくう》らが出て、証空の系統から一遍《いっぺん》が出たのも、よく理解ができる。彼らがあれほどラディカルな主張をすることができたのは、そのことによってのみ、仏教の通底性の空間をさらに広げることができると信じたからだった。「仏教とはなにか」という問いには、会通する通底性の外側に出てみなくては答えられない、ということだったのだ。

日蓮――「会通」しない仏教

小倉紀蔵

仏教という宗教はそもそも普遍主義的な傾向が強く、その意味で反・比較文明学的であるといえる。ただ、仏教は仏教内部での世界観の違い（大乗内部だけでも華厳、法華、般若《はんにゃ》、唯識、密教、浄土、禅などの違い）が顕著であり、それゆえに仏教という枠組みの「なか」での比較（教判《きょうはん》）も重要であるが、それと同時にその「外」の世界観との角逐《かくちく》という観点も重要なのである。

日本の仏教界でこの内部と外部の両方での「違い」をもっとも尖鋭に認識した人物を一人だけ挙げよといわれれば、やはり日蓮《にちれん》（一二二二〜八二）であろう。

比較文明学的な発想をした仏者としては、空海、最澄、法然、明恵、親鸞、道元《どうげん》、日蓮などを挙げることができる。その思想家・宗教家としての偉大さからいうなら、前項の法然の次には当然空海を取り上げるべきかもしれない。次の候補としては親鸞か道元か。さらに明恵の議論も興味深いものだが、ここでは日蓮を論じてみようと思う。

天竺《てんじく》、震旦《しんたん》、本朝《ほんちょう》という三国世界観《さんごくせかいかん》と、それと反対方向に連動した「粟散辺土《ぞくさんへんど》（粟粒《あわつぶ》のように小さくとるに足らない辺境の土地）」としての日本という意識が浸透した鎌倉時代には、当然、比較文明論的な視座によって仏教を見直すといういとなみが盛んになった。

「世界」をインド〈天竺〉・中国〈震旦〉・日本〈本朝〉の三極によって認識するいわゆる「三国世界観」は、日本をインドや中国という大文明と並び立つ文明国と自認するという肥大した意識によるものだった。しかしそれはやがて、粟散辺土観という自己過小評価的な文明意識に変化する。鎌倉時代とは、このように比較文明学的な自己認識の大変動の時期でもあったのだ。自己の極大化と極小化のあいだを往来するという、いってみれば後の近代の時期に日本が経験したことと同じようなアイデンティティの振幅《しんぷく》を、この時代には経験した。日蓮はその振幅のはざまに生まれた、すぐれて比較文明学的な仏教哲学者なのだった。

日蓮は仏教という枠組みの「なか」で法華経とそれ以外の教えの優劣を明確に規定し、法華経を最高経典としてひたすら尊崇した。このこと自体は、中国仏教の伝統に「教判」という方法論があるので、それに則ったものにすぎない。ただ、「念仏無間《ねんぶつむけん》、禅天魔《ぜんてんま》、真言亡国《しんごんぼうこく》、律国賊《りっこくぞく》」という「四箇格言《しかかくげん》」に端的に現れているような折伏《しゃくぶく》の戦闘性に関しては、きわめて特異なものということができる。さらに日蓮が比較文明学にとって重要なのは、その折伏思想が日本という「国土」の観念と直結している、という点である。

「守護国家論」(一二五九)で日蓮は、〈末法《まっぽう》の世では法華経によらなければ国土の守護はできない〉とした。ここで法華経という普遍的な真理の書と、日本という特殊な国土が強烈に合体したのである。「南条兵衛七郎殿御書《なんじょうひょうえしちろうどのごしょ》」(一二六四頃)では、「国をしるべし。国に随《したがい》て人の心不定《ふじょう》也」といって、国の風土・文化・習慣・歴史によって人心が異なるのだから、当然、その教えとなる根本経典も異なってくると説く。そして「日本は純《もっぱら》に法花経の機也」「念仏等の余善は無縁の国也」「法は必《かならず》国をかんがみて弘《ひろむ》べし。彼《かの》国によかりし法なれば必此国にもよかるべしとは思ふべからず」という。つまり、すべて普遍的な真理を説いたと思われている仏教経典は、実はその教えの深さやレベルもそれぞれ違うし説く対象も異なっているので、国家の風土・文化・慣習・歴史の特殊性に合わせて広めていく必要があるのだ。さらに「金吾《きんご》殿御《どのご》返事《へんじ》」（一二六九頃）では、「震旦・高麗《こうらい》すでに禅門・念仏になりて、守護善神《しゅごのぜんじん》の去《さる》かの間、彼《かの》蒙古に聳《したがい》候ぬ。我朝《わがちょう》又此邪法弘《ひろまり》て、天台法花宗を忽諸《こっしょ》のゆへに、山門安穏《あんのん》ならず」といって、中国や高麗との比較を述べている。禅や浄土に支配されてしまった中国や高麗は蒙古《もうこ》に服従したのだが、それと同じことが今、日本でも起きている。法華経と天台哲学こそ日本の国土に合った仏教なのに、それをおろそかにしているならば、中国・高麗と同じく蒙古に支配されてしまうはずだ、という認識である。

日蓮のこの思想をよく理解するためには、たとえば新羅の元暁と比較するのがよいかもしれない。

元暁は、「会通」という方法論によって、仏教内のさまざまに異なる世界観をトランヴァーサル（通底的）な疎通性のもとにとらえた。会通とは、華厳、法華、般若、唯識、浄土、禅などという互いに著しく異なる仏教の真理を、その違いや矛盾を無化せずすべて保存しつつ、そこに共通する通底性を基盤として全面的に生かすことである。

もともと元暁には、新羅が辺境の地にあるという意識があった。それゆえどうしても唐に行きたかった。しかし唐に行こうとした途上で、髑髏《どくろ》とともに一夜を過ごすことによって、仏法の真理のためには、唐に行こうが新羅に留まろうが同じことだと悟った。このエピソードは、新羅も唐も同じ場であること、つまり普遍的な場所であることを自覚することを意味した。ここが、辺境意識を増大化させた鎌倉時代の日本の仏者とは大きく異なる。こののち、朝鮮において普遍主義が浸透していくひとつの契機を、元暁がつくったともいえる。

日蓮は元暁とは異なり、仏教の多様性を包摂しなかった。法華経と天台のみを称揚し、他を貶めた。

それはなぜだったか。筆者は、日蓮は比較文明学を実践したのだ、と考える。「会通」は困難で重要な道だが、「会通しない」という選択肢もまた困難で重要なのだ。その覚悟と迫力が、日蓮にはあった。「会通」が妥協なのではない。それは決死の選択である。しかし「会通しない」という選択もまた、決死の行為なのである。

その意味で、「会通」と「会通しない」というのは、比較文明学の二つの重要な方向性であるといえるのかもしれない。

「会通」は仏教用語なので、それを「通底」という別の用語で語ってみることにする。「通底＝transversal」という概念については、前項を参照していただきたい。元暁が「会通」ということばで語ったことは、まさに服部英二のいう「通底」と同じなのである。

そう考えると、比較文明学の実践としては、「通底する」ことと「通底しないこと」の二つが、両極端として存在することになる。もちろんその中間に、「通底と反通底のあいだ」という実践が無数に存在する。現実的には「完全な通底」も「完全な反通底」も実際には困難なので、その

「あいだ」に比較文明学の無数の実践があるといえるだろう。

しかし、一方で元暁のような通底の仏教があり、他方で日蓮のような反通底の仏教があることにより、その「あいだ」の空間が設定されるのである。両極端が極《き》まらないと、その「あいだ」も確定されない。

その意味でわたしたちは、元暁と日蓮という二人の傑出した極端主義者を歴史上に持つことができたことを、しあわせなことだと考えるべきであろう。

山鹿素行――「通底」しない儒学

小倉紀蔵

儒教の分野においては、比較文明学を展開したとみなすことのできる人物が、仏教より多い。儒教も仏教と同じく普遍主義の教義を持つが、その教義の内容は具体的なものが多い。そして統治システムや親族制度などにおいて、中国の儒教文明を前提としている議論が多い。日本の儒者たちが儒教の経典に向かいあうときには、日本の仏者が仏教の経典に向かいあうときよりもずっと、日本の社会システムや文化、風土との齟齬《そご》を感じ取ることが多かったと思われる。仏教はそもそも、既存の政治・社会システムや文化を破壊する思想だが、儒教は本来は中国的な政治・社会システムの上に乗る思想である。特に中国的な親族システムを持っていない日本においては、儒教の教えは根底的には違和感を与えるものであった。

したがって、仏教の場合よりもずっと、思想の対象化という行為が頻繁になされた。そもそも朱子学が日本に入ってきた初期には、朱子学が京都五山をはじめとする禅寺で研究された。これもまた、比較文明学的な行為だったといえよう。朝鮮のように仏教を排除して朱子学を純粋化した上で研究するのではなく、朱子学が排除した仏教の寺院において、朱子学が研究されたのである。

江戸時代に朱子学を本格的に導入した当初から、日本ではその相対化が始まっている。それは意識的な相対化であったというより、無意識なものであったであろう。林羅山《はやしらざん》が「諺解《げんかい》」を作成した時点から、その相対化は実質的に始まっていた。諺解とは、経典に対して日本語で訳と解説の合わさったような文をつけることである。この作業をすることにより、中国の経典を日本語で理解するわけなので、おのずと相対化が遂行される。林羅山は立派な比較文明学者だったわけである。羅山自身がおのれの行為を相対化と考えなくても、実質的には経典そのものの世界観から離脱することになるのだ。

後の荻生徂徠《おぎゅうそらい》のように、そのような相対化、離脱を嫌って、中国の古典は訓読すらせずにそのまま中国語で読むべきだという儒者もいたが、その純粋主義者・徂徠は朱子学を相対化することに情熱を注いだ。いずれにせよ江戸時代の儒学は、相対化への情熱を陰に陽に強く持っていた。それはたとえば、朝鮮と比べるとよくわかる。朝鮮では諺解が盛んに行われたが、そのことによって日本の儒学のような相対化や離脱が進んだわけではない。むしろ逆だったのであり、朝鮮語で中国の経典を理解することはその古典に対する忠誠度を高めるという結果をもたらした。「通底する哲学」を求め続けたのである。

山鹿素行《やまがそこう》（一六二二〜八五）は林羅山の弟子であり、幕府の朱子学の正統を継ぐべき人物であった。しかし彼は「通底する哲学」を希求しなかった。日本の社会と「普遍哲学としての朱子学」の齟齬《そご》が、あまりに大きいということに鋭敏だったからである。

正しいとされる理念が目の前に登場し、それを信奉する勢力から、〈この正しい理念を実現していない社会は「悪しき社会」である〉と脅迫されたとき、どのような態度をとればよいのか。朝鮮は、〈正しい理念に合わせて間違った社会を変える〉という方向性をとる傾向が著しく強かった。しかし日本はそうではなかった。〈正しい理念というが、それが真に普遍的なものなのか。たとい外国で正しいとされていても、日本の共同体や風土に合わないものであれば、それを修正したり拒絶したりすべきだ〉という傾向が著しく強かった。

儒学において最初にそのような気概を見せたのが、山鹿素行であった。

素行はそもそも兵学者であったので、文人優位の理念である朱子学とは齟齬があった。一六六二年に『聖教要録』を刊行したところ、その内容が幕府に咎《とが》められて赤穂《あこう》に配流《はいる》された。朱子学を批判して古学《こがく》を唱えたことが咎《とが》めの理由である。素行は赤穂にいるあいだに『中朝事実《ちゅうちょうじじつ》』を書く。これこそ、〈中国と日本は風土（水土という）や社会が異なるのだから、中国の理念を絶対化して鵜呑《うの》みにしてはならない〉という宣言であった。素行のこのような相対主義的な視座は、彼の兵学家としての信念からの影響が強い。日本と中国の違いを明確に認識するというすぐれて比較文明学的な行為を、果敢に実践したもうひとつの理由は、日本の神々の存在であった。『日本書紀』を基盤に神々の世界を理解しようとする素行が、朱子学の世界観をそのまま受け容れることができるはずがなかった。それをすることができたのは、山崎闇斎《やまざきあんさい》のように朱子学の理気論を自家薬籠中《じかやくろうちゅう》のものとすることができた哲学者の場合であった。素行の理気論理解からは、その理気論の内部に日本の神々を包摂してしまうようなレベルの通底性は生まれようがなかった。

そのかわり素行は、〈真理は、普遍的でも絶対的でもない〉ということを宣言した。中国の歴史・社会・風土で生まれた思想が普遍性や絶対性を標榜することに対して、抵抗するという道を歩んだ。

赤穂浪士による吉良上野介《きらこうずのすけ》に対する仇討ちには、素行が赤穂にいたときに教えを受けた武士たちの考えが反映されているのだ、という説と、いやそうではない、という説が対立している。事実はどうだったか、筆者にはわからない。しかし権力の頂点が考える「正しい理念」とは異なる思考は、おのれが今、いかなる水土に生きているかの自覚から生まれることはたしかであろう。

安藤昌益——「反文明」の比較文明

小倉紀蔵

「江戸時代におけるもっとも独創的な思想家を一人だけ挙げよ」というなら、ほとんどのひとが安藤昌益《あんどうしょうえき》（一七〇三〜六二）を挙げるだろう。「三人挙げよ」というなら伊藤仁斎、荻生徂徠、本居宣長、平田篤胤《ひらたあつたね》なども候補に上がるだろうが、「一人だけ」というならやはり安藤昌益ではないだろうか。

彼の比較文明学的な思想がもっともわかりやすく説かれているのが、『統道真伝《とうどうしんでん》』の「万国巻」である。日本、アイヌ、朝鮮、中国、満州、インド、オランダなどの文化の比較が細かく書かれてあるのだが、これが単なる文化比較でなく文明比較になっているのは、安藤昌益の文明哲学（反文明哲学）がそこに強く介在しているからである。

周知のように安藤は、人工的な理念や社会や反自然の欲望などを全否定した。自然のままの生を生きることのみが、真に生きるということだった。その強靭な反文明哲学から、右のような諸国を比較してみると、どう見えるのか。

単純化して整理するなら、以下のとおりとなる。

日本はダメである。なぜなら中国の悪い思想を取り入れ過ぎているからである。朝鮮は日本に輪をかけてダメである。なぜなら精神が全面的に中国化してしまっているからである。中国の思想がなぜダメかというと、人為的な理念によって人間を上下に序列化し、上位にいる者は強欲にすべてを搾取して自己の肥大化した欲望だけを充足させようとしているからである。したがって、このような思想を基盤とする社会ではつねに闘争が絶えず、ひとびとが否定しあって戦争が絶えない。ところがオランダは違う。この国ではひとびとは争わず、節制の効いた生活をしている。結婚すれば夫も妻もほかの異性にはまったく関心を示さないが、これは、結婚していてもいなくてもつねにほかの女と関係を持とうと淫乱な考えに満たされている日本の男とはまったく異なる。オランダはすべてにおいて平和であり、人間の欲望を肥大化させるような理念はそこにはない。

これが安藤昌益の比較文明論であった。

激烈なのは、朝鮮に対する認識である。朝鮮にだけは、異常なほど低い評価をする。その罵倒に近い評価の文言を読んでみよう。

其の（朝鮮人の）心術は愚魯《ぐろ》にして釈氏の誑巧《きょうこう》に迷い易く、聖人の謀教《ぼうきょう》に泥《なず》み易し。故に妄り《みだ》に聖・釈の二教を信じて、妄妄として其の国に引き受け、己れ等が迷心に似せたる聖・釈の二教を以て日本に送り、日本も倶《とも》に妄迷の世と為る。日本にも之れを受くる者有るは朝鮮の愚迷《ぐめい》を貴んで之れに凝《こ》る故なり。初発の若気に生れて、気の弱き故、大巧と謀偽に迷わされ易し。儒教の盗道を信じて、漢土の偽威《ぎい》に恐れ、妄巧《もうこう》なる仏法を貴んで己れが国の衰微を知らず。日本の妄偽の威に恐れて日本に伏して永く日本に諂《へつら》いて下人の如く、辱耻《じょくち》を知らず。三国を恐るること嚢中の鼠の子の如し。其の心術は欲深く、神《しん》に拙《つたな》く、義の薄き故に、仏法を信じ、欲深くして極楽を欲するが故なり。聖教を信ずるは神に拙なる故なり。日本に降《くだ》るは義の薄き故なり。学問して、仏巧に泥み、儒教を貴び、皆自己に具足する自然真《ひとりする》を夢現《ゆめうつつ》に知らずして妄りに随《したが》うの弱国なり。

この罵詈雑言《ばりぞうごん》のような朝鮮批判は、現在なら到底許されざる差別の表現であろう。だが安藤は真剣であった。なぜなら彼は戦闘的比較文明学者だったからである。彼にとって絶対に許せないのは、人工的な文明によって自然のはたらきを破壊してしまうことだった。反文明を絶対視する比較文明である。仏教や儒教は、その人工的な理念によって自然を捻じ曲げているだけでなく、大地との接触を忌避して頭脳を駆使する人間を支配者とし、直耕《ちょっこう》から乖離した妄偽《もうぎ》の思想である。直耕とは、人間と大地、男と女などすべての対立概念から解放された平等な主体が、農耕を基本として万物とともに生きることだ。したがって仏教や儒教を受け容れてはならず、敢然と拒絶しなくてはならないのに、朝鮮のひとの心理は愚鈍《ぐどん》なので、巧みな偽巧の理念にいとも容易に騙されてそれを信じてしまう。日本にも、朝鮮から伝えられたそれらの偽の理念を信じてしまう愚鈍なひとたちがいる。なぜ信じるのか。個人的な欲望が肥大化して、自然を逸脱してしまっているからである。このようなひとたちによって国は衰微するのだ。これが、安藤が主張していることである。

それに比べて、先ほど紹介したように、オランダ人は自己の欲望を肥大化させるような妄偽の思想を信じていない。だから平和で節制が効いているのである。

安藤のこの理屈はもちろん、現実の事実とはなんの関係もない妄想である。オランダが平和だというのはその国内での戦争がない、ということであって、国外でいかに強欲な搾取をしていたかは安藤の関心にはないようだ。むしろ愚迷なはずの朝鮮は、国内でも対外的にも自らが仕掛ける戦争とは無縁であった。戦いの思想と無縁であったがために近代に入って植民地に転落してしまったわけだ。

したがって安藤の考えにわたしたちが賛同する余地はほとんどないといえる。だがそれでも、安藤のこの奇妙な文明観からわたしたちが学ぶことはあるだろう。

筆者はここで、二つだけ挙げておく。

その一つは、安藤がここで披瀝している文明観が、明治以降の日本の進路と一致しているということである。明治以降の極度の近代文明主義的な世界観と、江戸時代の極端な反文明主義的な世界観である安藤昌益の考えが、実はぴたりと一致しているというこの事実を、わたしたちはどのように解釈したらよいだろうか。

もうひとつは、安藤のこの朝鮮蔑視は、巨大な文明的・統合的・人工的理念の持つ破壊力への警告が土台となっているという事実だ。朝鮮はその理念の犠牲者であった。表面的には壮大で華麗に見える人工的理念(それをイデオロギーといってよい)の伽藍《がらん》が、いかに人心と国土のすべてを完膚《かんぷ》なきまでに破壊し尽くすものであるか、そのことをわたしたちはもっと切実に認識しなくてはならない、という彼の警告なのである。

新島襄――「倜儻不羈」こそ比較文明学の根本

小倉紀蔵

福澤諭吉と新島襄《にいじまじょう》（一八四三～九〇）がいま突然生き返って、それぞれ慶應義塾大学と同志社大学のキャンパスを散歩しながら学生たちと対話してみたら、なんというだろうか。あるいは自分の大学で学生相手にゼミをやってみたら、どう思うだろうか。

おそらくは、二人が理想とした教育を始めてから百数十年のあいだに、日本人はこれほど「自治自立」（新島）と「独立自尊」（福澤）の精神を身につけることに成功したのか、と欣喜雀躍《きんきじゃくやく》したり感慨に耽ったりするということはないであろう。女性学生が多くなっていることに対しては、二人とも大きな驚きを表出するだろうが、わが大学に女性はもっと多くてもよいはずだと考えるに違いない。

福澤も新島も、西洋文明というものに日本が追いつかなくてはならないという強迫的な信念のもとに、大学を設立した。そのためにはまずなによりも、「自治自立の人民」（新島「同志社大学設立の旨意」一八八八）を養成しなくてはならなかった。

だがいつの間にか先進国となったとされる日本では、福澤や新島の強い信念は忘れられ、大学には弛緩《しかん》した精神だけが浸透し、現状維持という強烈なイデオロギーに支配されている（慶應と同志社のことをいっているのではない。日本の大学全体のことである）。むしろ福澤や新島の精神は、いまや中国や韓国の大学に正しく受け継がれたかのようだ。そこには気概があるが、日本の大学にはない。新島が「同志社大学設立の旨意」（一八八八）で述べた「独自《どくじ》一己《いっこ》の見識を備へ、仰いて天に愧《はじ》ず、俯して地に愧ず、自ら自個の手腕を労して、自個の運命を作為するが如き人物を教養」するということは、日本ではすでに絶滅したのである。

新島が死去したとき、福澤は次のように語った。

> 一身に独立の実なくして漫に国家の独立を言ふは、身躬《しんきゅう》から鯨飲《げいいん》を恣《ほしいまま》にしながら挙世《きょせい》皆醒めんことを祈るに異ならず。独立の男子ありて然る後に独立の国を見る可きなり。今新島氏は今世の流俗《りゅうぞく》に処して其流に流れず、教育宗教の事に熱心して多年其節を渝《か》へず、真に独立の士と称す可し。（福澤諭吉「新島襄氏の卒去《そっきょ》」『時事新報』一八九〇年一月二六日）

この緊張が日本の大学から喪われて久しいが、その原因はなんだったのか。数え上げたらたくさんありすぎてキリがないだろうが、ここではひとつだけ、「比較文明論的視座の欠如」ということを挙げておきたい。現代の大学では、文系の学問をするときに、「比較」という作業をほとんど行わない。これは事実である。いつのころからそうなったのかは、正確にはいえない。だが日本社会が近代を終えポストモダンに突入したといわれた一九八〇年代くらいからの現象ではないだろうか。

それまでの日本の大学において文系の学問というのは、「国文学」や「日本史」といった少数の自閉的分野以外は、西洋を軸や基準としてすべてのものごとを思考するいとなみであった。「横のものを縦にする（欧文を日本語に翻訳すること）」のが大学教授のしごとであるなどと揶揄《やゆ》された背景には、「すべての価値の根源は西洋にある」という強烈な思想があった。これは無論、間違った思想である。どうしても乗り越えられなければならない思想である。しかしポストモダンに突入して、「近代はつまらない時代だった」という弛緩した視座が人文学を支配するようになると同時に、「西洋もつまらない地域にすぎない」という堕落した視座が大学を覆った。あるいは「近代は悪い時代だった」という認識とパラレルに、「西洋は悪い地域である」という認識も蔓延《はびこ》った。「西洋」を自力で乗り越える前に、「西洋」という壁を自ら回避してしまったのである。その壁を自力で破壊したわけではない。ただただ、回避しただけである。

かつて近代の全盛期には、西洋に対する強烈な劣等意識と対抗意識があった。それこそが、学問をする内燃動力の根本のひとつであった。しかし今や、そういうものはなくなった。あるいはきわめて希薄になった。新島や福澤は、今生き返ったらそのことを喜んだだろうか。そんなことはないだろう。新島も福澤も、教育者である前にまず、第一流の比較文明学者だったのである。否、若い時節に西洋を直接体験して、その研ぎ澄まされた感性で比較文明学を実践したからこそ、教育という事業に果敢に飛び込んだのである。

その際、比較文明学を実践する精神とはなにか。わたしとしては、新島の次のことばこそ、もっとも重要な「構え」なのではないか、と考える。

倜儻不羈《てきとうふき》なる書生を圧束せず務めて其の本性に従ひ之を順導。(海老名弾正・熊本英学校校長あて書簡)

「倜儻不羈」。倜儻は、独立した才気が他とかけはなれて高いこと。不羈は、しばりつけて束縛できないこと。このことばは今日のあらゆる学問に関して切実に求められる精神であるが、本書との関連でいうなら、比較文明学においてもきわめて重要な態度といえるであろう。比較文明学とは、ただ単にA文明とB文明とC文明を漫然と比べることではない。旺盛な批判精神を土台にして、倜儻不羈なる思考の自由を発揮するところに、それはかろうじて立ち現われる。この場合の倜儻不羈という語をわたしが翻訳するなら、「精神の高揚と自由と自立とを尊重して誰にも邪魔されずにおのれの仮説を奔放に貫き通すこと」である。

なお、新島襄は国定忠治《くにさだちゅうじ》を好んだ(河野仁昭《こうのひとあき》『新島襄への旅』京都新聞社、一九九三、三四四頁)。新島と忠治が同郷(上州)であったということだけではないだろう。新島の「倜儻不羈」の根底には、国定忠治に代表されるような「激烈かつ至誠そのものの日本精神」とでも呼べるようなものがあったと見るべきだろう。

頭山満——八紘一宇の文明論

尹粋娟

頭山満《とうやまみつる》（号・立雲《りゅううん》／一八五五～一九四四）は「億兆一心天下一家《おくちょういっしんてんかいっか》」と語る。天皇主義者であり、八紘一宇《はっこういちう》を意味するこのコンセプトを約八十九年間の生涯をかけて実現しようとした。また天皇主義で一生を貫く彼に金玉均《キムオッキュン》、一進会《いっしんかい》、孫文《そんぶん》、タゴールなど多くのアジアの志士たちが呼応した。

頭山満は一八五五年五月二七日に筑前《ちくぜん》（福岡）で生まれた。一八七一年に亀門学《きもんがく》を継承する興《こう》志塾《しじゅく》に入り、そこで戊辰戦争《ぼしんせんそう》で功を挙げた武部小四郎《たけべこしろう》と越智彦四郎《おちひこしろう》、また後に玄洋社《げんようしゃ》社員となる箱田六輔《はこだろくすけ》、平岡浩太郎に出会う。その頃、武部と越智は自由民権運動の全国的糾合をはかる愛国社結成大会に参加し、頭山は武部の設立する矯志社《きょうししゃ》の社員となる。一八七八年九月、頭山は第一回愛国社再興大会に参加した後、向陽社《こうようしゃ》を設立し、それを継承する形で一八七九年に玄洋社（一八七九～一九四六）を結成する。一九一〇年を前後に頭山と彼を中心とする玄洋社は朝鮮側の一進会と共に日韓併合を主導し、一九三〇年代以来、大政翼賛会、国民精神総動員運動、大東亜共栄圏などに協力していく。一九四四年、頭山は持病の胃潰瘍のため死去する。その二年後の一九四六年、玄洋社はGHQにより超国家主義団体と指目され解散命令を受け、一九四八年、第三十二代内閣総理大臣であり、玄洋社社員であった広田弘毅《ひろたこうき》はA級戦犯の判決を受け死刑となった。

頭山満の生涯を眺めた際に、「頭山満はアジア主義者である」「頭山満は天皇主義者である」という二つの異なる評価がつきまとう。しかし前者はアジアと日本との共通的な文化の要素、後者はアジアにおける日本の特殊的な文化というような、いずれも文化を尺度とする観点が両者に共通している。これらの頭山満に対する評価は、いずれも、戦前の日本帝国を戦後の単一民族国家の視座から眺める観点と関わる。またその戦後の観点において、頭山満の八紘一宇は単一民族国家的なナショナリズムの膨張である、とする位置付けがなされてきた。

頭山満は近代という文明への対抗を天皇によって実現しようとした人物である。ゆえにその全貌を把握するには、より広範な観点、「億兆一心天下一家」すなわち八紘一宇を文明論として捉えてみる必要があろう。さらに言えば、頭山満の八紘一宇は、近代の一つの特徴である自然と人間の分離、自然的秩序と文明的秩序の分離に対抗するための文明論であった。玄洋社はこれらについて身体という観点から説いていく。

『皇民十訓抄《こうみんじっきんしょう》』（一九三八）において「天下の大則」という「自然率には個人も、家庭も、国家も、その支配を受けねばならぬ」とし、「衣食住男女の情欲」に基づく「人間共存の大主義」の形成を玄洋社は述べる。玄洋社社員・村井《むらい》一英《かずひで》が『通俗愛国民権論』（一八八〇）で「天ヨリ稟《う》ケル所ノ四肢五体耳目鼻口五臓六腑ヲ具《そな》ヘタル者ニテ天皇陛下ヤ大臣参議ノ目ハ三ツ有リテ吾々平民ノ目ハ一ツシカ無キト云フ者デ無ク」と述べるように、天皇は玄洋社にとって民と同等の身体を持つ存在であった。万物は自然的秩序に内在し、人間は自ら「人間共存の大主義」の文明的秩序を形成していく。その際に文明的秩序は身体を媒介に天地万物の生成消滅する自然的秩序に内在する、というのが玄洋社の主張の要点であった。

玄洋社理事長・美和作次郎《みわさくじろう》は『大自然観』（一九二九）で「大自然の万古不易の理法を確実に智覚することは」「手に触れ、目に視、或は味ひ《あじわ》嗅ぎ聞き得て真実を慥め《たしか》、存在も理法も智覚感応して確実に理解し得る」とし、「自然の霊気と融合する」ことを述べる。ここで身体を持つ人間と自然的秩序との合一したリズムを一つの心情として解釈することができよう。

頭山満は『大西郷遺訓《だいさいごういくん》』（一九二五）において「道は天地自然のものなり」「万世に亘り《わた》宇宙を貫く」ことを強調し、また「西洋も日本も、人間に変わりはない筈じゃ。正義人道さえ踏んで行けば、世界万国、日本に帰服するに決まっている」と述べる。頭山満のいう日本が世界秩序の頂点に立つ正当性は、天皇を単一民族国家的なナショナリズムから捉えるのではなく、自然およびあらゆる文明を統括する存在、とする位置付けにあったのではないだろうか。

このことは、近代の国体論が伝統的な東洋思想の文脈にあったこと、さらに明治から大正時代にかけて普遍的生命主義を経験したことと深い関連がある。これに対して戦後の論者は一様に単一民族国家的なナショナリズムの観点から玄洋社を理解しようとするが、そのような観点からは玄洋社の「帝国の天皇論」が宇宙生命論的であったことは見逃されてしまう。

頭山満の提唱したアジアの「各々其所を得せしむ可き」、各国の文化や民情を尊重すべきという八紘一宇は、「帝国の天皇論」であったため可能な発想であろう。ならば、文明的秩序を含みつつその深層の次元にある身体、その身体によって自然や宇宙と結ばれる世界秩序を目指した頭山満の八紘一宇はいかにして挫折を迎えたのか、という問いが浮かび上がってくる。

後藤新平——自治の精神

小倉紀蔵

後藤新平《ごとうしんぺい》（一八五七〜一九二九）は、「初代××」という肩書きを多く持つ官僚、政治家である。台湾総督府民政長官、満鉄初代総裁、鉄道院総裁、逓信大臣、内務大臣、外務大臣、東京市長、帝都復興院総裁、ボーイスカウト日本連盟初代総長、東京放送局（のちの日本放送協会）初代総裁を歴任した。近代日本において鉄道の整備、大陸進出、植民地経営、関東大震災からの帝都の復興などに尽力した。一八五七（安政四）年に陸奥国《むつのくに》胆沢郡《いさわぐん》（現在の岩手県奥州市水沢区）に生まれ、一九二九（昭和四）年に死去した。

後藤のキイワードのひとつは、「自治」である。自治という概念に、後藤は多面性を持たせている。『自治生活の新精神』という一九一九年の本に書いてある後藤の一番有名なテーゼがある。「人間には自治の本能がある」。つまりここでは、自治は生物学的原理なのだ。自分の生命を維持し、保存し、継承させていくためには、他の個を場合によっては消滅させなくてはいけない、抹殺しなければいけないということが含まれている。これが、生物が生きていく上での本能である。自分の生命が侵されたら、他者の生命は抹消しなければいけない。これが後藤が自治という言葉に込めた生物学的な意味である。

ところが、これとは別に有名な「自治《じち》三訣《さんけつ》」というのがある。「人のお世話にならぬよう、人のお世話をするよう、そして酬《むく》いを求めぬよう」。これは、一九二五年の言葉であるが、一言でいえば本能を抑制せよ、ということをいっているわけだ。ここで矛盾が生じる。つまり自治という言葉の中に二つのまったく相反する側面が含まれていて、後藤はこれを巧みに一つの著作、一つの論文の中で使い分けているのだ。

後藤は自治は人間の本能であるといっているが、他者との衝突や摩擦、あるいは場合によっては他者を抹殺しなくてはいけないということをどのように回避するか。彼は、人間には精神があるといっている。彼が著作の中で精神という言葉を使っているのは、ドイツ語のガイストのことを指している。つまり、後藤のいう精神とは、ガイスト、霊なのだ。霊は、英語ではスピリットである。スピリットを、個々に内在するものではなくて、普遍的に宇宙に遍在する精神的なものと考えるとすると、人間はそれを持っているから、生物学的な自己による本能の自治を乗り越えられるのだ、といっているのだ。わたしはこういうところから、後藤は儒者だと考えている。彼は、ドイツ哲学的な教養を持った儒者、もっといえば陽明学者と考えることができる。

生命という語には、いくつもの層がある。個人的な、肉体的な、生物学的な生命がある。それとは別に、それを乗り越える普遍的な、キリスト教のパウロの言葉でいう「霊による命」というものもある。キリスト教の場合は神、父性的な存在が一方的に与え、それによって肉体的な生命を乗り越えることができるという概念であるが、ここでいっているスピリットとはそうではなくて、誰か超越的な存在が与えるというよりは、宇宙にあまねく存在している命、生命、精神、霊である。そういう二つの側面を後藤は使い分けている。

そして個体を乗り越えることができる霊は、世界認識に直結する。つまり、生命はまず本能であるから、日本という個別の国家が生き残らなくてはいけない。自治をしなくてはならない。そして、今アジアで自治がまだできていない他の国も、将来は自治をしていただきたい。朝鮮の民族自決を自分は否定するものではないと後藤はいっている。とにかくさまざまな個人、国家、民族が自治をやっていただきたい、と彼は考え、奔走したわけである。

国家の本能がなぜ平和と結びつくかというと、彼は『日本膨張論《にほんぼうちょうろん》』という非常に面白い本を書いている。日本が領土的に膨張することを是とするように見えるがそうではなく、イギリスなどの膨張のやり方とは違って、日本こそが最もスピリチュアルな膨張をすることができる国家であると彼はいうのだ。つまりイギリスがやっている世界主義は、結局はイギリスの原理や理念を拡張するものである。しかもイギリスの場合は、「外形的」と彼はいっているが、領土の拡張によってその主張や価値を世界に認めさせることが世界主義なのだ、というやり方である。

それに対して後藤は、ドイツの場合は「内包的」だという。ギリシャやローマなど、世界中の哲学、芸術をドイツの中に入れ込んで、その精神で世界主義を推進する。日本もドイツと同じか、あるいはもっと同化力の強い国家である。「同化」ということばは今ではあまりよい概念ではないが、すべて包摂するという意味である。日本は世界中のすべてを包摂することによって、その精神、スピリット、霊性、国粋が霊化する。それによって、日本のなかに、世界全体が入ってしまうのだという。それによって膨張するのだという。つまり日本は領土的な膨張はしない。そうではなく、精神を自分の中に取り入れることによって、そして世界中にそのやり方を広めることによって膨張するのだ、という考え方である。

個体の生命を維持していくためには、必ず闘わなくてはいけないということと、他方で平和が必要だということ。その生命の矛盾を、後藤は霊性という言葉で解消しようとしたのだ。

井上円了——比較哲学による日本的教育の創造

小倉紀蔵

「哲学」というキイワードで大学までつくってしまった妖怪学者が、井上円了《いのうええんりょう》（一八五八～一九一九）である。彼のつくった教育機関は、現在では東洋大学という巨大な大学となって、日本の高等教育における重要な役割を担っているが、その発祥を知っている日本人はどのくらいいるであろうか。

井上円了は一八五八（安政五）年に越後《えちご》に生まれ、一九一九（大正八）年に大連で講演中に脳溢血で急死した。東京大学哲学科を卒業して二十九歳のときには哲学を根幹とした私立学校の設立を企図し、一八八七年に哲学館を東京に創立した。一八九一年には妖怪研究会を設立し、哲学館の講義として妖怪学を始めた。一九〇四年には、私立哲学館大学（専門学校）を開校したが、神経的疲労により翌年末、学校運営から退く。その後一九〇六年に、ようやく大学設立が認可され、私立東洋大学となって、戦後は総合大学として発展していく。

以下、井上円了研究センター編『井上円了の教育理念』（東洋大学、二〇二一改訂版）および同編『ショートヒストリー　東洋大学』（東洋大学、二〇二〇改訂版）の記述を参考にしながら、円了の教育理念がいかに比較文明学的なものであったのかを見てみよう。

円了は東京大学哲学科を卒業したと先に述べたが、もっと詳しく語ると、次のようになる。十歳のときから石黒忠悳《いしぐろただのり》（のちの陸軍軍医総監）に漢学を教わり、東京大学予備門を経て二十三歳で東京大学文学部哲学科に入学する。学科の新入生は円了一人であった。「彼は井上哲次郎《いのうえてつじろう》に東洋哲学を、原坦山《はらたんざん》にインド哲学を、フェノロサにカント、ヘーゲル、ミル、スペンサーの西洋哲学を学んだ」（『井上円了の教育理念』一六頁）。そのほか外山正一《とやままさかず》（西洋哲学）、吉谷覚寿《よしたにかくじゅ》（インド哲学）らが円了を教えた。円了ただ一人に教えたのである。

ここに円了の思想形成の重要なポイントがある。円了は語っている。「私が大学にいたころは、哲学科の学生は私一人で、教師が十何人とありました。それですから、私が欠席すると十何人の教師がみな休まなければならぬというしだいで、各教師からは、〝君が休むときは前もって案内をしておいてくれ〟といわれました」（同、三二頁）。東京大学哲学科は総力を挙げて、この青年を育てたということになる。卒業時の席次は首席であり、学位授与式では全学部の卒業生（四八名）の総代となった。

円了は西洋哲学にこそ真理がある、と考えたが、そこで思考を停止しなかった。西洋に西洋哲学があるのなら、東洋には東洋哲学があるはずである。そのように考え、西洋哲学と東洋哲学を同時に学ぶ必要があるとして、哲学館を設立したのだ。創立時の講師には村上専精《むらかみせんしょう》、内田周平《うちだしゅうへい》、嘉納治五郎《かのうじごろう》、清沢満之《きよざわまんし》などがおり、講師総数十八人のうち十二人が東大卒であった。校舎は湯島の寺の一室で、授業は講師が原書をその場で訳しながら進行するスタイルだったが、まだ訳語が一定していない混乱状態なので円滑に進まず、鋭い質問を連発して講師に迫る「質問博士」や、講師の代わりに説得的な説明をする「説明博士」と呼ばれる学生も出現したという。このような様子から推測するかぎり、哲学館というのはまさに生きた哲学を学ぶには理想的な、めくるめくような知の楽園だったのに違いない。また、教室での講義をそのまま筆録した講義録を毎月三回刊行して、現在の通信教育と同じシステムを開発したことも画期的であった。

哲学館のコンセプトは「日本主義」だった。だがこれは、国学風の国粋主義とはまったく異なるものだった。それは、国家の独立のために「日本」を掲げるが、その裏面には人間というものに対する深い哲学的理解が必要で（これを円了は「宇宙主義」という）、「日本」というのは哲学における東洋と西洋の通底の場所として認識されるべきだ、ということである。

東京・中野にある哲学堂は井上がつくったものだが、そこに明確に呈示されているように、彼にとって「四聖」とはソクラテス、孔子、釈迦、そしてカントであった。哲学をまず東洋と西洋に分ける。東洋は中国哲学（孔子）とインド哲学（釈迦）に分け、西洋は古代哲学（ソクラテス）と近代哲学（カント）に分ける、という思想による四聖であった。

要するに円了こそ、近代日本の怒涛のような思想変動のなかで、東西哲学を比較文明学的な視座から総合的に理解しようとする画期的な教育を始めた人物であった。ここにこそ、日本の希望はあったはずだ。現代日本の堕落した無哲学の教育に対して、もっとも尖鋭《せんえい》な批判をすることができるのは、井上円了であろう。

新渡戸稲造――文明の暴力性に抗する「武士道」

小倉紀蔵

新渡戸《にとべ》稲造《いなぞう》（一八六二～一九三三）は「武士道」なる架空のものを捏造した人間として有名である。英語で書かれた著名な *Inazo Nitobe, Bushido, The Soul of Japan*（1899）である。矢内原《やないはら》忠雄《ただお》の訳により、岩波文庫で読める。日本の歴史上、新渡戸が描いたような「武士道」はどこにも存在しなかった、といわれる。西洋に伍して文明化しなくてはならないという時代的使命のもと、彼は「日本にも西洋の騎士道に匹敵するものがある」と声高に理想化して主張せざるをえなかった、というわけだ。

新渡戸の「武士道」が日本史上のどこにもなかったのか否かに関しては、筆者は歴史家ではないので判断を下せない。

ただ一点だけ批判するなら、わたしとしては、この本の最大の欠陥として、武士にとってもっとも重要な「殺し」という行為の意味について、なんの分析も思索もしていない点を指摘したい。武士が日常茶飯に「殺し」をしていた、という意味ではない。みだりに「殺し」ができない、ということも含めて、日常的に殺傷武器を携帯しながらつねに死や殺しと向き合うことによって、武士の倫理の大きな部分が形成されたわけなのだから、新渡戸はそのことをもっと重点的に書くべきだったのである。切腹や刀剣についての章はあるが、美的な倫理意識によって鎧《よろ》われた文化人類学的な記述に終始している。この課題（武士と殺しの哲学）に対しては、後に鈴木大拙が *Zen and Japanese Culture* において全面的に取り組むことになるが、新渡戸にも挑戦してほしかった。

このような「欠陥」はあるものの、現代の日本人はこの本を一回は必ず読むべきだと思う。なぜなら、なぜ新渡戸が滅びていく武士の世界観を英語で描かなくてはならなかったか、という問いは、文明の暴力性の問題を考える上できわめて重要だからだ。この小さな本は、暴力的で巨大な文明が自分より弱小な文化を滅ぼしていくことに対する、静謐《せいひつ》かつ力動的な抗議の書なのである。

新渡戸はいう（『武士道』第十六章、岩波文庫）。

我が国におけるキリスト教伝道事業失敗の一原因は、宣教師の大半が我が国の歴史について全然無知なることにある。或る者は言う、「異教徒の記録などに頓着する必要があろうか」と——その結果として彼らの宗教をば、吾人ならびに吾人の祖先が過去数世紀にわたりて継承しきたれる思索の慣習から切り離してしまうのである。

新渡戸はキリスト者であるし、この書は西洋の読者に向かって書かれたわけだから、このようなものの言い方をする。だが、本音はそこにはない。つまり、キリスト教はもっと上手な伝道の仕方を考えよ、ということではない。

一国民の歴史を嘲る?――彼らはいかなる民族の経歴、何らの記録を所有せざるもっとも遅れたるアフリカ原住民の経歴でさえも、神御自身の手によりて書かれたる人類一般史の一ページをなすものたるを知らないのである。滅亡したる種族さえも、具眼《ぐがん》の士によりて判読せらるべき古文書である。哲学的かつ敬虔なる心には各人種は神の書きたまいし記号であって、或いは黒く或いは白く、彼らの皮膚の色のごとく明らかに跡を辿りうる。もしこの比喩にして佳ならんか、黄色人種は金色の象形文字をもって記されたる貴重の一ページを成すものである!

新渡戸は、武士道はもはや今の時代(一九世紀終わり)には絶滅していくしかないエートスだと考えている。それは時代のせいでもあるが、西洋の文明が日本を覆い尽くしてしまうことによる衰退でもある。だが新渡戸は、これをただ単に日本という一国家における現象とは考えていない。西洋の暴力的で圧倒的な文明が、自らの力を外部に浸透させるために、外部の諸地域に生きている文化、エートス、慣習、世界観を侮蔑し、嘲笑《あざわら》い、取るに足らぬものとして破壊していくという現象は、世界の至るところで起きている。このことの理不尽さを、新渡戸は訴えている。

しかしもしそうであるなら、〈武士道は西洋の道徳倫理と同じだから価値がある〉とは語らなかったほうがよかったのではないか。〈武士道は西洋の道徳倫理とは異なる。切腹《せっぷく》の美学などは到底西洋人にはわかるまい。だが、価値があるのだ〉と語ればよかったのではないか。新渡戸が切腹や仇討《あだう》ちを語る切り口はアクロバティックであって、〈たしかに表面的には切腹や仇討ちは西洋の道徳倫理とは異なるように見える。しかし、実は西洋にもこれと同じようなものはある〉という語りの戦略を採っている。ここは、十九世紀末という時代の制約であろう。現在なら端的に〈武士道は西洋にはない。だから価値がある〉と語ることが可能であろうが、十九世紀末にはそのような語りは不可能あるいは困難であった。そのような困難な時代に、新渡戸は困難な日本文化擁護をしたのだ。比較文明の効能というのは、こういうものでもある。つまり、暴力を行使する側の方法論にもなりうるが、その暴力を糾弾する方法論にもなりうるのである。

『武士道』の原著に「緒言」を書いたウィリアム・エリオット・グリッフィスは、次のようにいっている（岩波文庫、一九ページ）。一八六〇年以降、米国に留学した日本人学生たちと彼は日常的に「日米事物の比較をしながら面白い戯談《ぎだん》を言い交わした」「ある点においては、我々の道徳および礼儀の律法は異なった。しかしそれは点もしくは切線ぐらいの差であって、日蝕月蝕《にっしょくげっしょく》ほども差があるのではない」「じっさい、私は（日本人留学生とのそれらの議論により）井戸の蛙《かわず》たるを免《まぬか》れたことを喜んだ。それの墓穴と異なるのはただ深さだけだ。比較こそ学問と教養の生命ではないか。言語、道徳、宗教、礼儀作法の研究において、「一つしか知らぬ者は一つをも知らぬ」と言われるのは真理ではないか」。

このように牧歌的で実り多く、そして互いに尊重しつつ自制して比較文化・比較文明ができた時代があった。そこで語られた無数のことばのほんのかけらでも、誰かが記録しておくべきだった。新渡戸の書籍だけでは足りない。なぜならウィリアム・エリオット・グリッフィスの周りでは、新渡戸の本での記述のようにきれいに整序される前の、荒削りだが的を射た無数の認識の芽のようなものが、星空の無数の星のように現れては消えて行ったのだから。それらすべてに、深い意味があったのだから。

新渡戸はいう。

アメリカ的もしくはイギリス的形式のキリスト教――キリストの恩寵と純粋よりもむしろより多くのアングロ・サクソン的恣意妄想を含むキリスト教――は、武士道の幹に接木《つぎき》するには貧弱なる芽である。新信仰の宣伝者たる者は幹、根、枝を全部根こそぎして、福音の種子を荒地に播くことをなすべきであるか？　かくのごとき英雄的方法は――ハワイでは可能であるかも知れぬ。そこでは戦闘的教会は富そのものの搾取と原住民種族の絶滅とに完全なる成功を収めたと称せられる。しかしながらかかる方法は日本においては全く断じて不可能である――否、それはイエス御自身が地上に彼の王国を建つるにおいて決して採用したまわざるべき方法である。

吾人は聖徒、敬虔なるキリスト者、かつ深遠なる学者〔たるジョエット〕の述べし次の言葉を牢記《ろうき》するを要する。

「人は世界を異教徒とキリスト教徒とに分ち、しかして前者に幾何《いくばく》の善が隠されているか、または後者に幾何の悪が混じているかを考察しない。彼らは自己の最善なる部分をば隣人の最悪なる部分と比較し、キリスト教の理想をギリシヤもしくは東洋の腐敗と比較する。彼らは公平を求めず、かえって自己の宗教の美点として言われうるすべてのことと、他の形式の宗教を貶《けな》すがために言われうるすべてのこととを集めてもって満足している」。

ここで語られていることこそ、「悪しき比較文明」の典型といってよい行為である。比較文明学自体は二〇世紀から花開いた学問だが、その前には、キリスト教や帝国主義が「文明／未開」の二分法で自勢力の侵略・支配を楽天的に推進した歴史が厳然とある。二〇世紀の初め、つまり比較文明学がシュペングラーやトインビーによって厳かに開始される以前に、新渡戸は「比較文明」という行為自体が持つ欺瞞《ぎまん》性と悪質性を糾弾していた。彼が衛《まも》るべきものは日本の武士道のエートスであった。しかしそれは、すでに死に瀕していた。彼のことばに宿る悲愴感こそ、大文明によって滅亡させられてしまうすべての弱小な世界観への慟哭であった。

我が国において駸々《しんしん》として進みつつある西洋文明は、すでに古来の訓練のあらゆる痕跡を拭い去ったであろうか。

一国民の魂がかくのごとく早く死滅しうるものとせば、それは悲しむべきことである。外来の影響にかくもたやすく屈服するは貧弱なる魂である。(『武士道』第十六章)

武士道の日はすでに数えられたように思われる。その将来を示す不吉の徴候が空にある。徴候ばかりでなく、強大なる諸勢力が働いてこれを脅《おびや》かしつつある。(『武士道』第十六章)

内藤湖南――日本文化と「豆腐のニガリ」論

小倉紀蔵

日本文明は、どのように形成されたのか。

この問いに対しては無論、きわめて多数の答え方がある。そのなかでわたしとしては、内藤湖南《ないとうこなん》（一八六六～一九三四）の考えをかなり高く評価したい。

内藤の考えを要約していうなら、以下のようになる。なお内藤自身は「文化」とか「日本文化」という表現をしているが、それらを本書では「文明」といいかえてよいだろう。

内藤はまず語る。

日本人は、〈なにか日本文化の「核」や「種子」のようなものがもともとあって、それが外部の他者の文化を自覚的に選び取りながら自らを発展させてきた〉と考える傾向が強いが、それは誤謬である。そういう核や種子のようなものは、そもそもない。最初から「日本文化」なるものが存在していたと考えるのは、間違いなのだ。

内藤のこの批判は、明治以降の日本人の「民衆」が、安易に江戸時代の国学的な世界観の延長線上に立ってしまい、純粋で高度な日本文化の本質をあらかじめ措定して、それが主体的に外来文化を分別・選択しながら高度化してきた、という虚構をますます信じる傾向にあることを警告しているのではないか。現在でも右のような本質主義的日本文化観を持っているひとがいるが、完全な誤謬である。

ここまではよい。内藤は正しいことを語っている。

だが内藤が次に、有名な「豆腐のニガリ」論を展開するに至ると、問題は一気にむずかしくなる。

余の考えるところでは、たとえば豆腐を造るごときもので、豆を磨《す》った液の中に豆腐になる素質を持ってはいたが、これを凝集《ぎょうしゅう》さすべき他の力が加わらずにあったので、シナ文化はすなわちそれを凝集さしたニガリのごときものであると考えるのである。(内藤湖南『日本文化史研究(上)』講談社学術文庫、一九七六、二二頁)

この論の問題点は、「豆腐＝日本文化」、「ニガリ＝中国文化」と考えてしまうと、結局日本には「日本文化」なる単一の「もの」があり、中国には「中国文化」という単一の「もの」がある、という話になってしまうことである。そして実際に内藤は、「日本文化」というものを措定してしまっている。

内藤の日本文化論は、〈日本文化は全面的に中国の影響下において形成され、凝固したものである。たとえインドの影響があったとしてもそれは中国文化化されたインド文化である。また朝鮮からの影響はない〉という考えを貫徹するために展開されているので、「日本文化」なるものと「中国文化」なるものが一対一対応で語られてしまうという欠点をさらけ出している。

しかし日本文化が形成されるプロセスにおける中国文化の役割に関して、この内藤説と似たような認識を提示するのは、実は岡田英弘《おかだひでひろ》である。

岡田によれば、そもそも日本語というのは、シナ語（内藤も岡田も「シナ」という語を使うので、ここではそれに倣う）を母体としてつくられたものである。シナ語から離陸して日本語独自の文を書くことができるようになったのはようやく『古今和歌集』の「仮名序《かなじょ》」のころからであって、それまではシナ語を使用していた。つまり、内藤風にいうなら、古代日本にはまだ言語だかなんだかわからない液体があって、その不完全な道具によってひとびとはコミュニケーションしていたのだが、そこにシナ語という「ニガリ」が加えられて初めて言語として凝集することができたのである。

この見解は、〈もともと原日本語があって、そこに中国語が影響を与えて書記や音韻や語彙などがゆたかになった〉という一般的な認識とはまったく異なるものである。そもそも中国文明がなければ日本文化もないし、言語も歴史も政治もないのだから、日本はそもそもなかったのである。〈中国が日本をつくった〉といってもよい。

しかも岡田は用意周到だから、「中国なる実体」がどこかにあるともいわない。「日本という実体」も「中国という実体」もないのである。そして中国や日本や西洋などという現象を一つの土台で歴史的に認識できるようになったのは、岡田によればモンゴル帝国以降のことである。「モンゴルが世界史をつくった」という所以である。

戦前から戦後へという時間のなかで、一方でマルクス主義的な歴史観が発展段階という基準で擬似比較文明論的な認識を提示した。なぜ「擬似」なのかといえば、それぞれの地域の歴史的な発展段階を判断する基準が単純化されすぎていたために、各地域のゆたかな伝統的文明や世界観が完全に無視され捨象《しやしよう》されてしまったからである。ただ、「擬似」だからといって意味がなかったわけではない。筆者は個人的に、思想史の記述においてもう一度マルクス主義の復権を唱えたいと考えている。それは、「Aの思想はBの階級の利害を代弁したものだった」という認識の方法だ。Aにはたとえば儒者のなかでも若干改革主義的な人物を代入し、Bにはたとえば「中小地主層」などという階級を代入する。マルクス主義思想史によるこのような記述は、あまりにも杜撰な図式的認識であるので、現在では完全に廃れた。このような恥ずかしい記述をする思想史はない。しかしこれはカルチュラル・スタディーズの方法論に乗り移って、現在でも「Aの音楽は性的マイノリティとエスニック・マイノリティの交差する集団の世界観を代弁している」などという認識として生き残っている。わたしとしては、思想史という分野がこの数十年のあいだ低迷している理由の一つとして、このような認識が退潮してしまったことがあるのではないかと考えており、今後、その復活を企図している。

話が脱線したが、戦後日本では、一方でマルクス主義的な歴史認識の方法論が猛威をふるったと同時に、それとは別に、戦前から戦後にかけて、中国を中心に日本文化を見たり（内藤湖南）、モンゴルを中心に世界を見たり（岡田英弘）、というきわめて比較文明学的な認識も花開いた。「日本の歴史は応仁の乱以後だけを見ればわかる」と内藤湖南がいったのも、現在の観点からするときわめて乱暴で非学問的な認識のように思えるが、内藤には内藤の東洋史認識というものがあり、その認識を日本に当てはめればそのように考えるべきだ、というものである。

日本人がもう一度、「日本から発想する」という視座を相対化して「世界から」「アジアから」「東アジアから」日本を見る、という視座を獲得すべきだとするなら、そのときの上質な参照軸は、すでにいくつもあるのである。

夏目漱石――人とこころの探求者

濱田　陽

夏目《なつめ》漱石《そうせき》（一八六七〜一九一六）は、文明をテーマに大きな著作を遺したわけではない。しかし、「現代日本の開化」（一九一一）、「私の個人主義」（一九一四）などの有名な講演、寄稿したエッセイ、日記、書簡を集め、文明批評と解して、漱石の没後七〇年にあたる一九八六年、岩波文庫から『漱石文明論集』のタイトルで刊行されている。

漱石の文明論の特徴は、近代西洋に起因し、日本も巻き込まれてその一部となっている現代文明を、あたかも変貌する鏡のようにとらえ、そこに映る自己を含む日本人の自画像を、目を凝らして見、そうしてつかんだ感触と洞察を、できるかぎり平易な言葉で表し続けたところにあるだろう。

漱石の叙述は、現代文明を自己と切り離して対象化、客観化し、分析するスタイルではなく、現代文明にとらわれ、それから逃れるすべはないという自覚に貫かれている。

もちろん西洋の科学革命、イギリスの産業革命がいかに始まったのか、その複雑な歴史社会学的・地政学的要因を精緻に考察、分析することは重要な文明研究だ。蒸気機関が石炭を燃焼させて以降、太陽エネルギーの季節変化の束縛から人類は離陸《テイクオフ》したかのごとくふるまっていく。さらに、これらの革命以降も、情報化から生命工学、人工知能の社会実装化へと、さらなる変貌を遂げてきた現代文明の本質と展開を分析することも大切だ。また、わたしたちは、いかに渦中にいるとはいえ、あたかも、その外にいるかのように現代文明を相対化し、農業中心の文明など以前の文明形態と比較することも必要な取り組みだろう。

しかし、それと同時に、現代文明のただ中で、わたしたちがどのような影響を受け続けているのか、自覚する道を開いておくことも肝要だ。そして、今日も、漱石はこの点における文明論者としてユニークな存在であり続けている。

漱石は、動き、変化を続けるものに対する感性が異様なまでに鋭い。そして、現代文明にせよ、人間にせよ、これら変貌する何ものかが醸し出す不可思議を自らも動きながら、とらえようとする。

こうした、異常に誠実な彼のこころを満たすには、文学のみならず、心理学、哲学、道徳、教育、翻訳、歴史、芸術、政治、経済、メディア、自然科学等、広範な分野の知見が必要となってくる。漱石は、自らは素人であると自覚しながらも、多様な分野に反応できるよう、こころをオープンにし続ける。

この態度が彼を特異な文明批評家、文明論者にしている。

出来るだけ労力を節約したいという願望から出て来る種々の発明とか器械力とかいう方面と、出来るだけ気儘《きまま》に勢力を費《ついや》したいという娯楽の方面、これが経《けい》となり緯《い》となり千変万化《せんぺんばんか》錯綜《さくそう》して現今のように混乱した開化という不可思議な現象が出来るのであります。（夏目漱石「現代日本の開化」『漱石文明論集』三好行雄編、岩波文庫、一九八六、二一頁）

開化について、こう定義した上で、漱石は次の有名な論点を提示する。

西洋の開化（即ち一般の開化）は内発的であって、日本の現代の開化は外発的である。（中略）恐らく永久に今日の如く押されて行かなければ日本が日本として存在出来ないのだから外発的というより外に仕方がない。（中略）西洋の開化というものは我々よりも数十倍労力節約の機関を有する開化で、また我々よりも数十倍娯楽道楽の方面に積極的に活力を使用し得る方法を具備《ぐび》した開化である。（中略）この圧迫によって吾人《ごじん》はやむをえず不自然な発展を余儀なくされるのであるから、今の日本の開化は地道《じみち》にのそりのそりと歩くのでなくって、やッと気合《きあい》を懸《か》けてはぴょいぴょいと飛んで行くのである。（同、二六〜二七頁）

もっとも、内発的と外発的というだけでは平凡な物言いの枠内にとどまる。漱石の批評が例外的な生命力をもって、わたしたちの胸に刺さり続けるのは、平易な対比の妙によってではないだろう。

こういう開化の影響を受ける国民はどこかに空虚の感がなければなりません。またどこかに不満と不安の念を懐《いだ》かなければなりません。それをあたかもこの開化が内発的ででもあるかの如き顔をして得意でいる人のあるのは宜《よろ》しくない。（中略）虚偽でもある。軽薄でもある。（同、三三頁）

ここに、人とこころの探求者としての、漱石の批評眼と語りの異力によって、どこまでも労力節約・勢力拡大の外発的開化を迫る現代文明に棲《す》む、人間の鏡像が浮かび上がる。二一世紀を生きるわたしたちが漱石の語りに耳を傾け、その言葉に親しみ、吟味していくならば、彼が単純に西洋は内発的で日本は外発的と提示して良しとしているわけでないことは明らかだ。

西洋文化、西洋社会のなかに現れた願望と気儘を駆動する何か﹅が開化を絶え間なく増幅させ、そのインパクトが日本のみならず世界を巻き込み、誰もが、当の西洋の人々さえ、どうしようもなくなっていく窮境《きゅうきょう》を漱石は見抜いていた。

このことをどうにかしてより多くの人に伝えるための呻吟《しんぎん》なのだ。

河上肇――共産主義への比較文明論的視点

三田剛史

河上肇《かわかみはじめ》（一八七九〜一九四六）は、現在の山口県岩国市《いわくにし》に生まれ、一八九八年に東京帝国大学法科大学に進学し、新聞記者などを経て京都帝国大学で一九〇八年から一九二八年まで教鞭を執った思想家であり、日本と東アジアにおける先駆的マルクス経済学者となった。河上は、特に英国の経済学史を研究する過程で、資本主義に対する批判の潮流を人道主義と社会主義に見出した。その後、ロシア革命を背景にマルクス主義の研究に進んでマルクス主義者を自認するようになり、その影響力は中国にまで及んでいた。

河上には比較文明論的視点があった。それが最もよく表現されている著作は、一九一三年一〇月から一九一五年二月の欧州留学での経験から生まれた一九一五年の『祖国を顧《かえり》みて』（岩波文庫、二〇〇二年所収）である。これは、欧州留学中の河上が、現地での見聞と考察を主に『大阪朝日新聞』に寄稿し、帰国後まとめたものである。河上は同書冒頭に欧州到着後まもなく起稿した論考「西洋文明の分析的性質」を掲げ、次のように述べた。

西洋文明の特色は分析的で、単位と単位との分界が極めて明確な点に在《あ》ると思う。（中略）煉化石の集積があたかも日本の壁に当たる。余の考えでは、この西洋の壁と日本の壁との差異が、正《まさ》に西欧の個人主義乃至《ないし》世界主義と日本の家族主義乃至国家主義との差異を表現していると思う。(中略)日本文明の特色は非分析的で、すべて物を一纏《ひとまと》めとする点に在る。(岩波文庫版『祖国を顧みて』一六~一七頁)

西洋文明と日本文明という東西文明の対立をこう表現し、西洋人が分析的・個人主義的で日本人が総合的・家族主義的であるという見方を基礎に、ブリュッセル、パリ、ベルリン、ロンドンと移り住みながら、欧州の生活、芸術、文化などについて日本との比較を論じていったのである。河上のベルリン滞在中に第一次世界大戦が勃発し、一九一四年八月に英独開戦となると、日英同盟によってドイツの敵国人となった河上ら日本人は、ベルリンから「夜逃げ」(同、一三四頁)し、河上は以後の留学期間を英国で過ごした。そこで河上が体感したのは、ドイツの文化《クルツール》と英国の自由《フリーダム》の差異であった(同、一七一頁)。ドイツと英国の違いを河上は「独逸の文明が演繹《えんえき》的、理論的、官治的だとすれば、英国の文明は帰納的、歴史的、自治的です。」(同、一六九頁)と表現している。そして河上は、ドイツと違って街中に禁札もなく、市井の人々が日本人を特別視しない「英国の「自由」を有難いものに思っています」(同、一七四頁)と述べて、ドイツよりも英国への親近感を表明している。ただ、この時点の河上は、住谷一彦《すみやかずひこ》が指摘しているように「深層意識では「東洋と西洋」「精神文化と物質文化」「和魂洋才」の枠組みに囚われて」(同「解説」、二八六頁)いた。住谷はさらに、約一〇〇年後の現在では、西欧先進国での海外経験しか持たない河上の「視圏は狭いと言わざるを得ない」（同「解説」、二八七頁）とも述べている。

その後マルクス＝レーニン主義を志向した河上は、なおも英国文明に見出した自由を追求していた。河上は最晩年の一九四五年九月一日に書き残した小論「小国寡民《しょうこくかみん》」（『河上肇評論集』岩波文庫、一九八七年所収）で、敗戦後の日本でみるみる自由が伸張されていることを喜び、その延長に日本が早くソビエト組織に移行することを望んでいる。

エマニュエル・トッドは、それぞれの社会における家族構造の型に、特有のイデオロギー構造の型が対応していることを指摘した。トッドは共産主義に着目し、本物の共産主義革命が起こったロシア、中国、北ヴェトナム、セルビアでは共通して「共同体的」家族型が存在しており、「共同体的」家族型を有さないイングランド、ドイツ、日本、タイでは有力な共産主義の出現を引き起こさなかったと述べた（「日本語版への序文」『新ヨーロッパ大全Ⅰ』藤原書店、一九九二）。この指摘は河上の死から数十年後のことである。この見方によれば日本がソビエト組織に移行することはない。河上が普及に努めたマルクスの「唯物史観の公式」では、家族構造ではなく社会の経済的構造が土台であり、社会的意識形態すなわちイデオロギーはこの土台の上に築かれる。

河上は、一九一一年に沖縄島で土地制度に関する調査を行い、琉球が日本とは異なる文明を有することも見出していた。河上は、日本、琉球、ドイツ、イングランドの文明の差異を、体験によって認識していった。河上はロシアに行ったことはなく、中国には欧州への往復で立ち寄っただけである。ロシアと中国の社会を実体験し、比較文明論的認識をさらに深めていたなら、河上肇の革命と共産主義に対する見方は異なったものとなったかも知れない。

田辺元――「真実」を希求した情熱の哲学者

田島樹里奈

東京・神田生まれの田辺元《たなべはじめ》（一八八五〜一九六二）は、「江戸っ子気質」で怒りっぽく、短気な性格だったことで知られている。その反面、人情に厚く神経質なまでに律儀で几帳面だったことも弟子たちによって種々書き残されている。「大声叱咤《しった》して追い返されたという如き類の話は枚挙に暇ない」というエピソードまである。それに加え、田辺の研究生活は「常軌を逸する」ほど世間離れしていたことも有名で、哲学に対する徹底的な覚悟とひたむきな態度は彼のテキストにも滲み出ている。それゆえ天野貞祐《あまのていゆう》が「勤勉努力という点において〔田辺〕博士の右に出る人は無かった」と述べていたり、安倍能成《あべよししげ》が学者・教授として「日本で第一流の人」と言いながらも、「田辺君の学者的生活は悲劇的といってもよいくらい真剣で一途である」と述べていたりもする。さらに弟子の相原信作《あいはらしんさく》は、晩年の田辺が「文字通り脇目もふらず心血を注いで研鑽」していた様子を語っている。

その田辺哲学と言えば――これまた異口同音に言われるのだが、実に難解なのである。師・西田幾多郎も独特な世界観だが、それとも異なる。田辺哲学は「絶対媒介の弁証法」を原理としながら、彼独自の概念や通常では異様とも思える論理が出現し、それによって他の哲学との対決が展開される。それも各々の哲学の根本へと遡り、とにかく奥底まで突き詰めてから踏み越えていこうとする過程が示されるため、読み手もかなりの根気がいるし、田辺固有の論理には度々苦心を強いられるのである。

それもあってか、田辺哲学は長い間あまりにも注目されてこなかった。特に九〇年代までは、研究書も数える程しかなく、二一世紀に入ってようやく中立的な視点が増え、文庫本や新書に加え複数の研究書が刊行されるに至った。また昨今では英語・スペイン語・ドイツ語版の翻訳書や研究書が出版されるなど、田辺哲学の本格的な研究が、局所的にではなく着々と動き出したと言えるようになった。

さて本題へ移ろう。田辺哲学はなにゆえ比較文明論たり得るのか。筆者の考えを端的に述べるならば、田辺の思索が〈危機の時代〉への挑戦として、西洋の近代思想を契機としながら（つまりは比較を通じて）それを批判的に乗り越え、どこまでも普遍的な〈論理〉によって自らの哲学を確立しようと試みていたことにある。〈危機の時代〉については後述するとして、まずは「論理」にこだわった田辺を見てみたい。

田辺哲学といえば、多くは「種の論理」が挙げられるが、ここでは田辺が一貫して関心を持ち続けていたものが数理哲学や科学論であったことに注目しておきたい（田辺は東京帝大数学科に入学後、翌年に哲学科に転科している）。一般には数学と哲学は全く別物の学問と思われがちであるが、「無限」概念に代表されるように、数や集合、「無」や「（非）連続」の問題などを思考することは普遍的な問いを思考することであり、「時間」概念の問いへも通じ、哲学的思惟なくして不可能である。それゆえアリストテレスをはじめ、デカルトやライプニッツなど多くの哲学者が数理の問いに挑んできた流れがある。

田辺の場合、抽象的な数理思想を徹底的に考察した上で、それを具体的な社会存在論へと結びつけていく独自の展開がある。言い換えれば、田辺哲学では、互いに相容れないものを「否定」を媒介としながら弁証法的に統一し、転換させていくという特徴がある。もちろんそれに対する批判はあるが、それでも伊東俊太郎は、田辺が国内でいち早く数理哲学研究に取り組んでいたことに対して、「特に田辺博士の吾が国に於ける先駆者的な諸業蹟に対しては、吾々は深甚《しんじん》なる敬意を以てこれを顧みなければならないであろう」（「数理哲学の課題について」『科学基礎論研究』三巻三号、一九五七）と述べていることは特筆すべき事実である。

その田辺が、数理哲学に原点を持ちながらも「種の論理」を提唱したり、晩年には「懺悔道《ざんげどう》として の哲学」や「死の哲学」を論じたりしていたのはなぜか。それはまさに〈危機の時代〉に蔓延る根源的な問題に対して、普遍的な論理でもって闘う必要があると考えていたからである。換言すれば、その闘いとは西洋思想および近代化を媒介とした日本という国家の徹底的な自己批判でもあった。『近代社会思想史論』（務台理作《むたいりさく》他編）の土方和夫《ひじかたかずお》の言葉を借りれば、「世界史的な文明論をもふまえたような文化論」の背後には、「何らかの意味で『危機』とよばれるような状況が存在する」。しかもその危機は、単に政治的・経済的条件の「危機」にとどまるのではなく、「かならずそれを貫流する思想的原理や価値体系の崩壊なり動揺なりをともなっているはずである」。

そうであるならば、田辺哲学とはまさに一貫して〈危機の時代〉を深刻な問題として捉え、「西洋思想の行き詰まり」と「現実の底に伏在する根源悪《こんげんあく》」を抉《えぐ》り出すことによって、新たな希望を見出そうとする切実な実践哲学であったと言うことができる。

今日現実の歴史は危機変革の時機に際会《さいかい》し、国内的国際的政治闘争における科学の劃期《かっき》的役割のために、科学者をも政治に無関心なること能わざらしめ、政治的実践にまで彼らを駆り立てつつある。（中略）一見超限的ともいうべく、一般的倫理に盛り込めぬ程大なること、すなわちもはや人間の能力でそれが支配し切れない如くに見える（『数理の歴史主義展開』一三）

田辺の霊前で、唐木順三《からきじゅんぞう》は田辺の著書「メメント　モリ（死を忘れるな）」の一節を追悼の言葉として朗読した。われわれが今の時代にできること、それは（単に忘れないだけでなく）文明と対峙し、常に哲学し続けることを通じて、自己と他者との倫理を考え続けることではないだろうか。

矢内原忠雄・矢内原伊作——信仰と思考の溝を越えて

加藤久典

矢内原忠雄《やないはらただお》（一八九三〜一九六一）は、経済学者として日本の植民地主義を批判し、東京帝国大学の職を失った。一九三七年のいわゆる「矢内原事件」である。戦後東京大学に戻り総長を務めたことでも知られる。また、矢内原忠雄は、無教会主義を唱えた内村鑑三の影響を受けた熱心なキリスト者でもあった。その長男が矢内原伊作《やないはらいさく》（一九一八〜一九八九）で、その名前は聖書に登場するアブラハムとサラの子どもであるイサクからとったという。伊作は彫刻家のアルベルト・ジャコメティとの親交が深く、哲学、芸術・文学評論分野で活躍した。伊作がジャコメティのモデルとなったことはよく知られている。また伊作は、実存主義を日本に紹介する一人となり、サルトル哲学の実践者でもあった。「実存は本質に先立つ」と考えるサルトルの哲学は神の予定を認めない無神論に基づいている。

伊作は、父が望んだ医者の道ではなく、哲学を学ぶことを選択した。それのみならず、伊作はキリスト者になることを拒んだ。息子が敬虔なキリスト者になることを期待していた忠雄は落胆し、親子関係には深い溝ができた。「真理」の探究を信仰によって行うのか、思考によって実現するのか、両者はそれぞれ異なった道を選ぶことになった。その頃家庭では二人の間に越えがたき相克があり、緊張した関係が続いていたという。実際に伊作は、「父の基督教には義はあつても愛はない……父の信仰と私との間にある一つの溝を見せつけられた。」(『若き日の日記　われ山にむかひて』)と書いている。

伊作が二〇才のとき信仰を捨てることを告げる文章を父に送った。信仰をしないことに対して「妥協」であると他人は考えるだろうが、「信仰自体が妥協である場合もあり得る」と断じたのだ。それに対して忠雄は答えた。「父は君の考を束縛しない、又束縛することは不可能だ。……人間の思索に於て「自己」を追究するものは真理に到達せず、「神」を追究するものは真理を発見する。」そして、いつの日か「神を知り、神を信ずる者となること、を父は祈る。」と伊作に書き送っている(同)。この両者を隔てる距離は、その後伊作が無神論的実存主義哲学を専門としたことからもわかるように、二人の生涯を通じて縮まることはなかった。

二〇世紀前半の日本では、明治維新から続く「文明化」によってキリスト教を含むヨーロッパの思想が広がった。日本古来の伝統的な思想に加え、こういった外来文明が紹介されたことで、それらにどう向き合うかということが日本人に問われていたと思う。

矢内原忠雄も伊作もそれら「新しい文明」の体現者であったといえるだろう。実際両者とも、ヨーロッパへの留学経験がある。伊作の場合は、フランス滞在中にサルトルやジャコメティなどと知り合い、思想的に多大な影響を受けた。その一方で、東洋的であることと西洋的であることの狭間で「どうしたらいいのかわからない」とも感じていた。ジャコメティとの対話で伊作は、「つまり日本では、西欧的なものと日本的なものとがばらばらに共存し、同時に、過去のものと現代のものとがばらばらに共存しています。」と語っている。西洋哲学と東洋的な思想の狭間で伊作は、葛藤を抱えていたのかもしれない。

矢内原忠雄は、「信仰」という揺るぎない柱に支えられてその生涯を送った。軍国主義に異を唱え東京帝国大学を追われたときも、息子がキリスト教を拒絶したときも神を信じ祈ることでそれらに耐え、生きることができた。伊作自身はどうだったろうか。彼は神による予定を肯んじて生きるのではなく「自らの人生を自らでつくる」という思想によってその生涯を送った。「何かをやるか、やらないか迷ったとき、私は常にやる、という方を選ぶ」と筆者に語ってくれたことがあった。そこに神に祈り、従うという態度はなかった。

「信仰」を退けて生きる、又は意識せずに生きるということは、現代日本社会ではある意味当たり前のことになっている。宗教が社会で重要視されていない、といっていいかもしれない。もちろん、それは社会問題化するカルト宗教や宗教の政治利用に対する危惧から生まれてきた風潮であることは間違いない。だが、宗教や人間、社会との関係について考える必要がないということにはならないだろう。東洋的な宗教観についても考慮しながら、外国からもたらされたキリスト教という信仰と無神論という思想に日本人は向き合わなければならないのではないか。

矢内原忠雄と伊作の確執は、そのまま現代日本社会における宗教と人間に関する複雑な関係を表していたように思う。晩年、伊作は、父忠雄の生涯をまとめる仕事をしたいと語っていた。実際亡くなる直前までその作業を続けていたと記憶している。伊作の胸に去来していたのは一体どのような思いだったのだろうか。思索を続けた哲学者に父の願いと祈りは届いたのだろうか。

三木清――人間の生存理由を問い直す思考

小平健太

近代日本を代表する哲学者の一人である三木清《みききよし》（一八九七～一九四五）の功績は、近年においてますます注目を集めていると言えよう。「現代において、哲学するといふことは、人間の生存理由の如何なるものであり得るか、この根源的な問に対する情熱が哲学者といはれる者の倫理でなければならぬ」（『危機に於ける人間の立場』一九三三）――三木の思索の根底において通奏音の如く響き渡る哲学の姿勢は、こうした言葉に端的に表れている。三木が投げかけた問いは、実に多岐にわたるが、そのどれもが今の時代を生きる私たちにも一層の切実さをもって迫ってくるものである。近代科学の急速な進化・発展における人工知能（ＡＩ）と人間存在の関係性、深刻化の一途をたどる地球規模の環境問題、さらには戦後民主主義の風化が叫ばれて久しい日本政治の現状。こうした問題について私たちはいかに考え、そして行動していかなければならないのか。二〇世紀前半の激動の時代を生き抜いた彼の思索は、常に人間の「生存理由」をその危機的状況の最中で問い続けるものであった。

一九一七年に京都帝国大学文学部哲学科に入学した三木清は、西田幾多郎に師事し、一九二二年から一九二四年にかけてヨーロッパに留学している。マールブルク大学ではハイデガーに師事し、『存在と時間』をはじめとする彼の存在論哲学から多大な影響を受けた。その後、パリに移り、翌二五年に処女作となる『パスカルに於ける人間の研究』を発表した。帰国後一九二七年に法政大学教授となり、『唯物史観と現代の意識』(一九二八)をはじめとするマルクス主義研究で注目を浴びた。高揚する革命運動と連帯し、無産労働者の自覚過程を重視するマルクス主義によって圧倒的な影響力を持った。その後、一九三〇年日本共産党への資金提供のために検挙され教職を退く。以後、ジャーナリズムの場でファシズムに抵抗する言論活動を行い、一九三八年に近衛《このえ》文麿《ふみまろ》の政策集団「昭和研究会」を通して政治に参画。その最中一九三九年から一九四六年の間では、これまでの探求を『構想力の論理』にまとめあげた。一九四五年に共産主義者の友人を匿い、治安維持法違反で再び投獄され、終戦直後に獄死した。

『パスカルに於ける人間の研究』において三木は、人間の生(生活・生存)と環境(自然・社会)との関係性を「交渉」という独自の概念によって把握することで、主客のように分離され得ない環境と人間の相互的かつ動態的なあり方を明らかにしている。「人間はたんに客体でも主体でもなく、両者の中間者である」——こうした「中間」として環境(と人間)を思索する彼の哲学は、今日では一方で環境・生命・技術・制度・文化といった現実的な諸問題を扱う応用倫理学領域へと広く引き継がれている。

当初構想していた『哲学的人間学』を中断し、三七年から『構想力の論理』の連載を始めた三木であったが、時代は彼に書斎にて仕事に没頭することを許さなかった。しばしば知識人の政治的関心や教養の欠如を批判していた彼は、翌年実際に政治に参画していくが、『構想力の論理』

が記されたのは、まさにこの時期であったことは注目に値する。三木の「構想力」論のモチーフのひとつは、「ロゴス的なものとパトス的なものの統一」にあったが、その理念はいわばパトスの制御技術である政治の重要性をロゴスによって実地に確かめようとする「行為」(ポイエーシス)の人として三木の姿をも体現するものである。そうした彼の姿は当時、まさに「日本哲学者の健在」として広く受け取られたであろう。三木は、既存の制度の根底にあるのは合理的理性ではなく、それを虚構として作り上げる構想力であることを指摘し、ファシズムや天皇制国家体制を「二〇世紀の神話」として見抜いたのである。こうした三木の眼差しは、他にも『科学論』、『技術論』において彼の「技術哲学」としても展開され、非合理なファシズムへの抵抗を説くと同時に、人間の生(活)に多大に寄与してきた科学技術がむしろ多くの社会問題を引き起こしてきた事態を鋭く捉えている。技術を広く人間と自然(世界)とを媒介するものとして理解する彼の技術論は、戦後あらためて巻き起こる技術論争へ引き継がれ、今日に至るまで再評価され続けている。

現実の文化、社会、制度を生き抜くなかで「哲学する」三木の姿勢は、人間存在に関する普遍的な問いを常に現実世界の中でそのつど問い直す〈比較文明学的思考〉の重要性を示していると言えよう。解決すべき問題が山積するなか、旧態依然とした既存の学問領域に限定されることなく、領域横断的な人文知の本来の交差地点に立つことで私たちは「思考」と「実践」を両軸に今の時代を生き抜いていかなければならないのだから。

川端康成——文明の彼岸へ

郭旲錫

川端康成《かわばたやすなり》（一八九九～一九七二）は一八九九年、大阪に生まれ、出世作の『伊豆の踊子《おどりこ》』（一九二六）から『雪国』、『千羽鶴』、『山の音』、『眠れる美女』、『古都』に至るまで数々の代表作を生み出し、昭和日本文壇の中心で活躍した。一九六八年、日本人としては初のノーベル文学賞を受賞するなど、作家としての現世的な栄光を一身に浴びた。ノーベル賞受賞から四年後の一九七二年、仕事場として使っていた逗子のマンションで自殺した。

ノーベル文学賞の受賞理由は、「日本人の心の精髄を優れた感受性で表現する、その物語の巧みさ」にあった。またスウェーデン・アカデミーのアンダーシュ・エステルリングは、受賞の歓迎演説で、受賞決定の重要な意義が「東洋と西洋の精神的架橋を作ることに貢献されたこと」にあると述べた。川端のノーベル賞受賞が日本文明の特殊性、それもヨーロッパ文明からみた日本文明の性格にかかわることは間違いないだろう。

川端もそれを十分意識していたとみえる。川端のノーベル文学賞受賞記念講演「美しい日本の私」は、そのタイトルからも分かるように、日本文明の美的な特性に焦点を当てて構成されたものである。道元、明恵、良寛《りょうかん》、一休《いっきゅう》、西行《さいぎょう》の歌や詩、日本の伝統文化を代表する茶道、書道、生け花、日本庭園、また『古今集』、『伊勢物語』、『源氏物語』、『枕草子《まくらのそうし》』など日本の古典文学まで、日本の美的伝統を網羅してそこからまさに「日本人の心の精髄」を抽出でもするかのような勢いである。

しかし、この講演での川端のメッセージは決して分かりやすいものではない。この講演に対して北條誠《ほうじようまこと》は、「大上段からふりかぶった講演である。専門的で、難解といえば難解、おそらくは日本人にも通じないのではないか。この講演を聞いて、外国人の何人がこの何パーセントを諒解したであろうか」という。川端の講演は、西洋文明からみた日本文明のイメージに乗ろうとしているようにみえて、実は西洋文明対日本文明の図式ではとうていつかめきれないねじれた構造をもっている。

この講演を難解にしているのは、川端の他の作品でも登場する一休禅師の言葉、「仏界入り易く、魔界入り難し」である。ここで川端は、「「魔界」なくして「仏界」はありません」と断言する。問題は、その「魔界」に入ることがきわめて難しいということである。この「魔界」への入口が見つからないかぎり、この講演における川端の真意は分からないままである。

それでは、「仏界」をも可能にする「魔界」とはいずこにあるのか。川端は講演の最後で、日本の古典文学に話題を移していく。古典文学のなかでも、「『源氏物語』は古今を通じて、日本の最高の小説で、現代にもこれに及ぶ小説はまだなく」、「『源氏物語』の後、日本の小説はこの名作へのあこがれ」に過ぎず、日本文明における美を総体的に考えてみたときにも、「『源氏物語』は深く広く、美の糧《かて》となり続けた」と、川端は述べる。同時に、この日本最大の名作が書かれた時期は、「爛熟《らんじゅく》の絶頂から頽廃《たいはい》に傾きかける時で、すでに栄華極まつた果ての哀愁がただよつて」いた時期であると指摘している。

『源氏物語』は日本文明の根源として、その美の世界を形作っていると同時に、すべての形を破壊する頽廃の力も合わせ持っている。この頽廃の力こそ、本講演をより難解なものにするもう一つのテーマ、「末期《まつご》の眼」のテーマに通じるものである。「末期の眼」とは、死への強迫からはじめて開かれてくる美の世界を捉える作家の視線である。「死にまさる芸術はない」というような自己破壊的な心に、世界は限りなく美しいものとして映るというのである。しかし、「末期の眼」に映る美の世界は、もはや「仏界」ではなく「魔界」である。ここにこそ、「魔界」への入口がある。

したがって、『源氏物語』が「美の糧」となって形成された日本の伝統文化そのものは、川端の最終的なメッセージとは無関係である。川端は、そのような美の世界を成り立たせている破壊の力をこそ探し求めていたというべきである。『源氏物語』を耽読していた戦時中の川端は、『東海道』（一九四三）という未完の小説で次のように書いている。「平家、源氏、北条、足利、徳川が滅びるのに、「たをやめぶり」の「源氏物語」の柔かい手は、いつもあつた」。「美の糧」として、日本文明における美の世界を形作った『源氏物語』の創造的な力は、日本文明を次々と滅ぼす破壊の力でもあった。文明が創造されるその源泉には、その文明自らを蝕む自己破壊の衝動が隠されていたのである。そして川端が探し求めていた「魔界」とは、この頽廃の原風景であったのであり、『源氏物語』以後展開された日本の伝統文化とは無縁のものである。

「魔界」は、美の世界を開くことで文明を可能にするが、文明そのものではなく、むしろ文明が次々と滅びていく原理として、いつも文明の彼岸にある。

しかし、おそらくノーベル賞を授与したスウェーデン・アカデミーの人も含めて多くの人々は、日本伝統文化の礼賛としての川端文学に安んじていた。まさに「仏界入り易く」である。

唐木順三——孤独と酒と信州と

田島樹里奈

唐木順三《からきじゅんぞう》（一九〇四〜一九八〇）の人生は実に多彩であり、実際には〈履歴書〉としてまとめるのは難しい（彼には晩年に書き残した回想記「私の履歴書」という未発表の原稿がある）。小学校の教師に始まり、中高の教師、大学の予科講師、筑摩書房の共同設立、文芸評論から時評や書評の執筆、そして最終的には明治大学文学部での教授職を得ている。執筆活動においても日本文学から中世近世文学、そして哲学や社会時評など多岐にわたり、読売文学賞、芸術選奨文部科学大臣賞、日本藝術院賞などを受賞している。その一方で本人曰く、高校二年から本格的に酒を飲み始め、金の無い時を除いては血を吐く前日まで飲み続けていたという。都会が性に合わず、根っからの信州人とも言われる律儀な性格だったようだ。また、京都帝国大学時代の師であり生涯の友でもあった田辺元とは三五年にもわたる往復書簡を交わしている。

それはそうと、やはりこれだけ造詣が深く独自の世界観を表現できる——しかしそれは田辺のような堅苦しい文章ではなく、友人が隣で語るような人情とも人間臭さとも取れる存在感のある文体である——のには、それだけの素地があるのはもちろんだが、やはり学生時代の傑出した講師陣と環境にも起因する。中学の頃から種々の本を読み漁っていたようだが、実際に京都帝国大学へ入学し、西田幾多郎と接したことは「生涯の決定的要素となつた」と述べている。また卒業するまでの間、朝永三十郎《ともながさんじゅうろう》、波多野精一《はたのせいいち》、深田康算《ふかだやすかず》の講義などを受講しており、西田の講義を聞くために訪れた田辺元、和辻哲郎、天野貞祐、そして木村素衛《きむらもともり》、高坂正顕《こうさかまさあき》、西谷啓治《にしたにけいじ》、戸坂潤《とさかじゅん》など、今では世界的にも名が知られる錚々たるメンバーと時空を共にしている。彼が単なる「孤独」な人間ではなく（唐木は自らが孤独であることを繰り返し書き残している）、類まれな「孤独な思索者《デンカー》」であり続けた背景には、以上のような抜きん出た経験が陰に陽に作用しているのだろう。

その唐木は、日露戦争が開戦したのとちょうど同じ一九〇四年二月、五人兄弟の末っ子として長野県上伊那《かみいな》郡に生まれた。唐木が青少年期として過ごした時代は、二つの世界大戦に加え、その間にも世界恐慌、満州事変、五・一五事件、二・二六事件、日中戦争など、世界情勢や対外関係との悪化に加え、軍内部での抗争や軍部の政治進出を目指す動きが活発化し、クーデターや反乱が相次いでいた。また天皇の存在がカリスマ化したこともあり軍国化による混乱の時代だった。

世界での覇権争い、各国が競って開発する数々の戦闘用兵器や大量破壊兵器。人間が人間を殺すための兵器を必死になって製造し、その産物によって多くの人々が機械的に殺されていく。なんと愚かで悲しい光景だろうか。唐木は、蔵相を歴任し「達磨《だるま》」の愛称を持つ大柄の男・高橋是《たかはしこれ》清《きよ》が、陸軍（反乱軍）将校によって銃殺された二・二六事件について、次のように語っている。

　ピストル一発で、長い経歴とさまざまな経歴をつんで老成した人間が雑作もなく殺されるといふ事実に、奇妙な感じを持つた。ピストルは誰が打ってもいい。アノニムな人間が引金を引きさへすれば、達磨を殺せる。私はこのとき以来、非情な機械と人間の間の倒錯を考へるやうになつた。(『私の履歴書』)

メカニズムと人間、テクノロジーと人格、組織と人間、「誰がボタンを押してもいい、原爆が落ちる」。人間存在とは何であるか。アノニムな人間によって失われる命の虚しさ。理性とは、情操とは…。唐木は一九五〇年代以降、頻繁に〈喪失〉という言葉を用いているが、すでにこの頃から悔しさにも似た喪失感が、唐木の脳裏を渦巻いていたように見える。

「反近代」の人として知られるように、唐木は近代化によって失われていくものに強い危機意識を持っていた。唐木にとって「近代化といふことは、いはばおそれの感情、情緒を払拭することにほかならなかつた」。人智と進歩によって生み出された壮大な文明社会は、人々の心の在り方をも大きく変えたことを唐木は実直に考え続けた。

一九六〇年一一月二八日付の『読売新聞』(夕刊)に掲載された「現代とニヒリズム」という記事で、当時五六歳だった唐木はその時の世を「ニヒリズムの時代」であると捉え、ニヒリズムが「近代という歴史の帰結だ」と自らの考えを記している。唐木の言うニヒリズムとは、「すべてのものの無意味化」であり「価値体系の崩壊」を意味する。「非人間化してゆく科学」、自然科学という「近代のリーダー」によって導かれた進歩の結果でもある。別言すれば、人類の社会福祉を目指して日進月歩していたはずの科学(技術)は、結果的には人間の欲望と協働することで原子力とその凄まじい破壊力によるディストピア的状況をもたらした。

二〇世紀は科学技術と戦争の世紀であったといわれるように、日本に限らず世界中が目まぐるしく進歩する科学技術に魅了され、互いの協同と科学技術の開発によって人智の可能性を最大限に引き出そうと躍起《やっき》になった。しかし唐木が指摘するように、「自然のいのちに触れることのなくなつてしまふとき、人間生活はその奥行を失つてしまふ」。人力や人智の及ばないものに対する「畏敬の念」は、近代化という人工的なシステム化された社会からは排除され、機械化や都市化に伴う自然破壊と同様、不用なものとして取り除かれてしまった（「おそれといふ感情」『唐木順三全集　第九巻』）。良くも悪くも時は前にしか進まない。

だからこそ、われわれは思索し続けなければならない。機械ではなく人間である限り。

吉川幸次郎——身体化された異国の精神

小倉紀蔵

戦後日本でもっとも著名な中国文学者はだれか、という問いがあれば、多くのひとは吉川幸次郎《よしかわこうじろう》（一九〇四〜一九八〇）と答えるだろう。一九〇四年に神戸に生まれ、京都大学教授としての最高レベルの研究だけでなく、日本人一般に中国の人文的世界観を伝える重要なしごとをして、一九八〇年に死去した。

だが吉川幸次郎は単なる中国文学研究者だったのではない。もちろん彼は戦後日本の中国文学研究者のなかではもっとも著名かつ巨大だった。しかし、わたしの考えでは、彼が日本社会において果たしたもっとも重要な役割は、「中国」という文明のもっとも良質な真髄を日本人に高いレベルで伝えた、ということにある。

近代期の日本には、そのような巨人が複数いたものである。巨人というのは、日本以外の特定国家の精神そのものになりきって、その精髄を日本社会に伝える役割を果たした影響力の強い人物である。なぜそういう巨人が少なからずいたのかについて、今後わたしたちは、考察の対象としてみる価値があると思う。

たとえばフランスでいえば渡辺一夫《わたなべかずお》がいた。彼はフランスの良き／善きユマニスムの伝統そのものになりきった。研究対象は分析の対象であるだけではなく、彼の同化の対象でもあった。姿形は極東の黄色人種であっても、その精神はフランス人であった。パリの街角を歩いているふつうのそのへんのフランス人ではなく、もっとも人文精神の香りの高いフランス人であった。と同時に、その人文精神の高みからまたパリの街角に降りてきてそのへんを逍遥《しょうよう》するフランス人でもあった。若き大江健三郎《おおえけんざぶろう》が師である渡辺に魅了されたのも、フランス精神がたゆたうかのように憑依するその人格であった。

渡辺一夫とは趣きが違うが、森有正《もりありまさ》もまたフランス精神そのものになろうとした思索家であった。彼が書く日本語は漢字やひらがなやカタカナで書かれてあっても、実はその本質はフランス語であった。彫琢《ちょうたく》されつくした明晰なことばの配列は、その湿気のない香りとともに永遠にうつくしいものである。

ドイツでいうなら、手塚富雄《てづかとみお》がそういう憑依《ひょうい》型の典型的な人物であったろう。渡辺も森も手塚も同じだが、彼らは彼らにしか書けない日本語を書いた。なぜだろう。それは、フランスやドイツの精神の精髄を全的に身体化し、身心変容《しんしんへんよう》が極度に進行したからであろう。それは「×××かぶれ」とか「×××臭」などという次元を完全に超えた、ドイツと日本の身心の融合体なのである。手塚がドイツ語二人称代名詞Sieを「おんみ」と訳すとき、日本語はドイツ的に、ドイツは日本語的に生まれ変わり、そこに劇的に立ち現われるのはまったく新しい「日本＝ドイツ的」なヌミノーゼなのだった。それは自ら発光し、印刷された紙を飛び出して宙を舞った。

中国と日本のあいだでそれをしたのが、吉川幸次郎であった。彼の生み出す「日本＝中国的」

なヌミノーゼは、日本語のリズムを変革し、その大人風のゆったりした文体をつくり出した。彼が主文と副文を倒置して語るとき、それは日本語の領域を超えてはるか中国に飛翔していく悠々たることばの列となった。

このような最高レベルの人文学者がいたときは、政治的・外交的な対立や諸問題があったとしても、ひとびとのその国に対する認識は最悪のレベルにはならなかった。それは親近感とか好意とか憧れなどという感情とは異なり、最高レベルの日本語がその異国の精神と合体しているというヌミノーゼの感覚を、一定数の国民が共有しているということの結果だったのである。

渡辺一夫はフランスであり、手塚富雄はドイツであり、吉川幸次郎は中国であった。それは代理人という意味ではない。日本をフランス化、ドイツ化、中国化したのではない。フランスやドイツや中国を、日本語という媒介によって日本にしたのである。

吉川は身心ともに儒者であったから、もちろん荻生徂徠に強い関心があった。徂徠こそは江戸時代にあって、中国そのものになりきるという実験をした儒者であった。精神のすみずみまで中国そのものになる、という融合体の実験をした。

だから吉川にとって徂徠が重要人物であるのは当然なのだが、実はもっと気になる人物がいた。それは本居宣長である。彼は国学者であるが、その国学の方法論は徂徠に学んでいる。つまり、朱子学的な道徳＝原理中心主義を徹底的に排し、ひたすら実証的にテクストそのものの分析をする、という学問的な方法論である。宣長は徂徠のこの方法論を徹底した果てに、徂徠の中国中心主義とは正反対の道を極めることになった。つまり、中国人が道徳＝原理というさかしらの道具を使わなくてはならない理由は、中国人がすべての関係性を権力関係に還元して生きているからであって、それゆえに序列を規定する道徳＝原理が要請されるのである。それに対して日本人はすべての関係性を権力関係に還元せず、まっさらですなおなこころで生きているのだから、一切の道徳＝原理は必要ないのだ。だから宣長にとっては、中国を崇拝することはありえない行為だった。徂徠が「日本＝中国＝中国的」という同語反復的なヌミノーゼを体現したとするなら、宣長は「日本＝反中国＝日本的」なヌミノーゼを体現したといってよい。

吉川としては、この宣長をどう料理するかが、彼の学問的切れ味の最大の見せ場であった。なにしろ宣長は、徂徠の中国崇拝を否定して「日本＝反中国＝日本」と宣言したわけだから。

筆者としては、「宣長に対する評価」という最大の見せ場における吉川の切れ味ほど鋭いものは滅多にないと考える。吉川は、宣長こそ「日本には稀な中国的人格」といったのである（『日本思想大系40　本居宣長』解説）。その理由は、宣長こそ日本にはありえないほどの文弱だからなのだ。文弱こそ中国であり、宣長こそ文弱であった。そして吉川こそ、文弱《ぶんじゃく》という最強の精神の高みを理想とした大人であった。吉川がもっとも嫉視《しっし》した人物は、孔子でも徂徠でもなく、宣長だったのではないか。その文弱のライバルを吉川は、「日本＝日本＝中国的」なヌミノーゼなのだ、と喝破したわけである。吉川の理想そのものであった。

西谷啓治——近代の超克

小倉紀蔵

「近代の超克《ちょうこく》」とは、一九四二年に雑誌『文學界』が企画したシンポジウムで、京都学派の哲学者や日本浪曼派の同人などが数多く参加し、西洋中心の近代というものを大々的に批判した。戦争遂行の思想との相性のよさから、戦後に厳しく批判された。しかしいま冷静になってみると、いったいなにがこのシンポジウムの悪名を高くしたのか、理解できない。

福澤諭吉の項でも「脱亜」に関して語ったことだが、日本がアジアに対して行ったことと直接の関係がないのに、日本の行為と思想家の言説を直接結びつけて言説およびその語り手を批判するということが数多くなされてきた。福澤の脱亜論が朝鮮を侵略したわけではないのに、福澤が脱亜論を唱えることによって朝鮮侵略の張本人として糾弾される、というようなことである。

西谷啓治《にしたにけいじ》（一九〇〇～一九九〇）もまた、「近代の超克」座談会の発言をもってアジア侵略のイデオローグであるかのように糾弾されてきた。西谷は京都学派の哲学者で、西田幾多郎の弟子である。戦後に公職追放に遭って京都大学教授を辞職した（後に復帰）。その思想が反動的だとされて強く批判された。

しかし、たとえば韓国が近代化を遂行するプロセスで福澤の脱亜論をそのまま忠実に実践したのと同様、韓国が今度はポストモダン化する過程では、西谷の「近代の超克」と似たようなことをしているのである。

ただ単に日本のほうが先を行っていただけ、とも考えられる。すなわち、西谷の思想は邪悪な思想だったというよりは「早すぎた思想」だっただけなのかもしれない。

西谷が近代をどのように考えていたのかを知れば、近代に苦しんでこれから脱近代していくアジア諸国にとって、彼の思想がいかに重要であるかを理解できると思う。その意味で、「アジアに配慮しすぎて思想の中身を理解しないイデオロギッシュな日本人思想史研究家」の罪がいかに大きいか、がわかる。

つまり西谷は、西洋信奉主義者たちにとっては邪悪な反西洋主義者であったのだが、近代化を超えてその弊害を克服したいと考える非西洋のひとびとにとっては、いまでもきわめて重要な参照軸のひとつなのである。なぜなら西谷は実は反西洋主義者ではなかったので、その点でたとえばアジアが反西洋主義に陥らずに発展するために参照できる思想であったし、また彼は単なる日本主義者でもなくむしろ日本に対する強い批判を展開する哲学者であったから、その点でたとえばアジアが自己を批判しながら自己のよい面を残しつつ脱近代に突き進む際の参照軸になりうるのだ。

西谷が戦後に語った比較文明学的な発言を、振り返ってみよう。『戦後日本精神史』（基督教学徒兄弟団、一九六一）という本がある。座談会のような形式で気軽に語っているためか、西谷はここでかなり本音をはっきりと発言している。

この本は、西谷のほかに高坂正顕、亀井勝一郎《かめいかついちろう》、椎名麟三《しいなりんぞう》、武藤一雄《むとうかずお》、猪木正道《いのきまさみち》、北森嘉蔵《きたもりかぞう》、隅谷三喜男《すみやみきお》、武田清子《たけだきよこ》、遠藤周作《えんどうしゅうさく》、久山康《くやまやすし》が座談会に参加して、敗戦後十数年経った日本の精神的現状を自由自在に語り合ったものである。話題は「戦後精神の特徴」「天皇制の問題」「敗戦の受け取り方」「戦争と罪悪感の問題」「戦後文芸の諸動向」「キリスト教と現代文芸」「志賀直哉をめぐる問題」「戦後思想の推移」「田辺哲学の展開」「マルクス主義の盛衰」「民主主義教育の問題」「プラグマティズムの興隆と平和運動」「日本人の思想構造の特色」「西洋文化受容の特殊性と知識階級の性格」「近代化と伝統」「東西文化の交流」と多岐にわたり、内容もきわめておもしろい。類書としては久野収《くのおさむ》・鶴見俊輔《つるみしゅんすけ》『現代日本の思想』(岩波新書、一九五六)があるが、この二冊はともに甲乙つけがたいほどおもしろい。

西谷が語る日本文明論の骨子《こつし》は、次のとおりである。

①欧米の文明を輸入する際に、普遍性を重視する。つまり、ヨーロッパ、アメリカ、ロシアも含めて、西洋というものを見境をつけずに一つにしてその全体を取り入れる。これと思うものならばなんでも取り入れる。それぞれの国が伝統を持っているヨーロッパではそういうことはできない。日本は自由であり自主的である。したがって、たとえば哲学においても、ドイツで議論されていることをアメリカではまったく知らない、ということがあるが、日本ではなんでも議論されているのでむしろ西洋のひとが驚く。西洋のA国の哲学者が最近ようやく興味を持ち始めた問題を、日本ではいち早くB国から輸入して議論している、ということがよくある。この自主性と普

遍性によって日本は植民地あるいは半植民地にならなかったのだが、それは日本国民の精神的エネルギーが高かったからだ。

②西洋から輸入されるものが、つねにバラバラな状態である。たとえばある文学が輸入されるときに、本国では宗教や哲学という基盤と絡み合っているのだが、日本にはそういうものから引き離されて輸入される。したがって日本の法学、政治学、経済学も本家のヨーロッパに比べて哲学との繋がりが非常に稀薄である。このことは、輸入されたものが一般庶民から遊離・乖離・分離していることと根本で結びついている。

③文化などについての日本人の評価は、世界的な視野からの評価とつねにずれている。これは日本の伝統への自己評価の問題と連動している。日本文化の特殊性ゆえにかえって世界性を獲得するということがある。日本では前近代的と捉えられている日本文化が、世界ではかえって近代性にマッチしたものと受け取られる。禅や日本建築などがその例。しかし現代の日本人はかえって西洋化して西洋的視野でものを見ているので、主体性がない。そのため、ほんとうの特殊性がほんとうの普遍性や世界性を持つという見方ができず、特殊性のない抽象的な普遍性を世界性と考えてしまっている。逆に西洋人は主体性を保っているから、かえって東洋や日本の文化を主体的に取り入れるという世界的視野を持てる。日本人も明治時代には、主体性を持って西洋に対しており、西洋の文化を主体的に取り入れていたので世界的な視野を持っていた。

これはさわりにすぎず、西谷のこの問題提起を出発点にして、猪木、久山、亀井、北森、椎名、高坂、武田によって実におもしろい丁々発止が展開されるのである。「近代の超克」シンポジウムとは異なり、ここにはキリスト者、共産主義者、女性が加わっている。しかし議論の基調は「近代の超克」との断絶というよりは、延長線上にある。そして重要なのは、この議論は六十年後の令和の時代になっても、基本的に継続して思考されなくてはならない問題でありつづけているということである。その意味で西谷は、戦前と戦後の境界をきわめて鈍感に乗り越えながら、その切断という欺瞞の道を選ばずに、執拗に戦前と同じ旋律の比較文明学を歌いつづけたのだといえるだろう。

家永三郎——否定と近代

小倉紀蔵

日本の近代をめぐって深く思索しつつ実践もした人物として、家永三郎《いえながさぶろう》（一九一三〜二〇〇二）を挙げよう。家永は丸山眞男より一年早い一九一三年に名古屋で生まれ、丸山より六年遅い二〇〇二年に死去した。専門は日本思想史だが、日本の戦争責任を追及するしごとに精力を注ぎ、教科書裁判でも激烈な論陣を張るなど、左翼的立場から信じられないほど数多くの実践もした。その政治的発言や活動に対して保守側から厳しい批判が継続して提起されるなど、つねにかまびすしい論議を引き起こした思想家であった。

戦後は戦闘的な左翼知識人として生きた家永であったが、戦前は違った。皇国史観を奉じる新進気鋭の思想史家だったのであり、その業績の光輝はいまでも衰えることはない。だが残念なことに、家永の戦前の業績に対して現在ではあまり顧みられることはない。敗戦をはさんで敢行された極端な「変節」に戸惑いを覚えるひとが多いから、という理由もあろう。

彼の戦前・戦後合わせての業績は膨大な量になる。ここではそのうち戦前のものに着目し、特に彼の処女作といってよい『日本思想史に於ける否定の論理の発達』（弘文堂、一九三五）をとりあげて、その比較文明論的な側面を抽出してみたいと思う。家永がわずか二十二歳のときに刊行されたこの論考は、驚くほどの完成度と鋭さを持った文明論なのである。

この本が書かれた理由はただひとつである。それは、西洋文明には数多く見られる「否定」という運動が日本の思想史上にはなかったのではないか、という強烈な劣等感を若き家永が抱いたことに始まっている。高い文明を持つためには、どうしても否定という運動が存在しなければならなかった。それなのに、日本の宗教史、思想史、精神史、文学史をひもといても、どこにも否定の運動がないように見えた。否定がないということは、すべてを肯定することであるように思える。しかし否定のない肯定には生命がない。肯定に生命をもたらすものは否定であり、否定に生命をもたらすものは肯定である。したがって否定のない日本精神史には肯定もなく、ただ弛緩した現状追随しかないはずだ。……おそらく家永はこのように考え、日本精神史のなかに否定の運動を探すことにしたのではないか。

家永はこの論文で、以下の事例を挙げて日本思想史における「否定」の論理を分析していく。仏教渡来以前の古代思想（肯定の論理が基調）、新たに渡来した仏教（現実を虚妄・虚仮《こけ》と見る）、平安貴族（現実の徹底的否定と浄土への欣求《ごんぐ》）、平安末期の戦乱期（社会的不安による否定）、武士と破戒僧（人間悪と否定）、鎌倉新仏教（否定からの逃避ではなく直視）、室町時代以降、特に江戸時代における否定の論理の退潮と退廃。

このように思想史を辿った後、家永は次のように結論を語る（家永「日本思想史に於ける否定の論理の発達」『叢書名著の復興　日本思想史に於ける否定の論理の発達』新泉社、一九六九、一一〇頁）。

かくして日本思想は否定の論理と絶縁すること凡そ三百年、最近に至り西洋哲学の新しい動きに伴ひ再び否定の論理の建設せられようとする機運を見るに至つた。而して明治以後は其の外観上の大きな相違にも拘らず本質的には江戸時代と同じく近世の内に一括せらるべき時代であつて、徳川的封建思潮の打倒に奮闘した啓蒙主義運動も、啓蒙主義の克服を標榜した大正年間の新カント派哲学の如きも、何れも内在的論理に終始する近世現実主義の西洋的新装に過ぎず、それらの思想体系は依然として否定の論理を拒否しつづけたから、それ故にかかる地盤を突き抜けて新しき否定の哲学が生れ出でる為には「論理学をその根抵から変ぜなければならな」かつたのである。

最後の「論理学をその根抵から変ぜなければならな」かつたという部分は、西田幾多郎の「形而上学序論」（『哲学の根本問題』）からの引用である。ここで家永が語っていることは非常に重要だ。江戸時代に入って、それまでの切羽詰まった否定の論理を忘却してしまった日本思想は、明治以降に西洋化をすることによって再び激烈な否定の論理を獲得したのか？　家永は「否」という。その根拠として家永は儒教を挙げていない。そもそも近世に日本が否定の論理を忘却してしまったという説明においても家永は儒教の影響を語らない。だが筆者は、これはあきらかに儒教の影響だと考えている。拙著『朱子学化する日本近代』（藤原書店、二〇一二）で論じたことなのだが、日本の近代化というのは、一方で西洋文明化であったと同時に、その裏面は朱子学化であった。中国や朝鮮に比べて数百年遅れた朱子学化によって、中央集権、能力主義、統体的一元統治、思想統制などを推進した。江戸時代から続く朱子学化が、明治以降にようやく急速に展開したのだった。このことと、家永のいう否定の論理の欠落は、同じことを別の角度から語っているように思える。

若き家永が苦悶した日本思想の欠陥の意識は、西洋への強い対抗意識と憧れがないまぜになった比較文明学的視座によって初めて開示された。「日本思想史に於ける否定の論理の発達」という記念碑的な論文はその意味で、戦前におけるもっとも良質な比較文明学の成果の一つといってよいのである。

井筒俊彦——「共時的構造化」の比較文明学

小倉紀蔵

近代日本に「知の巨人」と呼ばれる、あるいは呼ばれうる人物は多いが、井筒俊彦《いづつとしひこ》（一九一四～九三）はその頂点に立つ思想家のひとりといっても、異論を唱えるひとは多くないだろう。イスラーム圏を中心にロシアや「東洋」という巨大な地域の研究を精力的に蓄積したが、一般的には晩年（つまり一九七九年にイランから帰国したあと）の『意識と本質——精神的東洋を索めて』（岩波書店、一九八三）や『意味の深みへ——東洋哲学の水位』（岩波書店、一九八五）、『コスモスとアンチコスモス——東洋哲学のために』（岩波書店、一九八九）などといった「東洋哲学」に関する著作がもっともよく知られているのであろう。

その哲学史叙述の方法論は本人によって「共時的構造化」と名づけられ、有名になった。この方法論自体が、一種の比較文明学なのである。つまり、歴史上に数多く存在したさまざまな思想・哲学を、その歴史的分脈から切り剝がして、その思惟のパターンによってカテゴライズし、構造化するという方法論である。

ある哲学は空中から魔法のように生まれるのではなく、一定の文明、文化、自然、環境、条件、時勢、関係性の中から出現する。したがって、それを歴史的文脈から切り離して考えることは、本来の哲学史としてはもちろん問題がある。だが哲学史家たちの多くは、文脈しか見ないためにその哲学の意味を把握できないことが多い。たとえば華厳仏教と朱子学はあきらかに類似しているのだが、学問的には華厳は仏教研究というディシプリン、朱子学は中国哲学研究というディシプリンで、それぞれ別個に扱われるので、その類似性に関する探究はなかなか進まない。朱子学を中国哲学研究という文脈のみで理解してしまうと、道家思想との連関性は語られるのだが（なぜならどちらも中国哲学というカテゴリーに属するから）、仏教との関係を論じる研究者は少なくなるし（この分野では荒木《あらき》見悟《けんご》が最高峰）、ましてやイスラーム哲学との関係などが視野から排除されてしまう。この傾向は日本の縦割りディシプリンの研究制度において特に著しい。

もうひとつは、いわゆる「東洋哲学」をどう使うか、という発想が非西洋の研究者たちにこれまで貧弱だったことと関連している。たとえば陽明学を歴史的文脈の中で正確に位置づけることは哲学史学のいとなみとして重要だが、それだけだと「東洋哲学」はつねに歴史の中だけに棲まうことになってしまう。過去の遺物になってしまうのだ。西洋がホッブズやロックやカントやフッサールなどを現代社会の諸問題を解くための哲学的リソースとして有効活用しているのとは異なり、東洋哲学においては哲学自体を歴史の中に閉じ込めてしまっている。それを歴史的文脈から切り離して現代社会に埋め込むためには、どうしても哲学の命題化と非歴史化が必要なのだ。

井筒の「共時的構造化」は、このような大きな意味を持つ。儒教、道家、仏教からイスラーム哲学、ユダヤ哲学までをひっくるめて「東洋哲学」というひとつのまとまりでとらえ、西洋哲学との比較もふんだんに交えながら縦横無尽に語るそのダイナミズムが、ポストモダンに突入した日本社会で大歓迎された。だが、世間一般の知的読者の旺盛な想像力に、大学というアカデミアが追いつくことはない。日本の大学ではいまだに「東洋哲学」を専攻する学科はほとんど存在しないだろう。

せっかく井筒俊彦という巨人が出て、きわめて魅力的な「東洋哲学」を展開したにもかかわらず、アカデミアはそのことを無視しつづけている。井筒が晩年の一連の著作にわざわざ「東洋哲学」という概念をサブタイトルとして追記した事実に、アカデミアはまだ応答できていない。これは余談になるが、筆者は韓国のソウル大学校人文大学哲学科東洋哲学専攻の修士・博士課程で学んだのだが、ここはまさに井筒俊彦が知ったら歓喜するであろうような場所であった。東洋哲学専攻には①儒教②仏教③諸子百家④韓国哲学の四コースがあり、学生はそのすべてを学ばねばならないだけでなく、西洋哲学も同時に学ばねばならない。これこそが本来の「東洋哲学」研究の姿であろう。日本の人文学の視野の狭小性は、おそらく今後一〇年以内に、決定的な弱点としてさらに明確化されるだろう。その証拠に、今や韓国から日本の人文学系の大学院には、ほとんど留学に来なくなったのである。魅力がほとんどない、ということであろう。

なお、井筒は最晩年に『大乗起信論』に没頭し、彼の最後の著作も『起信論』に関するものだった。東洋に通底する「精神」を生涯をかけて追求したその結論が『起信論』であったことについて、わたしたちは深く思索する必要があるだろう。と同時に、筆者としては、やや残念な気持ちを抑えきることができない。井筒には、『起信論』を超える、アジア全体の通底哲学を実現させてほしかった。彼なら必ずや、可能だっただろう。

猿橋勝子——地球環境と女性研究者に力を！

田島樹里奈

人間はいつも、ひたすら「幸福」を求めて暮らしている。では「幸福」とは一体、何であろうか。「幸福」を追い求めているというが、「幸福」という客観的存在があるわけではない。それは、自らが十分満足感をもつことではなかろうか。（猿橋勝子『学ぶこと生きること——女性として考える』）

「死の灰」の研究を行い、地球化学者（geochemist）として世界で活躍した女性科学者、猿橋勝子《さるはしかつこ》（一九二〇〜二〇〇七）。彼女は、科学者として類稀な才能を備えていただけでなく、研究者として・女性として・地球に生きる一員として、自らの人生哲学をしかと築き、その生涯を科学研究に捧げた。今日、世界的に深刻な問題となっている地球温暖化と二酸化炭素の関係や、核爆弾による放射能汚染などの問題を世界に先駆けて研究したのも彼女である。猿橋は気象学、海洋学、地球環境、そして原子力・平和問題など、地球規模の研究に従事した。彼女は科学の持つ可能性の素晴らしさに魅了されながらも、環境すら破壊する力を孕む諸刃の剣のような科学の姿を目の当たりにした。

文明の利器と対峙するなかで、科学を問い、〈文明〉を問い、人間という存在をも問い直しながら歩んだ道。戦後の日本を二〇代後半で迎えた猿橋は、「虚無感にうちひしがれ、どん底を歩きさまよっていた私を、救い出してくれた一冊の本」として、パスカルの『パンセ』を挙げている。理性とは何か、人間の可能性と限界……。より良い社会を目指すため、生涯を研究に捧げた女性科学者である。

猿橋の生き方でまず目を惹くのは、自らの信念に従い行動する意志の強さと実行力である。探究心の旺盛な猿橋にとって科学との出会いは、〈より良い未来〉を希求する情熱、そして科学（学問）に対する敬意と使命感を生み出し、常に社会に対する献身的な行為・活動へと突き動かした。

一〇代の頃から明るく快活な性格だった猿橋は、高等女学校を卒業後、一度は親の意向を受けて生命保険会社に就職するものの、自らの夢（当初は女医）の実現を目指して東京女子医学専門学校の受験を試みる。しかし面接時に起きた或る事を機に彼女は失望し、当時新設されたばかりの帝国女子理学専門学校（現在の東邦大学理学部）へ進む。戦後の男女格差が色濃く残っていた当時、高等学校の後に進学をする女性は極めて稀であり、数にして一パーセントにも満たなかったという。しかも猿橋は、女性数の少ない理学の道へと進み、物理学や化学を学んだ。

卒業研究では、中央気象台（現在の気象庁）の研究部長・三宅泰雄《みやけやすお》の指導を受けながらポロニウムの放射能測定に関する研究を行った。ここでの縁を機に、専門学校を卒業した猿橋は、中央気象台の三宅研究室に就職し、研究者としての道を歩むことになる。そして彼女の人生を変える、大きな任務を託される。それがアメリカの水爆実験によってもたらされた謎の物質、「死の灰」

の解析であった。

一九五四年、マーシャル諸島近郊で若い乗組員たちを乗せた「第五福竜丸《ふくりゅうまる》」は、遥か一六〇キロの海域を越えて光る閃光と海底から突き上げるような轟《とどろ》きを感じた。まもなく乗組員たちは、突如空から舞い降りる雪のような大量の白い物質に襲われた。のちに「死の灰」と呼ばれたこの物質は、米国によって行われた水爆実験――それは広島原爆の一〇〇〇倍の威力で爆発――による放射性降下物であることが明らかになる(「ビキニ事件」)。無防備に大量の放射性物質を浴びた乗組員らは、皮膚の爛れや吐き気など、急性放射能症を発症した。

当時、この「死の灰」を分析するための方法も機器もなかった中、謎の物質の正体を解析することは焦眉の急の課題であった。その重責を任されたのが、当時わずか三四歳の猿橋だった。三宅の研究室でオゾン層などの研究をしていた猿橋は、大気や海水の化学分析を続ける中で、水中の全炭酸を定量する方法を考案し、「サルハシ表」と呼ばれる計算表を生み出したり、自ら微量拡散装置を開発したりするなど、この頃の研究が猿橋を世界的な科学者へと躍進させる契機となったのである。

こうした世界的な活躍によって功績を認められた猿橋は、女性初の日本学術会議会員となり、さらにはアメリカで出版された『二〇世紀の女性科学者(*Twentieth-Century Women Scientists*)』(一九九六)にも名を連ねている。この書籍は世界で活躍する優れた女性科学者一〇名の生い立ちと業績が紹介されており、その一人として猿橋が挙げられている。まさに日本のみならず、世界的な評価を受けた女性科学者の草分け的存在であり、時代の第一線で活躍した科学者である。

また二〇〇七年に永眠するまでの間、猿橋は生涯を通じて、より多くの女性研究者が社会で活躍できるよう支援活動にも力を注いだ。一九五八年には、「日本婦人科学者の会（現・日本女性科学者の会）」の創設に携わっている。その後も女性科学者たちを励まし自然科学の発展に貢献できるよう支援したいと「女性科学者に明るい未来をの会」を創設し、後進の女性科学者を育てるために顕彰する「猿橋賞」を創始した。猿橋賞を設定した動機について、彼女は次のように述べている。「女性科学者は、耐えて耐えて、人一倍やらないと、認められないのですよ。だから」（『読売新聞』夕刊、一九九二年八月二六日付）。

男女格差が社会全体に蔓延《はびこ》っていた昭和の時代では、より一層の困難を擁しただろう。それでも猿橋は、「男女を問わず、すべての人の能力を十分に開発し、社会的に役立たせること」が最も根本的な問題であると考えていた。それはたんなる女性の権利主張ではない。よい社会づくりのためには「あらゆる分野における女性の潜在能力をひき出す以外に道はない」と確信を持っていたからであり、科学の進歩発展にとって必要不可欠な要素であると考えていたからである。

いつの時代だって研究者は楽ではない。それでも前を見て進むしかないんだ！

遠藤周作——神は文明のどこに宿るか？

大森一三

遠藤周作《えんどうしゅうさく》（一九二三～一九九六）は日本を代表する宗教作家である。彼は、キリスト教を核に持つ西洋文明と東洋の文明、とりわけ日本との通約不可能性を主題とした作品を多く描いた。また彼は、弱さを抱えた人や疎外された人といった、歴史の中で描かれなかった＝「沈黙」してきた人々を題材にしながら、神と信仰の在処を描いた作品を紡いだ。こうした遠藤の作品は、日本国内のみならず、世界中に多くのファンを持っている。

ハリウッドを代表する映画監督であるマーティン・スコセッシも、遠藤周作から大きな影響を受けた一人だ。彼は、遠藤周作の代表作の一つである『沈黙』を構想二八年かけて、映画作品化した。その作品公開に向けたインタビューの中で、スコセッシは次のように語っている。「……信じるということは、おのずと享受できるものではないと思っています。自らが欲して勝ち取らなければならないものです」。

スコセッシの言葉と響くように、遠藤周作にとっても、「信仰」は長い葛藤と呻吟を彼の人生に投げかけるものであった。その葛藤の道程は、彼の人生と作品とに如実に現れている。

両親の離婚により、母とともに神戸市に転居してきた遠藤周作は、熱心なカトリック信者の伯母の勧めで、親子で西宮市の夙川《しゅくがわ》カトリック教会に通うようになる。その後、遠藤は一二歳で洗礼を受けた。自発的に選び取った信仰ではなく、母親と周囲の環境からの影響で「受けさせられた」洗礼であった。遠藤周作はいわゆる「宗教二世」だったと言ってよい。遠藤は、こうした自身の体験について「私は母親が買ってきてくれた洋服を、そのまま着せられた」と述べている。だが、この「買ってくれた洋服」は、遠藤にとって馴染むものではなかった。

その洋服は、私の体の寸法に合わず、あるところは長く、あるところはダブダブで、またあるところは短かった。洋服と自分との体の不釣り合いで、ある年齢以上に達して私をたえず悩ませたといっていい。(「異邦人の苦悩」)

遠藤にとって、カトリックのもつ厳格さやそこに潜む西洋中心主義的な態度は、馴染めないものだった。一時は、キリスト教を捨てようともしたが、母親に対する愛着と自分を形成してきた信仰を捨てることはできなかった。さらに大学で、フランス文学を学ぶようになって以降、遠藤のこうした葛藤はいよいよ深まってゆく。というのも、遠藤は西洋の文学作品の根底に「キリスト教」があることを感じ、非西洋人である自身との距離をますます感じるようになっていったからだ。

キリスト教をめぐる遠藤のこうした葛藤は、そのまま作品中にも表れている。『留学』では異なる時代、異なる場所で、キリスト教と日本との間で引き裂かれる人々の姿がいくつも描かれる。

そして繰り返し、キリスト教と日本という二つの文明が異質であり、融和《ゆうわ》できぬものであることが叫ばれる。

しかし、あのホテルで私が知ったことは結局、シャルトルの寺院と法隆寺との間の越えがたい距離であり、聖アンナ像と弥勒菩薩《みろくぼさつ》との間にはどうにもならぬ隔りのあるということだけでした。（中略）我々は別の血液型の人からは血はもらえない。私はそんな詰らぬことをあの巴里の冬の夜、一人ぽっちで考えていたんです……」（『留学』）

こうした叫びにも近い呻吟《しんぎん》は、代表作である『沈黙』の中で、日本に渡ってきた宣教師たちの苦悩の声として再び表明されている。心を抉るようなその苦悩の言葉は、ぜひ『沈黙』を手に取って確かめていただきたい。

遠藤周作が取り組んだのは、自らに与えられたキリスト教と、それを異化する内なる「日本」との葛藤でもあった。それは個人の信仰に関する異化と融解をめぐる物語であると同時に、異なる文明間の対話と葛藤の物語でもあるのだ。

そして遠藤は、こうした葛藤を、キリスト教の中に東洋の文明にも共通する「母なるもの」を見出すことによって昇華してゆく。すなわち、弱さを抱え、罪を犯し、呻く人々を裁く「父の宗教」ではなく、見守り、受けとめる「母の宗教」である。

イエスの教えが父の宗教ではなく、父の宗教と共に母の宗教をあわせ持った両親の宗教だったと気づくのである。（「ガンジス河とユダの荒野」）

遠藤がたどり着いた神と信仰のありようは『沈黙』のクライマックスや最晩年の作品である『深い河』で描かれている。それはたんなるキリスト教と日本および東洋の宗教の融合という意味を超えている。

遠藤が最後に見出したのは、人間の弱さや、苦しみの傍に立ち続ける「母なるもの」としての神である。どれほど異なる宗教や文明社会であっても、人間が弱さと苦しみを抱える限り、「その苦しみに同伴し続ける神」という理念を人々は見出し、求めることができる。苦しみがある限り、その苦しむ人の傍に神は遍在する――。それこそが遠藤がたどり着いた信仰なのだ。

三島由紀夫——無数の文明の共存の実験

小倉紀蔵

三島由紀夫《みしまゆきお》（一九二五～一九七〇）を国粋主義者と思っているひとびとにとっては、彼が第一級の比較文明論者であったといえば驚くかもしれない。もちろん第一級の国粋主義者になるためには第一級の比較文明論者である必要があるのだが（たとえば本居宣長や平田篤胤など）、三島の場合は第一級の比較文明論者ではあったとはいえ、いかなる意味においても国粋主義者ではなかった。

三島の文学的・思想的遍歴が、彼の比較文明論的成長を如実に物語っている。学習院で学ぶ十代の頃は王朝文学に傾倒して日本浪曼派《にほんろうまんは》に与し、その後、フランス心理小説の影響を強く受けつつロシアおよびドイツの文学的精神をふんだんに吸収し、ギリシア文明のニーチェ的側面に憧れ、やがて武士道、陽明学、仏教などの哲学に自己同一化しようとした。その間隙《かんげき》には、古典から異端、頽廃《たいはい》といった文学的傾向をあまねく渉猟した。最後の到達点はどこだったかについての論争はかまびすしいが、おそらく武士道でも陽明学でも唯識でもなく、「日本」であったろう。だからといってこれは国粋主義的な固有名詞なのではない。

三島は建築家やファッションデザイナーのようなタイプの芸術家ではなかった。つまり、あらかじめ空間のすべてを把握してコンセプト通りにデザインし、建材や布をそのデザイン通りに組み合わせたり裁断したりして作品を構築するタイプではなかった。武田泰淳《たけだたいじゅん》との晩年の対談で三島は、小説を書くことは一歩先も見えぬ暗闇の樹海《じゅかい》を歩いて行くようなものだと吐露している（「文学は空虚か」『文藝』一九七〇年一一月号）。つまり、空間の細部まであらかじめ決めて前進していくスタイルではない。むしろ、ひとつひとつの作品に対してそれ固有の思想的コンセプトを設定して、その思想に勝手にものをいわそう、というタイプである。もちろんそのようなオートマティズムは「小説ではない」と彼はいうが（同対談）、実際の作品はそのようなオートマティズムの実験が多い。たとえば『愛の渇き』はフランス心理小説という思想的コンセプト、『潮騒《しおさい》』は古代ギリシアの「ダフニスとクロエ」という思想的コンセプト、『暁《あかつき》の寺』は仏教の唯識という思想的コンセプトを設定し、作品を構築している。ということは、三島においては、ひとつひとつの作品自体がひとつひとつの思想的世界を独自的に構築しているのであって、その意味で、彼の作品群全体は巨大な比較文明の実験結果だといえるのだ。三島は、ひとりの「作家」のひとつの「個性」が全生涯を通して一貫して表現されているような小説家とは異なる。

そのように考えるならば、彼の生の全体が、比較文明論そのものだったということもできるかもしれない。彼が晩年に自らの生を収斂《しゅうれん》させていく「日本」は、すべてのコスモスとアンチコスモスを包中律的に共存させる「天皇」という装置によって支えられているとされた。つまりそこには「中心」はない。中空で虚無の「包摂の場」があるだけであり、その空虚な中心による構造と生命力が文化の全体性・再帰性・主体性を担保すると考えられた（「文化防衛論」に関する筆者の解釈)。なんとも西田幾多郎や河合隼雄《かわいはやお》や山口昌男《やまぐちまさお》的な世界観だが、これをまともに実践したのは西田でも河合でも山口でもなく、三島だった。西田や河合や山口にはまだ「実体としての中心」がありすぎたのだ。

この三島の世界観こそ、来るべき比較文明論の新しい方法論ではないだろうか。シュペングラーにもトインビーにも本居宣長にも中村元にも梅棹忠夫にも、自らの比較文明論を構築するための中心的な足場がある。そこからの「視座」によるパースペクティブで語っている。ものを見、ものを語るということはそういうことだろう。しかし、そのような「視座」なしにものを見るとき、これまでにない比較文明論が生成するのではないだろうか。三島の生とは、視座のない無数の文明の共存の実験だったのではないか。その意味で極度にアナーキーであったし、ニヒリスティックでもあったし、天皇主義的でもあった。「雑多な、広汎な、包括的な文化の全体性に、正に見合うだけの唯一の価値自体として、われわれは天皇の真姿である文化概念としての天皇に到達しなければならない」「文化上のいかなる反逆もいかなる卑俗も、ついに「みやび」の中に包括され、そこに文化の全体性がのこりなく示現し、文化概念としての天皇が成立する、というのが、日本の文化史の大綱である。それは永久に、卑俗をも包含しつつ霞み渡る、高貴と優雅と月並の故郷であった」(「文化防衛論」一九六八)。

三島にとって、政治的な価値にからめとられることこそが、文化の全体性を毀損することにほかならなかった。正義や人権や道徳などという政治的価値からいかに離れるか、というのが彼にとっての文学だった。『ひかりごけ』を書いた武田泰淳に三島は、次のようにいう。「あなたは人を喰ったことはないだろうけど、どうして人を喰った人間というものに肉薄できるか、ということでしょう。というのは、文学というのは政治的アッピールでもなんでもないから、人を喰ったことがいけないとか、道徳的に悪いとかいいとかいう問題じゃない。人を喰った人間というものになることだよね」(同右対談)。

比較文明学に対する大きな示唆が、ここにはある。三島のことばをもじっていうなら、こういうことだ。三島が対談で「文学」といった部分を「比較文明学」といいなおしてみる。「政治的なウソというものを、比較文明学がちょっとでも真似したら、もうその時は自己破壊だということは当然のことだけれども、それはずいぶんいろんな形で真似しているのよ、比較文明学も」(同右対談)。

中村雄二郎——越境する「知」の領域を切り拓く哲学者

小平健太

「哲学者」と聞いて、読者はどのような人物を考えるであろうか。大学で哲学を勉強した後、さらに大学院で専門的な研究を修め、大学で哲学を講じている研究者——およそ多くの読者が抱くイメージは、そうして哲学を職業にしている人たちではないだろうか。こんなエピソードをひとつ、紹介しよう。中村雄二郎《なかむらゆうじろう》（一九二五〜二〇一七）と同じ時代を生きた教育者であり文化人類学者である山口昌男は、『道化の民俗学』（一九七五）の冒頭においてコメディア・デッラルテ（一六世紀イタリアに端を発する仮面を用いた即興演劇の一種）観劇のためにパリにいた彼の姿を実に「芝居好きの哲学者」と印象的に称している。また、それに対する中村自身の応答も興味深い。というのも、『読書のドラマトゥルギー』（一九八六）にて、彼自身はじめはそうした「仮面」を身に付けた己の姿に不慣れな違和感を持ちながらも、次第に親密さと、愉しさを自覚していったことが打ち明けられているからである。大学で哲学を講じている研究者——哲学者をそのようにイメージするならば、彼は実にユニークな人生を歩んでいる。一九九八年に明治大学法学部にて教授職を辞すまで『哲学入門』（一九六七）や『哲学の現在』（一九七七）、難解な哲学用語を併用に解説した『術語集』（一九八四）といった多くの哲学入門書を刊行しながらも、他方で『現代情念論』（一九六二）、『感性の覚醒』（一九七五）、さらには『共通感覚論』（一九七九）において理性と感性（情念）の絡み合う人間存在の社会的・文化的姿を論じつつ、〈学問〉と〈芸術〉の双方を越境し合う「知」のあり方を探求した中村の姿にこそ、彼の真の哲学者としての本領が見て取られねばならないだろう。

一九二五年に当時の東京に生を受けた中村は、江戸の風情を偲ばせる浅草下町にて歌舞伎などの伝統芸能に親しみつつも、四二年に成城学園高校に入学した当初は物理学に対する強い関心を抱いていた。「戦時中、神がかりの言説が横行していたなかで、自然科学の、とくに物理学の真理がなによりも確実だと思った」（『哲学の五十年』一九九九）と当時の思いを告白する中村は、他方で敗戦を機に大きな価値観の転倒を経験する。国家主義から民主主義、全体主義から自由主義へと一夜にして日本社会の価値観の転倒を目の当たりにし、物の世界から人間の世界へと目が開かれたことで哲学を志すようになる。四五年に東京大学哲学科に入学し、フランス哲学を研究者しつつも、同時に文明批評や日本文化論の碩学であった森有正に師事。師のもとでパスカル・デカルトの研究からキャリアをスタートさせ、明治大学で職を得た後には西田幾多郎に関する哲学的業績も残している（『西田幾多郎Ⅰ／Ⅱ』一九八三）。

普遍性を標榜する自然科学的な「知」と哲学および芸術経験の理論を含む人文学的な「知」の関係性に対する思索は、生命現象および人間と自然との柔らかなかかわりを探求する『臨床の知とは何か』（一九九二）においてより具体的に展開された。そこで中村は、一七世紀以降の近代科学の特徴を「普遍性」「論理性」「客観性」という三性質の統一のうちに看取し、他方で個別・

具体的な状況が捨象された科学的枠組みにけっして還元され得ない知の領域として「固有世界」、「事物の多様性」、そして「身体性を備えた行為」を〈臨床の知〉として提唱する。こうした中村の思索は、広義の人間と世界（自然）をめぐる豊かな有機的連関の喪失に起因する地域・国家間の紛争、自然生態系の破壊、さらには科学技術の支配における人間の自己疎外（『デジタルな時代』二〇〇〇）といったきわめてアクチュアルなテーマを多く含んでいる。とりわけ重要なのは、人間がいかに科学知による合理化の支配を経たとしても、回避しえぬ根本的問題として「情念」〈感性〉が残りつづけることを中村が強調し、世界（自然）および他者と共感し、一体化する能力として「想像力」および「共通感覚」の重要性を一貫して説き続けた点に他ならない。

人間が現実に生きる社会や文化をめぐって実に多くの洞察を世に残しながらも、感性的なものや非理性的なものに対する哲学的思索を行いつつ、他方でそうした思索を通して〈哲学そのもの〉のあり方を問い直すこと——彼の思想の根底を通奏低音《つうそうていおん》の如く流れているのは、こうした思索の根本的なモチーフである。従来の学問領域の枠組みに留まることなく、そのあり方を反省的に問い直すことで人間に関わる事象を領域横断的に〈哲学する〉学的営みの姿は、まさに私たちが中村から引き継ぐべき重要な日本の比較文明学的遺産と言えるのではないだろうか。

中根千枝——恣意的な比較の暴力性

小倉紀蔵

日本の比較文明学の全般的な欠点は、日本のことを語るのに、西洋との比較しかしないことである。あるいは中国との比較を入れる場合もあるが、だいたいはその二者との比較にとどまる。

このことの弊害を明確に述べたのは、韓国の李御寧《イ・オリョン》だった。非常にすぐれた日韓比較文化論である『「縮み」志向の日本人』の著者である李は、土居健郎《どいたけお》の『「甘え」の構造』を批判して、〈韓国人の「甘え」は日本人のそれよりももっと強烈だ。西洋と日本だけを比較して日本文化を理解できるというのは間違いである。韓国と比較するならもっと説得力のある精緻な比較文化論ができる〉と語った。

『「甘え」の構造』と同じくロングセラーとなった中根千枝《なかねちえ》（一九二六～二〇二一）の『タテ社会の人間関係』（講談社現代新書、一九六七）に対しても、同じことがいえる。ここでは中国・インド・チベット・イギリス・アメリカとの「比較」が語られはするが、「タテ社会」を語るのであれば絶好の比較対象であるはずの韓国に対する視線が完全に欠如している。したがってこの本の叙述は、韓国社会を知らない者が読めばみごとな分析と思えるのかもしれないが、少しでも韓国社会を知る者が読むならば、いったいこれのどこが「日本」社会の分析になっているのだろうか、と最後までよく理解できないのである。むしろその無知による断定に対して戸惑いや怒りさえ覚える。

戦後の高度成長期に、このように杜撰《ずさん》かつ怠慢かつ知的不誠実を全面にまとった低レベルの暴力的な「日本文化論」「日本社会論」が横行した理由のひとつは、戦後日本が単一民族国家の幻想に閉じこもってしまったことと強い連関があっただろう。〈日本は単一な民族が単一な文化や社会を持った特殊な国家であって、そのように固有で独自なアイデンティティは、西洋諸国や中国やインドなどという、これも固有で独自なアイデンティティを持った他国家と比較可能である〉という強迫観念のようなイデオロギーが強烈に信仰されていた。これは一種の新興宗教のようなものである。大学や出版ジャーナリズムという場を確保して、この新興宗教はあたらしい信者を爆発的に増やした。戦後の浅薄な読者たち自身がそのような国粋主義的日本文化論・日本社会論を強く希求していた。そのうねり狂う欲望に、中根千枝らの知的暴力性が、ぴったりとはまったのだといってよい（土居健郎は一九二〇年生まれ、中根千枝は一九二六年生まれである）。

戦争に負けたという極度の劣等感と、戦前の日本帝国のすべてに対する憎悪と怨念が蔦のようにからまって、戦後、このような「虚構された文化社会的アイデンティティ」による国粋主義的日本論を雨後の筍《たけのこ》のように大量に産んだ。それは、戦前の一九三〇年代に雨後の筍のように簇生《そうせい》した文化本質主義的な国体論の裏返しであった。戦前の国体論と戦後の日本文化社会論に共通していたのは、杜撰で恣意的な「比較」とそれによって強化された「日本的本質」の恥ずかし気もない声高な主張であった。土居健郎や中根千枝らによる戦後の日本論が大衆の人気を博した理由のひとつに、戦前から見慣れていたこの「杜撰な比較」と「強引な本質の特定」という方法論があったことは明らかだ。丸山眞男も同断である。「日本」に対して肯定的か否定的か、という違いは重要でない。戦前からの方法論の継続が、戦後には学問的な表皮（丸山の政治思想史、土居の精神分析、中根の社会人類学など）をつけて再登場しただけだったのだ。

それらすべてには、「日本の本質」を語るためにはもっとも必要な「朝鮮・韓国との比較」という視座が決定的に欠如していた。中根千枝の日本社会論が大衆の人気を博した理由のひとつに、この「朝鮮・韓国との比較の欠如」があったことは明らかであろう。

これは実は、朝鮮・韓国に対する意図的な「無視」であったという点で、実は戦前よりももっと悪質な態度だった。そのことをわたしたちは明確に認識しなければならない。

なだいなだ——常識を疑いつつ理性で生きる

加藤久典

なだいなだ（一九二九〜二〇一三）は、作家であり精神科医でもあった。戦後、慶應義塾大学の医学部を卒業して精神科の医者になったが、母校の医局に勤務する傍ら、当時無名だった同僚の北杜夫《きたもりお》や佐藤愛子らと文学雑誌を発行して、作家としての歩みを始めた。戦争時代は、軍国少年であったという。しかし、彼が二〇一三年に八三才でその生涯を閉じるまで、国家権力に対して極めて批判的な態度を変えることはなかった。

筆者は一九八〇年代終わりから、なだいなだが亡くなるまで幾度も直接会話をする幸運に恵まれた。なだいなだが筆者に話してくれた多くのことが今でも記憶に残っている。「生き方」についてのなだいなだの基本的姿勢は、常に既成の考えや態度に疑問をもち、あるときはそれらに抗うということだった。それは極めて明確で批判精神に富んでいた。それでいながら機知の溢れる言葉にうなずくことが多かった。

筆者が外国で教えていたころ、夏休みの直前にパスポートや労働許可証、現金、日本帰国のためのチケットなどをすべて盗まれたことがあった。そのことを悲壮な気持ちで報告したところ、なだいなだは「人生は幸か不幸かを尺度とするよりも、語るに足るかどうかを基準にしたほうがいい」と書いて送ってくれた。そして、続けて「その体験はきっと後に君の旅の話に登場して元をとらせてくれるでしょう」とあった。そして「僕も外国では痛い目に遭いましたが、書いて取り戻しました」と結ばれていた。

その言葉は、「この大事件をそんな風にとらえることができるのだ」とこの世の終わりのような気持ちに沈んでいた筆者を力づけてくれた。ものごとを固定的に理解しない、つまり常に異なった視点から観察し、実生活の中でそれらと対していくことがなだいなだのスタイルだった。それは彼の書く文章においても、生き方においても共通していたと思う。

それらは一体どのように培われてきたのだろうか。もちろん個人の性格や生い立ち、教育にも関係するだろう。やはり無視できないのは、二回にわたるフランスへの留学ではないだろうか。なだいなだは、一九五三年と一九六三年の二回それぞれ一年ほどフランスで暮らした。最初の渡仏のときは、まだ医学部の学生だった。二回目は、精神科医としてフランスの医療についての勉強を目的としたものだった。

特に二回目の留学のとき、なだいなだは精神科医として大きな課題に取り組んでいた。アルコール中毒患者の治療という、彼にとっても新しい分野に携わっていたのだ。そこで日本とは異なるフランス社会の実情を知ることになる。それまで閉鎖病棟が常識であった日本で、フランスから帰国後なだいなだはアルコール中毒で入院している患者の出入りを自由にするという画期的な、当時としては「非常識」ともいえるシステムを始めた。そして、その新しいやり方でも脱走する患者が多くなるという事態は起こらなかった。

すべてを疑ってみる、論理的に考えてみる、こういった理性主義はヨーロッパの啓蒙主義の影響もありフランスでは重要視される。文学者であり、精神科医でもあるなだいなだは、その影響を強く受けた日本の知識人の一人だ。この理知的な思考を実践していく際には、他者との対話が大変重要視される。相手の思いを忖度して黙するのではなく、自らを表現し、相手に理解してもらうという姿勢だ。そのスタイルをなだいなだは自分の作品に取り入れた。『権威と権力』は高校生と筆者の対話形式で書かれている。様々な命題を、理性を用いながら相手とのやり取りの中から導き出すというコミュニケーションだ。

なだいなだは、常識を疑い、理性を信頼するという態度を生涯貫き通したが、加えてエスプリとユーモアを忘れることはなかった。権力あるものに力で対抗するのではなく、相手の矛盾や不合理を洗練された言葉で指摘していく。よく筆者が社会の不合理に憤慨していると、なだいなだは「そんなに興奮しなくてもだいじょうぶ」と諌めてくれた。ペンネームの「なだいなだ」はスペイン語で **nada y nada**、つまり何もなく、そして何もないという意味だが、そこにも機知に富んだユーモアのセンスを感じることができる。

フランス留学時の体験から「自由のない幸せと、自由のある不幸せ」のどちらがいいのだろうかと考えたという。そして、幸せや不幸せが絶対的なものではなく、相対的な価値であると気づく。その自覚が他者を受容する態度を生み、社会における優しさ寛容性につながってくるのだろう。もちろん、どの国にもそういった価値を見出すことは可能だが、しかし日本で生まれ育ったなだいなだは、フランスでそれらの価値をさらに強固なものとして理解したのだと思う。

岡田英弘――大文字の歴史を支える小文字の歴史

小倉紀蔵

岡田《おかだ》英弘《ひでひろ》（一九三一～二〇一七）は一九三一年生まれ。東京大学文学部東洋史学科卒業。中国史が専門。こう書くと、このひとは例によって「東洋＝中国」という等式を金科玉条のように信じて「中国中心の東洋」の歴史を研究したひとだという印象を受けるかもしれない。

だが事実は大いに異なる。彼の学問は朝鮮史から始まった。朝鮮古代史をやり、次に満州史をやり、そしてモンゴル史と西漸していく。つまり、中国中心主義ではないし、「東洋には文明は中国しかない」という信念のもとに「東洋史」をやる学者とは一八〇度、発想が違っていた。彼は中国を、朝鮮・満州・モンゴルといった周縁部の視座から見たのである。中国中心主義ではなく中国相対主義であった。したがって冒頭で「中国史が専門」といったのは不正確である。むしろ「世界史が専門、ただし広い意味での東洋が中心。そしてその世界史はモンゴルがつくった」というのが正しい。

岡田はその卓越した語学能力により、徹底的に緻密な文献研究を重ね、一九五七年に『満文老《まんぶんろう》檔《とう》』の研究で日本学士院賞を受賞した（他の研究者との共同受賞）。まだ二十代であった。二十代でこの賞をとるというのは驚き以外の何物でもない。

だがその語学力と緻密な読解だけが彼の長所ではなかった。岡田は堅牢真摯《けんろうしんし》な文献研究だけに収まる男ではなかった。その大胆すぎるといってもよい卓越した仮説創出能力によって、群を抜いておもしろい歴史学をつくった。

彼の文章は独創的な命題に満ちているが、「世界史はモンゴルから始まった」というテーゼがもっとも有名かもしれない。文字通り世間を驚嘆させた、比較文明論的歴史学の奇才である。

モンゴルという視座を持った彼の最大の強みは、その視座から見ると中国と西洋とインドと日本を同時に相対化できるというマジックのような方法論にあった。これほど強力な視座はほかにないかもしれない。視座を中国や西洋やインドや日本に持ってくるなら、そもそものすべてのアクターの相対化はできない。また東南アジアや中央アジアや朝鮮に視座を合わせたとしても、モンゴルのような包括性のある全体性は確保できない。

だがこのモンゴルという視座は、日本のなかにそもそもモンゴルを熟知している知識人が少ないという理由から、岡田にとって不利な要素も提供した。それは、モンゴルがよく知られていないために、岡田の主張していることの真実性を検証することができず、「話はおもしろいのだが嘘だか本当だかわからない」という扱いを受けやすかったということである。

もちろんこれは、岡田の語り口にも問題があった。細かな実証と証拠の提示をせずに、断定口調で語る文章が多かった。いわゆる一般読者には大人気だったが、学界での評価は不当なほど高くなかった。

しかし天才的な歴史家というものは、洞察を提示するだけでよいという側面もある。

岡田のやり方は、まさにそのようなものだった。本人のメソドロジーは緻密で地道な実証的なものだったのだが、そこから得られた認識を提示するときのやり方が、天才型のそれなのだった。「世界史はモンゴルがつくった」というのは、どういうことなのか。まず第一段階として、中央ユーラシアの草原地帯から、南に中国へ、そして西にヨーロッパへと遊牧民が侵入した。そして第二段階として、この二つの文明が、モンゴル帝国によって結合される。ここに初めて世界史が誕生するのである。

岡田史学の最大の特徴はなんなのか。わたしはその発想の大胆さを支える細部にあると考える。たとえば遊牧民が世界史をつくっていく過程の描写において、岡田は高校の世界史のような描写をしない。遊牧民に関する叙述において、たとえば高校の世界史教科書に出てくる固有名詞が一〇〇個だとすると、岡田の概説書にはその一〇倍以上の一〇〇〇個の固有名詞が出てくる、というイメージである（これはあくまでもイメージであって、正確な数値ではもちろんない）。彼の本が一見退屈に見えるのは、いままで見たことも聞いたこともない民族や国家や個人の名前がこれでもか、これでもか、と登場するためである。固有名詞の羅列のように見えてしまう。

しかし岡田にしてみれば、遊牧民族は匈奴《きょうど》や契丹《きったん》やモンゴルなどという大文字の名前では語れないものなのだ。無数といってよいほどの小民族の角逐と興亡のなかから、なんらかの解明されていない力学によって突然、ヘゲモニーを握る大民族が出現する。そのメカニズムこそが重要なのであって、「モンゴルが世界史をつくった」とはいいながら、実はそういう大文字の主語で語ることができるような単純な歴史ではなかった。むしろ遊牧民族の小部族や小国家の興亡を無視した大文字の主語の歴史にしか関心のない歴史学は邪道だと、岡田は考えていたに違いない。それこそが、中国周縁のツングース系、モンゴル系の民族による「世界史創出能力」とでもいうべきダイナミズムを解明する鍵だというべきなのである。

岡田は東洋と西洋を統合した単一の歴史の可能性を夢見る。その際の方法論として語られる次のことばは、まさに比較文明論の方法論でもある。「単なる東洋史と西洋史のごちゃ混ぜでない、首尾一貫した世界史を叙述しようとするならば、とるべき道は一つしかない。文明の内的な、自律的な発展などという幻想を捨てて、歴史のある文明を創り出し変形してきた、中央ユーラシア草原からの外的な力に注目し、それを軸として歴史を叙述することである。この枠組みでは、十三世紀のモンゴル帝国の成立までの時代は、世界史以前の時代として、各文明をそれぞれ独立に扱い、モンゴル帝国以後だけを世界史の時代として、単一の世界を扱うことになる」(岡田英弘『世界史の誕生――モンゴルの発展と伝統』ちくま文庫、一九九九、二七一頁)。

五十嵐一――東西文明間・聖俗の狭間に立った殉教者？

稲賀繁美

宗教的暗殺の犠牲者となった日本国籍の知識人――。五十嵐一《いがらしひとし》（一九四七～一九九一）の名は日本の知識人の系譜のなかで、ひとつの特異点を形成する。イスラーム知性史を繙けば、異端を宣告されて殉教した神秘主義者と呼ばれる群像が浮かび上がる。だがその傍らで、信仰に帰依したわけではない世俗の日本人イスラーム学究は、いかなる意味で特異だったのか。そして彼の残した足跡は、いかなる意味で「日本発の学際的探求」に寄与したのか。

没後三〇年を越え、五十嵐一の謦咳《けいがい》に接した者たちは、若くても五〇代を迎える。記憶されているのは、その凄惨な死。筑波大学構内で一九九一年六月一二日の朝、五十嵐は肝臓に達する刺傷に加え、頸動脈を左右切断された姿で発見された。殺人事件は迷宮入りし、時効を迎えたが、状況から判断して牧畜文化圏のイスラーム原理主義者による犯行と推測され、イランや英国のイスラーム体制派からは、殺害を正当化し称賛する談話が公表されている。

この殺人の背景には、折からの欧米社会とイスラームとの対峙があった。インド出身のイギリス国籍の作家サルマーン・ラシュディの小説『悪魔の詩』（一九八八）はイスラーム冒瀆の嫌疑で批判をまねき、イラン・イスラーム革命の指導者だったアヤトラ・ホメイニーにより出版翌年には関係者の「殺害」を教唆する「教書」（ファトワー）が公布されていた。五十嵐はこの「物騒な小説」の日本語訳者であり、同時期イタリア語訳者も襲撃されていた。

新潟県に生まれた五十嵐一は一九七〇年、東京大学理学部数学科を卒業後、七六年には同大学院美学藝術学博士課程を経てイランに留学。七九年までイラン王立哲学アカデミー研究員として滞在の後、イラン革命に伴い帰国。八六年より筑波大学に勤務していた。『イラン体験――落とされた果実への挽歌』（一九七九）を皮切りに、一方では『知の連鎖――イスラームとギリシアの饗宴』（一九八三）、『イスラーム・ルネサンス』（一九八六）、『神秘主義のエクリチュール』（一九八九）などイスラーム研究関係の著作をなす。他方『中東共育のすすめ――イランの知恵と日本の無知』（一九八三）から、最後の著作となった『中東ハンパが日本を滅ぼす――アラブは要るが、アブラは要らぬ』（一九九一）に到るイスラームと日本との関係に指針を与えようとする時事的な助言集がある。その間、vocalist の実績に立脚した『音楽の風土――革命は短調で訪れる』（一九八四）、日本の近代化を批判的に考察した『摩擦に立つ文明――ナウマンの牙の射程』（一九八九）などの文明論の傍ら、学術的な仕事としては医学書の翻訳イブン・スィーナー『医学典範』（一九八一）の延長上に『東方の医と知――イブン・スィーナー研究』（一九八九）が主著に残り、殺害時点では『預言の構造』と題される著作を準備中だった。

『イスラーム・ラディカリズム――私はなぜ「悪魔の詩」を訳したか』（一九九〇）で五十嵐は自説を開陳している。一方に問題の小説を預言者ムハンマドへの中傷として弾劾するイスラーム主義者。他方にあくまで「表現の自由」を世俗世界の基本理念として擁護しようとする西側世界。

その両者の仲介役を果たすことが、両者から中立な日本人イスラーム学徒の責務となる。それが五十嵐の、いわば比較文明史的な使命だった。だが果たしてそこに成算はあったのか。

一方で五十嵐は西側世界の「世界人権宣言」に保留を加える。宣言の歌う「人間平等」は前提ではなく、達成されるべき理念であり、その背後にあるべき「全能なる神」をイスラームは要請する。他方で五十嵐はイランの宗教指導者に教書発布の法的権限は認めるが、『悪魔の詩』を冒瀆とみる判断には保留をつける。さもなければシェイクスピアは『リチャード三世』の冒頭の台詞ゆえに国家反逆罪で、ドストエフスキーも『罪と罰』のラスコーリニコフの弁舌ゆえに殺人教唆の罪状で訴えられかねまい。件の小説はexileとしての作者の魂の記録として価値があり、それを恕す「寛容」こそが、イスラームの美徳を証するはずだ、と。

だが、こうした五十嵐の判断は、彼がイスラームのウンマ共同体に内属しないからこそ発することが許された。いわば要請される資格権限がない限りでのみ、彼の判断は有効性を発揮する。そこには一方で「クレタ人は嘘つきだ」とクレタ人が言った、という真偽問題のアポリア、他方では「自分は自分をメンバーとする団体に属するつもりはない」というグルーチョ・マルクスの逆説が具現され、私見ではそれが五十嵐の「否定的能力」negative capabilityの拠り所となっていた。「自由」という名の挑発行為と、「冒瀆」の名の下の宗教暴動と。世俗の国際法と国境を越えるイスラーム法と。妥協を許さぬこれら両者の狭間に「遊び」＝マージンを設けて「利鞘《りざや》」を稼ぐ。そこに五十嵐の文明史的賭けがあった。『悪魔の詩』は故郷喪失者の自傷文学だったが、五十嵐はそこにイスラーム神秘主義の詩人・ルーミーの「葦笛《あしぶえ》の歌」を重ねていたはずだ。葦笛が歌うのは、己が根拠たる葦原からの離別の歌なのだから。不可能な仲介役を演じた五十嵐は、ウンマ共同体の「外」に佇む特異な「畸人《きじん》」（『荘子』）の境涯に殉じた。

それは二〇二四年現在、ウクライナ戦争やガザ危機で、本来ならば日本に求められるはずの中立な外交的媒介役の交渉者としての比較文明史的な立ち位置を、預言的に指し示す「危機に対峙する」知識人の選択だった。

おわりに

本書を企画したきっかけは、二〇二三年九月に伊東俊太郎が死去したことだった。伊東は日本を代表する、というよりは世界を代表する比較文明学の泰斗であった。日本の比較文明学会の初代会長をつとめただけでなく、国際比較文明学会会長も歴任した。詳しくは本書の伊東俊太郎のページを読んでいただきたいが（服部英二の筆による）、伊東の学問はヨーロッパの数学史・科学史に関する実証的で緻密な比較研究から始まり、「人類史の五大革命説」「文明交流圏」などというきわめて重要な概念の提示によって、壮大な比較文明論的人類史を描いた。ジャレド・ダイアモンドやユヴァル・ノア・ハラリだけが巨視的・全体的な人類史を書けるのではない。わが国の伊東俊太郎こそ、彼らよりもっと緻密かつ大胆な人類史を提示したのだ。

伊東の死去を受けて、わたしたちは、この学問をさらに受け継いでいくためにすべきことはなにか、と考えた。その結果、日本人がこれまでに比較文明学的な思考をどのようにしてきたのかを知ることが、もっとも重要ではないか、と考えた。本書の企画の意図は、ここにある。

その伊東が、比較文明学の役割について語ったことばをひとつだけ、ここで紹介しよう。

比較文明学の課題を約言すれば、次のようになろう。(1)比較文明学はこれまでの「国家」という狭隘な単位から抜け出て、「文明」というより広い枠組みを用いる（これなくしては、今日地球上で起こっているさまざまな事象の正しい理解と解決は得られない）、(2)比較文明学は自民族中心主義《エスノセントリズム》を超えて、諸文明のそれぞれ独自な価値を積極的に認める（これなくしては、ある特定文明の覇権や、またそれに反発する文明の衝突は避けがたい）、(3)比較文明学は諸文明の比較を通して、共生共存するこれからの地球文明を志向する（これなくしては、人類の未来はない）。（『伊東俊太郎著作集』第七巻、麗澤大学出版会、二五六〜二五七頁）

本書の叙述のなかにも、この伊東の思想が沁み込んでいるものが多い。日本のさまざまな比較文明論者たちが、どのようにして（たとい本人は「文明」という語を使わなかったとしても）文明という難題と取り組んできたか、についての概観が、ここに提示されていると思う。

＊

日本の戦後の比較文明学は、伊東俊太郎（東京）と、梅棹忠夫（京都）という二大巨頭によって牽引されたといってよい。伊東の「人類史の五大革命説」も壮大なスケールだが、梅棹の「文明の生態史観」もまた、荒々しいほど切り口が鋭い、壮大な比較文明論であった。伊東は科学史、梅棹は人類学という違いはあったが、両者とも理系の知が文明論の土台にあることが共通点だった。

この両巨頭が意気投合して、さらにそこにアーノルド・トインビーを真摯に研究するグループが加わるかたちで、一九八三年に誕生したのが比較文明学会である。したがって伊東が死去した二〇二三年は、この学会のちょうど創立四〇周年にあたる年であった。

四〇周年を記念して編まれた書籍『人類と文明のゆくえ　危機に挑戦する比較文明学』（東海教育研究所、二〇二三）には、比較文明学会のこれまでの経緯を詳しく述べた松本亮三による略史があるので、関心のある読者は読んでいただきたい。一九八〇年代以降の日本の比較文明学の歩みがよくわかると思う。

本書は、比較文明学会に所属する研究者が、学会とは関係なく自由に参加して執筆したものである。したがって「学会編」による書籍ではない。だが、いずれの項目にも、ふだんこの学会で議論している方法論や知識などがちりばめられている。

＊

伊東や梅棹忠夫らをはじめとする日本の比較文明学の第一走者たちは、一般人にもわかりやすい比較文明学の概説書をたくさん刊行した。昭和の読者たちの知的好奇心のレベルが高かったという背景もあったであろう。しかし、現代の読者たちのレベルが下がったわけでは決してない。比較文明学に関するわかりやすい良書がないから、この学問に対する関心が高まらないのだと考える。伊東たちの世代の努力を、引き継ぐ者たちがいなくてはならない。

そういう意図のもと、本書は企画された。

現代では「グローバル・ヒストリー」という分野に圧されてしまっている感のある比較文明学であるが、「文明」という概念に関する肯定的・否定的な評価も含めた視座を基礎とするという点で、グローバル・ヒストリーとは一線を画すのが比較文明学なのである。

また、比較文明学が静態的な学問だと思われてしまっていることも残念である。文化人類学やカルチュラル・スタディーズこそ批判的動態性に満ち溢れたディシプリンであって、それに比べて比較文明学というのは、文明を実体化・本質化したうえで、それらを静態的かつ無批判的に比較する反動的な学問だという偏見がある。これはハンチントンの『文明の衝突』などを、比較文明学の典型とみなす観点からの批判である。

比較文明学に対するこのような批判に対する反論を「はじめに」で書いておいた。お読みになってくだされば幸いである。

*

本書は最初の企画段階から最後まで、小倉紀蔵とともに濱田陽（帝京大学）、大森一三（文教大学）の三人でしごとを進めた。編集担当者は筑摩選書の松田健編集長である。感謝したい。

二〇二四年一〇月

小倉紀蔵

執筆者紹介

小倉紀蔵（おぐら・きぞう）
＊奥付参照

＊

稲賀繁美（いなが・しげみ）
一九五七年生まれ。京都精華大学国際文化学部特任教授。国際日本文化研究センター及び総合研究大学院大学名誉教授。放送大学客員教授。専門は文化交渉史・比較文学比較文化。パリ第七大学新制度統一博士号取得。東京大学大学院・比較文学比較文化専攻単位取得退学。著書『絵画の黄昏』『絵画の東方』『絵画の臨界』『接触造形論』（以上、名古屋大学出版会）、『美／藝術』（東京大学出版会）、『矢代幸雄』（ミネルヴァ書房）など。

岩澤知子（いわさわ・ともこ）
一九六三年生まれ。麗澤大学国際学部教授。専門は宗教哲学・比較宗教学。米ボストン大学大学院・哲学科修士課程、宗教学科博士課程修了。博士（宗教哲学）。著書に *Tama in Japanese Myth*（University Press of America）、論文に"Philosophical Implication of Shinto" in *The Oxford Handbook of Japanese Philosophy*, "Shinto Economic Ethics" in *The Oxford Handbook of Religion and Economic Ethics*（以上、Oxford University Press）, "Buddhist-Shinto syncretization at the medieval Suwa Shrine" in *Exploring Shinto*（Equinox）など。

大森一三（おおもり・いちぞう）
一九八二年生まれ。文教大学国際学部准教授。専門は哲学、倫理学。法政大学大学院博士後期課程修了。博士（哲学）。著書『文化の進歩と道徳性――カント哲学の「隠されたアンチノミー」』（法政大学出版局）、『新・カント読本』（共著、法政大学出版局）、論文「ディルタイのカント倫理学批判再考――ディルタイ倫理学の徳倫理学的解釈の試み」（『ディルタイ研究33』）など。

郭旻錫（かく・みんそく）
一九九〇年生まれ。京都大学大学院人間・環境学研究科講師。専門は東アジア哲学。高麗大学（韓国）文学部中国語中国文学科卒業、京都大学大学院人間・環境学研究科博士後期課程修了。著書に『自己否定する主体――一九三〇年代「日本」と「朝鮮」の思想的媒介』（京都大学学術出版会）がある。

加藤久典（かとう・ひさのり）
一九六四年生まれ。中央大学総合政策学部教授。専門は宗教社会人類学、東南アジア地域研究、比較文明学。シドニー大学人文学部大学院にて博士号（**Ph.D**）取得。著書『インドネシア――世界最大のイスラームの国』（ちくま新書）、***Islam di Mata Orang Jepang***（『日本人からみたイスラーム』、**Buku Kompas**）、『文明の未来』（共著、東海大学出版部）、『アジア的融和共生思想の可能性』（共著、中央大学出版部）など。

佐藤壮広（さとう・たけひろ）
一九六七年生まれ。山梨学院大学共通教育センター特任准教授。専門は宗教学・人類学（沖縄文化研究、表現文化の実践と研究）。立教大学大学院文学研究科組織神学専攻博士後期課程満期退学。共編著に『沖縄民俗辞典』（吉川弘文館）、共著に『年表でわかる現代の社会と宗教』（平凡社）、『大学生のための言語技術――レポート作成から体験の言語化まで』（学術図書出版）、論文に「声と音のペダゴジー――音響共同体としての大学」（野田研一編『耳のために書く――反散文論の試み』水声社）など。

小平健太（こだいら・けんた）
一九八五年生まれ。高千穂大学人間科学部准教授。専門は哲学・美学、比較文明学。立教大学大学院文学研究科博士課程後期課程修了。博士（比較文明学）。著書『ハンス＝ゲオルグ・ガダマーの芸術哲学――哲学的解釈学における言語性の問題』（晃洋書房）、共訳に『問いと答え――ハイデガーについて』（法政大学出版局）、『彷徨する宗教性と国民諸文化』（勉誠社）など。

田島樹里奈（たじま・じゅりな）
一九八三年生まれ。東京交通短期大学運輸科准教授。専門は倫理学・現代思想。法政大学大学院国際文化研究科博士後期課程修了。博士（国際文化）。著書『デリダのポリティカル・エコノミー』（北樹出版）、『危機の時代と田辺哲学』『哲学の変換と知の越境』『〈境界〉を生きる思想家たち』（以上共著、法政大学出版局）など。

テン・ヴェニアミン（Ten Veniamin）
一九八七年生まれ。京都産業大学外国語学部講師。専門はロシア思想、比較思想。ロシアサハリン国立大学東洋・アフリカ学部東洋学科卒業、京都大学大学院人間・環境学研究科共生文明学専攻博士課程単位取得退学。論文「歴史と社会構造から見るサハリン朝鮮人のディアスポラ形成」「現代ロシア思想における禅仏教認識」など。

中牧弘允（なかまき・ひろちか）
一九四七年生まれ。国立民族学博物館名誉教授。吹田市立博物館特別館長。専門は宗教人類学、経営人類学。埼玉大学教養学部卒業。東京大学大学院人文科学研究科博士課程単位取得退学。文学博士。著書に『日本宗教と日系宗教の研究』（刀水書房）、『会社のカミ・ホトケ』（講談社）、『カレンダーから世界を見る』（白水社）、編著に『宗教の比較文明学』（梅棹忠夫と共編、春秋社）、『世界の暦文化事典』（丸善出版）など。

服部英二（はっとり・えいじ）
一九三四年生まれ。専門は比較文明学。京都大学大学院文学研究科博士課程満期退学後、仏政府給費留学生としてパリ大学（ソルボンヌ）博士課程に留学。ユネスコ本部で首席広報官、文化担当特別事業部長等を務め、退官後、ユネスコ事務局長顧問、同事務局長官房特別参与、麗澤大学教授などを歴任。著書『文明の交差路で考える』（講談社現代新書）、『文明間の対話』（麗澤大学出版会）、『転生する文明』（藤原書店）など。

濱田　陽（はまだ・よう）
一九六八年生まれ。帝京大学文学部教授。専門は日本文化、比較宗教文化、文明論。京都大学法学部卒業、京都大学大学院人間・環境学研究科で博士（人間・環境学）。マギル大学宗教学部客員研究員、国際日本文化研究センター講師（文明研究プロジェクト）などを経て現職。著書『共存の哲学』（弘文堂）、『日本十二支考』（中公叢書）、『生なる死』（ぷねうま舎）、『生なるコモンズ』（春秋社）など。

保坂俊司（ほさか・しゅんじ）
一九五六年生まれ。中央大学国際情報学部教授。専門は比較宗教学、比較文明論、インド思想。早稲田大学大学院文学研究科修士課程修了。著書『インド宗教興亡史』（ちくま新書）、『仏教興亡の秘密』（ぷねうま舎）など。

三田剛史（みた・たけし）
一九七一年生まれ。明治大学商学部教授。専門は経済思想史。早稲田大学政治経済学部卒業、同大学院経済学研究科博士後期課程単位取得。著書『甦る河上肇――近代中国の知の源泉』（藤原書店）、研究ノート「岩倉遣米欧使節団のエディンバラ」（『CALEDONIA』No.49）、論文「帰国前後の朱紹文」（『中国研究論叢』第二一号）など。

山本英輔（やまもと・えいすけ）
一九六六年生まれ。金沢大学人間社会研究域学校教育系教授。専門は哲学・倫理学。法政大学文学部哲学科卒業、法政大学大学院哲学専攻博士課程単位取得退学。著書『ハイデガー『哲学への寄与』研究』（法政大学出版局）、共編著『科学と技術への問い――ハイデッガー研究会第三論集』（理想社）など。

尹粹娟（ユン・スヨン）
一九九四年生まれ。京都大学大学院人間・環境学研究科博士後期課程。専門分野は近代日韓のアジア主義、天皇論。韓国嶺南大学校日語日文学科卒業、京都大学大学院人間・環境学研究科修士課程修了。

人名索引

（太字は項目として採り上げた50人とその項目の掲載頁）

わ行

小倉紀蔵 おぐら・きぞう

一九五九年生まれ。京都大学大学院人間・環境学研究科教授。専門は東アジア哲学。東京大学文学部ドイツ文学科卒業、韓国ソウル大学校哲学科大学院東洋哲学専攻博士課程単位取得退学。著書『入門 朱子学と陽明学』『新しい論語』『朝鮮思想全史』『京都思想逍遥』（以上、ちくま新書）、『弱いニーチェ』（筑摩選書）など。訳書『中庸民主主義』（監訳、崔相龍著、筑摩選書）など。

筑摩選書 0294

比《ひ》較文明学《かくぶんめいがく》の50人《にん》

二〇二四年一二月一五日　初版第一刷発行

編著者　小《お》倉《ぐら》紀《き》蔵《ぞう》
発行者　増田健史
発行所　株式会社筑摩書房
東京都台東区蔵前二-五-三　郵便番号一一一-八七五五
電話番号　〇三-五六八七-二六〇一（代表）
装幀者　神田昇和
印刷　製本　中央精版印刷株式会社

ISBN978-4-480-01814-4 C0310

筑摩選書
0149
文明としての徳川日本
一六〇三―一八五三年
芳賀徹
「徳川の平和」はどのような文化的達成を成し遂げたのか。琳派から本草学、蕪村、芭蕉を経て白石や玄白、源内、崋山まで、比較文化史の第一人者が縦横に物語る。

筑摩選書
0228
中庸民主主義
ミーノクラシーの政治思想
崔相龍
小倉紀蔵 訳
儒学とギリシア哲学に共通する中庸の政治哲学を現代に活かすべく「中庸民主主義」を提唱。元駐日韓国大使の政治学者が、分断の進む世界を変革する方策を考える。

筑摩選書
0236
弱いニーチェ
ニヒリズムからアニマシーへ
小倉紀蔵
ニーチェの言う「超人」は、弱い人間だった。世界哲学の視点からニーチェを読み直して見えてくる生命力あふれる人間像に、混迷の時代を生き抜く新しい力を見出す。

筑摩選書
0243
人類精神史
宗教・資本主義・Google
山田仁史
Gott（神）、Geld（お金）、Google（情報）＝3つの「カミ」と、対応する3つのリアリティから人類の精神史を考える。博覧強記の宗教民族学者、最後の書。

筑摩選書
0255
日本人無宗教説
その歴史から見えるもの
藤原聖子 編著
「日本人は無宗教だ」とする言説の明治以来の系譜をたどり、各時代の日本人のアイデンティティ意識の変遷を解明する。宗教意識を裏側から見る日本近現代宗教史。

筑摩選書
0272
日本思想史と現在
渡辺浩
過去にどのようなことがあったために、いま私たちはこのように感じ、思い、考えるのか。碩学による「日本」をめぐる長年の思想史探究を集成した珠玉の小文集。